レッセ・フェールとプラグマティズム法学

―19世紀アメリカにおける法と社会―

岡嵜 修 著
Okazaki Osamu

成文堂

はしがき

　独立当初はリパブリカニズムの影響下にあったと思われるアメリカが，19世紀に入ってからほどなく，アダム・スミスの思想を基にレッセ・フェールを唱えつつ，急速に資本主義社会へと発展してゆくさまを，本書では社会と法の変化を織り交ぜながら描こうと試みた。前近代的な時代の残滓を押しのけ資本主義社会へと発展するに伴い，それまでにはなかった新たな社会問題も生じ，南北戦争後，世紀末にかけ労働争議も激化するなど，アメリカは経済が発展する中で大きな緊張に見舞われた。

　そうした時代状況の中で，実体的デュープロセスなどの解釈技法を駆使し，契約自由の原則を合衆国憲法を通じて堅持しようとするレッセ・フェールの支持勢力と対峙する形で，プラグマティズムの思想家は，功利主義に則り社会改革を目指す革新主義に思想的基盤を提供し，第一原理からの演繹主義を押し通そうとする考えの切り崩しにかかった。20世紀初め，ユークリッド幾何学と古典力学をモデルとする近代科学と決定論が揺らぎ始めた時代を背景に，法学にプラグマティズムを導入しようとする革新主義は，アプリオリズムに頼る法学の手法に手厳しい批判の矢を放ち，これを受けて1920年代後半のアメリカには，より若い世代の法学者を中心にリーガル・リアリズムの動きが隆盛し，これが戦後日本の法解釈論争にも一石を投じることになった。本書では，リアリズム法学隆盛以前のアメリカにおける社会と法学の動きを，時代と社会構造の急速な変化を視野に入れつつ描いた。

　大学に入り法解釈学の勉強をしているうちに，アメリカのリーガル・リアリズムの動きに触れ，そこから，法解釈の何たるかを解明しようとする法哲学の方により大きな関心を持つようになった。とはいえ，当初は進歩史観を前提に，今の時代感覚や価値観を半ば普遍的なものと安直に考えていたが，19世紀における進化思想の歴史を研究する中で，時代を少々遡るだけで今の常識がほとんど通用しない「別世界」があることを覗き見ることになり，違った視点に立てば，それまで見えなかったものが現れ，見えていた風景がまったく違った様相を呈してくることに大きな興味を持つようになった。

明治大学法学部で法哲学のゼミを専攻したときから，40 年もの長きに互ってご指導いただいた立石龍彦先生には，学問の面ではもちろんのこと，公私に互りひとかたならぬお世話になりました。ものごとはどの視点からどのように見るかがポイントだと，さまざまな例を通じ気長に教えて下さった先生には，今なおお返しできることなど何もありませんが，まことに感謝の念に堪えません。

　英米法の松平光央先生からも，法哲学のご出身ということもあって，長年に互り多くのご指導ご教示を賜りました。また，立石ゼミの先輩に当たる明治大学法学部土屋恵一郎教授には，本書に収録した「法の自然史」を書く際に貴重なアドバイスとお力添えをいただき，同じく宮崎産業経営大学法学部澤田昭夫教授にも，研究を進める上で大きなチャンスを与えていただきました。ここに改めてお礼申し上げる次第です。

　私が今日まで研究を続けてこられた裏には，学部時代から知的関心を刺激してくれたゼミ仲間との長年に互る付き合いがあり，彼らにも感謝の念に堪えません。また，学会・研究会などを通じご指導下さった諸先生方にも，お名前を挙げず失礼しますが，ここに改めて深くお礼申し上げます。

　朝日大学名誉教授の三原憲三先生にも，長いこと公私に互り大変お世話になりました。研究者として自立する点でも本書を出版する上でも特段のご尽力をいただきましたことに，心からお礼申し上げます。

　最後に，本書の出版をご快諾下さった成文堂の阿部耕一社長，土子三男取締役，また編集を担当して下さった石川真貴さんに，深くお礼申し上げます。

　　平成 25 年 1 月

　　　　　　　　　　　　　　　　　　　　　　　　岡　嵜　　修

目　次

はしがき　i

第 1 章　アメリカにおける古典的リパブリカニズム
────マーシャル・コートの課題────

- I　歴史なき国の歴史発掘　*1*
- II　イギリス自由主義体制の継承　*2*
- III　リパブリカニズムの自由観：衰退の必然　*4*
- IV　黄昏の大英帝国　*8*
- V　資本主義の発展とリベラリズム：
  マーシャル・コートの課題　*10*

第 2 章　「公正価格」の社会史
────契約法における意思理論の登場────

- I　アメリカ私法におけるパラダイム転換　*18*
- II　慣習から合意へ：法源の転換　*20*
- III　市から市場システムへ　*23*
- IV　旧契約法理の世界：財産権への従属　*27*
- V　公正価格という道徳基準　*29*
- VI　大規模市場の出現を促した輸送革命　*33*

第 3 章　法人政策の劇的変化
────Charles River Bridge 事件に見る近代の誕生────

- I　国内経済の発展　*45*
- II　連邦最高裁判決　*47*
- III　重商主義からの転換：アダム・スミスの自由貿易論　*51*
- IV　フェデラリストの重商主義政策　*53*
- V　経済発展と独占の弊害：Status quo の限界　*54*

Ⅵ　マーシャル・コートにおける「契約条項」法理　56
　　Ⅶ　古典主義政治経済学の隆盛　60
　　Ⅷ　法人政策の劇的な変化　61

第4章　実体的デュープロセス論とリバタリアニズムの伝統
　　　　――「レッセ・フェールの憲法論」再考――

　　Ⅰ　科学革命がもたらしたヴィジョン　72
　　　1　ロックナー事件とヴィジョン（72）
　　　2　政府は強者の手先：アメリカのレッセ・フェール好み（76）
　　Ⅱ　啓蒙思想と経済学　78
　　　1　古典主義経済学における法と経済（78）
　　　2　経済思想としてのレッセ・フェール（82）
　　　3　自然科学者の眼で見た社会（84）
　　　4　古典主義のヴィジョン（89）
　　　5　ニュートン力学の劇的勝利：海王星の発見（90）
　　Ⅲ　アメリカにおけるリバタリアニズムの伝統　93
　　　1　ニューディールのバイアス（93）
　　　2　レッセ・フェールの二つのルーツ（96）
　　　3　クラス立法への批判（97）
　　　4　レッセ・フェールの黄昏（100）

第5章　法の自然史
　　　　――ヘンリー・メインの歴史法学――

　　Ⅰ　現在の中に生きる過去　114
　　Ⅱ　聖書史観のゆらぎ　117
　　Ⅲ　法の地質学　122

第6章　「鉄の馬」がもたらした統一標準時
　　　　――文化から文明へ――

　　Ⅰ　文明的な法：立法による社会改革　134

　　　　　　　　　　　　　　　目　次　v

　Ⅱ　息づく自然のリズム　136
　　　1　アルマナックが示す文化的時間（136）
　　　2　時間は神のもの（138）
　　　3　動力源は自然の恵み（140）
　Ⅲ　変化の兆し　142
　　　1　時計の普及と時間意識の変化（142）
　　　2　工場での労働と時間意識の変化（143）
　　　3　工場システムとミル・ガールズ（145）
　　　4　無煙炭の開発（148）
　Ⅳ　統一標準時の導入と近代　149
　　　1　電信の活用（149）
　　　2　アメリカ初の近代企業（152）
　　　3　ウィリアム・サムナーの近代化論（153）

第7章　プラグマティズムと革新主義
―― ウィリアム・ジェイムズの生理学的心理学 ――

　Ⅰ　レッセ・フェールから革新主義へ　162
　　　1　ブランダイス・ブリーフの意味（162）
　　　2　19世紀末の時代状況（163）
　　　3　「金ぴか時代」のビジネスマン（164）
　　　4　大学における道徳哲学の伝統（166）
　Ⅱ　メディカル・ドクターの心理学　168
　　　1　ジェイムズのスペンサー批判（168）
　　　2　反射，準反射，有意的動作（171）
　　　3　物の「本当の形」（173）
　　　4　本質論は目的論（175）
　Ⅲ　習慣の効罪　177
　　　1　習慣：自由のパラドックス（177）
　　　2　習慣は社会のはずみ車（181）

Ⅳ　『プラグマティズム』の科学的基礎　186
　　　　1　模写説批判：真理は有用な道具（186）
　　　　2　ジェイムズの科学論（190）
　　　　3　哲学と科学（195）
　　　　4　ジェイムズと革新主義（197）

第8章　ロスコー・パウンドのプラグマティズム法学
——植物学から法学へ——

　　Ⅰ　新植物学の黎明期：分類学から生態学へ　204
　　　　1　パウンド研究の「ミッシング・リンク」（204）
　　　　2　大衆の博物学熱と新植物学（205）
　　　　3　師チャールズ・ベッシーの新植物学（211）
　　　　4　標本から生き物へ（216）
　　Ⅱ　植物学者パウンド：ネブラスカ大学 PhD 第1号　219
　　　　1　英才教育（219）
　　　　2　書評：オスカー・ドルード著『ドイツの植物地理学』（223）
　　　　3　PhD 論文『ネブラスカの植物地理学』（226）
　　Ⅲ　植物学者から法学者へ　230
　　　　1　「機械論的法学」に見る植物学研究の影響（230）
　　　　2　法の生態学（238）

索　引　250

初出一覧

第1章 アメリカにおける古典的リパブリカニズム——マーシャル・コートの課題——
　　　『三原憲三先生古希祝賀論文集』（2002年，成文堂）

第2章 「公正価格」の社会史——契約法における意思理論の登場——
　　　宮崎産業経営大学『法学論集』第18巻（2008年）

第3章 法人政策の劇的変化——Charles River Bridge 事件に見る近代の誕生——
　　　朝日大学大学院『法学研究論集』第8号（2008年）

第4章 実体的デュープロセス論とリバタリアニズムの伝統——「レッセ・フェールの憲法論」再考——
　　　『朝日法学論集』第37号（2009年）

第5章 法の自然史——ヘンリー・メインの歴史法学——
　　　『思想』No.780（1989年，岩波書店）

第6章 「鉄の馬」がもたらした統一標準時——文化から文明へ——
　　　『朝日法学論集』第36号（2009年）

第7章 プラグマティズムと革新主義——ウィリアム・ジェイムズの生理学的心理学——
　　　『朝日法学論集』第39号（2010年）

第8章 ロスコー・パウンドのプラグマティズム法学——植物学から法学へ——
　　　『朝日法学論集』第41号（2011年）

第1章

アメリカにおける古典的リパブリカニズム
――マーシャル・コートの課題――

I　歴史なき国の歴史発掘

「歴史なき国アメリカ」という表現には，アメリカが，独立からさほど間が経っていないことに加え，ヨーロッパ諸国とは異なり，封建制度という負の遺産を持たず，ロック流リベラリズムを貫いてきたことへの自負も込められている[1]。これこそ，リベラリストが，アメリカを暗く長い過去を持つ旧世界とは根本的に異なる，比類なき国とする所以である。リベラリストのこのアメリカ観に対し，独立200年記念を前にした1960年代，ウィッグ史観を批判したトマス・クーンの影響も加わり，注目すべき批判が展開され始めた[2]。その旗頭の一人ハーバード大学のバーナード・ベイリンは，独立革命期の思想に関する「DNA鑑定」を行い[3]，パンフレット類に見られるプロパガンダめいた言い回しの背後に，リベラリズムとは相容れない，ヨーロッパ古来の古典的リパブリカニズムのパラダイムが隠れていることを浮き彫りにして見せた[4]。

　それまで，多くの歴史家と同じように，私も「隷属」「堕落」「共謀」などの言葉を，単なるレトリックやプロパガンダとして片づけていた。だが……［ヨーロッパに伝統的なリパブリカニズムの］起源と思考パターンをコンテクストとして，これらの言葉を見直すと，こうしたフレーズに新たな意味が見え始めた。……それらの言葉は，君主独裁が栄えた時代の，つまりイギリスの「混合」政体により安定と自由がようやく成し遂げられ，この政体の権威を脅かす共同謀議が，政治構造の中に確実に浸透してきた時代の実生活を，実に良く映し出していた。このため，私は……これらの言葉が，レトリックやプロパガンダではなく，その背後に偽りのない恐怖，真の危惧，差し迫った危機感があるので

はないか，と思うようになった。……そしてついに，私は，アメリカ独立革命期の動きの核心部分には，当時，英語圏の世界全般に拡大した，自由抑圧を狙った全面共謀への脅威が……紛れもなくあったに違いないと確信するに到った[5]。

ベイリンのこのパラダイム転換以降，ゴードン・ウッドやJ.G.A.ポーコックらの研究が続き，今日ではこの古典的リパブリカニズムに基づく解釈が，18世紀アメリカ史について主流をなすに到っている[6]。かくして，アメリカは，ヨーロッパの負の遺産を免れた「歴史なき国」どころか，その古典的リパブリカニズムを引き継いだ最後の国となった[7]。

古典的リパブリカニズムとリベラリズムとを一般的な特徴で対比すれば，前者が17世紀イギリスが名誉革命で達成した古来からの自由と権利の観念を受け継ぐもので，自由を最重視し，財産権と民兵組織を重んじ，個人主義は抑え自然のハイアラーキーを保ち，有徳な市民による制限選挙を採るとともに，歴史に関しては循環史観の立場に立つ。これに対し後者は，19世紀の経済発展の中で成長を遂げたもので，個人主義と権利重視を打ち出し，経済面での自由競争を求め，市場参入を通じ政治面での平等を促し，普通選挙によるデモクラシーの浸透を図るとともに，歴史観においては発展史観を好む傾向を示す。また，前者が自己抑制型であるのに対し，後者が自己主張型へと向かう傾向が見られる。

独立を達成してから四半世紀を経たアメリカにおいては，19世紀前半を通じ経済が次第に発展を遂げる中で，この古典的リパブリカニズムを押しのける形で，次第にリベラリズムが主流になって行った。マーシャル・コート（1801-1835年）は，両者の端境期に位置することになる。

II　イギリス自由主義体制の継承

18世紀のイギリスでは，名誉革命を経て，混合政体の下で自由主義が展開されつつあった。王政，貴族政，民主政を併せた混合政体の下で，国王，貴族，庶民の間のバランスを要とし，イギリスは世界に自由を誇っていた。当時，イギリス知識人が共通に抱いていた信条は，この自由が混合政体という統治形態に由来することであった[8]。北米大陸の植民地人は，紛れもないイギ

リス人としての自覚を持ち，イギリスの自由を大いに誇り，イギリスの風習に愛着を示し，イギリスのために戦った[9]。

　もし，特定の時代に，特定の国制の中に具体化された政治の理想を見出すとすれば，それは18世紀である。啓蒙思想の時代は，イギリス体制の古典時代でもあった。おそらく，これ以前にも以後にも，一国の制度がこれほど西洋人の政治理論を支配した時代は存在しない。……18世紀のとば口において，イギリス政府は，世界中で最も自由にして最良の体制を成していた。……イギリス人は，古来より政治哲学者たちが夢に見続けてきたものを，ついに成し遂げたわけである[10]。

　この自由は，イギリス人に固有の，記憶を超えた古来からの慣習 immemorial custom に基づくものであった。だが，ようやく手にした自由が，確たる原理によらずコンヴェンションを頼みとする以上，混合政体のバランスを崩すことへの恐れも不可避的に強まった。古典的リパブリカニズムの特徴の一つである権力に対する極度の猜疑心は，この恐れに端を発している。

　18世紀前半，混合政体のバランスを崩す最大の要因は，急成長を遂げつつあった商業による法外な富であった。ロバート・ウォルポールをプライム・ミニスター（1715-17年，1721-42年）として動き始めた，未だ見慣れぬ内閣という制度が，政体の微妙なバランスを維持する上で大きな懸念材料になった。それは，この新制度により，新興商人の富が容易に政治へと流れ込み，共謀や腐敗の温床を育んだためである。大臣は選挙人を買収し，誇るべき自由主義は危機に晒されることになった[11]。この事態を批判する急進派の底流にあったものが，古典的リパブリカニズムである。ロンドンの批判的雰囲気は，旅行者や留学生を通じ遠く隔たった植民地にも伝わり，大西洋を隔てた僻地で本国と似通った機運を醸成していた[12]。ベイリンは，18世紀前半，名もなき者たちが展開していたこのイデオロギーこそ，半世紀の後，植民地アメリカの独立に際し最大の影響をもたらしたものであったという[13]。ピューリタニズム，コモン・ローの伝統，ロックの契約思想など，アメリカ独立を促したとされる諸要素には，必ずしも一貫性が見られるわけではないが，こうした種々の要素を纏め上げ，ひとつの政治的動向へと結集させたものが，古典的リパブリカニズムである[14]。

植民地アメリカが，腐敗した本国の回復に見切りをつけ，北米大陸でこの自由を引き継ぐ覚悟で独立を達成した以上，アメリカの独立は，イギリスに反旗を翻した結果ではなく，その誇るべき自由を維持する動きに他ならなかった[15]。したがって，それは，本国との断絶を意味する革命というより，むしろ本国への反乱と見るべきものとなる[16]。

Ⅲ　リパブリカニズムの自由観：衰退の必然

建国の父を支えていたものは，近代的なリベラリズムの精神ではなく，非合理的世界観に彩られた古典的リパブリカニズムの精神であった。それは，名誉革命による自由主義体制を殊のほか誇り，混合政体のバランス維持には極度に神経質となり，千年至福王国説をかたくなに信奉する，前近代的な精神である。そのルーツは，17世紀の急進的ウィッグであるジェームズ・ハリントン，ヘンリー・ネヴィル，アルジャーノン・シドニーらを通じ，フローレンスのマキャベリを経て，アリストテレス，キケロらの古典的リパブリカニズムまで辿ることができる[17]。

　　自由とは，ひたすら他人の意思から独立していることにある。われわれが奴隷という名で知るものは，自分では身体も財産も処することができず，すべてを主の意思に左右されるもののことである。したがって，人であれ国であれ，己が享受するものに何の権限も持たず，ひたすら……君主の慈悲にすがるしかないものが，奴隷でないと言うのであれば，およそ奴隷などどこにも存在しないであろう[18]。

アルジャーノン・シドニーのこの見方においては，必ずしも個人主義が強調されてはおらず，一方には権力を持つ支配者の世界と，他方には，脆弱な防御手段しか持たぬ，被支配者の自由の世界という，排他的な二つの世界が対峙されていた。そこでは，権力が，現に政府を支配する者の持ち物となるのに対し，自由は，常に脆弱で受身を強いられる側の関心事となる[19]。このため，自由を維持する上で不可欠な団結のため，強度の個人主義は大幅に抑制され，公益が私益に優先される。自然の社会的階層が容認され，人々には質素，勤勉，純真が奨励された。植民地アメリカにおいて，本国政府への批判

第1章　アメリカにおける古典的リパブリカニズム　　5

は大幅に容認しても，植民地政府への内部批判が大幅に抑制されたのは，こうした理由による[20]。

　古典的リパブリカニズムの下で，とりわけ自由を守るために重視されたものが，政体のバランスと並み，「有徳な市民」という観念であった[21]。それは，自由は甚だ脆弱であり，権力は必然的に堕落するため，専制主義に陥る危険性を免れるには，有徳な市民による政体のチェックを不可欠とみなしたためである。

　　およそ人間の作った政体は，時を見計らい最初の原理に立ち戻らさなければ，すべて腐敗し立ち枯れる。政体の無秩序は不可避であるが……それは市民により修復可能である。だが，誰もが知るように，政体を最初の原理に立ち戻らせること——それ本来の完璧さを回復させること——は，もし市民までが腐敗してしまい，悪の中に沈み込んでしまえば，不可能になる。……政体が腐敗したとき，それを回復させるために不可欠なものが，正に市民の徳なのである[22]。

　政体にとって，有徳な市民を通じて復古を遂げ，本来の自由を回復することが不可欠であった。この徳という観念には，もちろん質素，勤勉などの道徳的意味合いも込められていたが，それ以外にも二つの条件があった。一つは，財産（土地）を保有すること，もう一つは，干渉を排除する武装の権利を持つことである[23]。

　アメリカでは，19世紀の初めに到るまで，各州の選挙においても，財産保有という条件を満たす有産者だけを対象とし，彼らによる代議政体が実行されており，その後，この条件が次第に緩和され，各州での普通選挙制度が徐々に浸透していった。

　　19世紀の初めは，改革の受益者が白人男性に限られていたとはいえ，アメリカの歴史上，選挙改革の重要時期の一つである。1816年から1821年の間に，新たに6つの州が連邦に加わり，これら各州の憲法には，白人成人男性の普通選挙権が盛り込まれた。これにより，選挙方式は，1州を除き独立当初の13州（メリーランド州は最初から白人成人男性の普選権を承認）が採っていた方式，つまり投票者を土地保有者あるいは納税者に限る方式が改められることになった。……［1824年までに白人男性の普選権は，大多数の州でほぼ達成された。］旧来の土地保有と納税者を有権者の条件とすることは，市民的な問題には，ある種類の人々に参加を限る方が，他の人々も参加するより好ましいことを示唆

していたが，普通選挙権の拡大は，ヴァージニア憲法会議が示すように，平等原則の拡大を約するものになった[24]。

独立当初のアメリカでは，党派の存在は，公益より私益を優先した悪徳から生じるものとみなされていた。これは，有徳な市民の間では，概ね利害が一致するものとみされていたため，党派的争いを抑制の効かぬ放縦とみなしたことによる[25]。さらに，デモクラシーと平等主義に対する懸念も公然と唱えられていた。後に第四代大統領となるジェームズ・マディソンは，『フェデラリスト』において，連邦の創設に関連する党派的抗争を戒めるとともに，共和政体に基づく有徳な少数市民の政治を支持し，政治的権利の平等を求めるデモクラシーを強く牽制し，次のように述べている。

> 派閥の原因そのものは除去しえないものであり，したがって［派閥の暴威に対する］対策は，ただその効果を抑制する方法の中に求められるべきだということになる。……直接民主政治形態を支持する理論好きな政治家は，人間をその政治的諸権利において完全に平等なものとすれば，直ちにその財産・思想・感情においても完全に平等なものとなり，かつ相互的に同一化されるであろうと考える誤りを犯してきた。……［直接］民主政国家と共和政国家との間の二大相違点は，第一に，共和政国家においては，一般市民によって選出された少数の市民の手に政治が委ねられることであり，第二に，共和政国家が，より多くの市民と，より広大な領域とを包含しうることである[26]。

権力のチェック，市民の有徳，代議政体などを通じた，可能な限りの自由の確保と推進が，古典的リパブリカニズムの狙いである。そこでは，政治への参加者と受益者との間には明確な一線が画され，少数の有徳な市民による政治が自由を確保する方法としてベストとされた。頻繁な選挙，公認宗教の禁止，功績や特性による評価するというアメリカの特徴も，ここから育まれることになった[27]。

古典的リパブリカニズムは，リベラリズムの発展史観とは相容れない循環史観を基礎とする。アメリカは，独立当初，循環史観に基づいていた[28]。復古の際に市民に求められる有徳さは，善良を演出するための小道具ではない。それには，時を刻む歴史のリズムに合わせ，腐敗した政体が原点にのみ存在する本来の純粋さを回復するための，必須の役割があてがわれていた。

西洋思想において，循環史観は長い歴史を有する。個々の生物が，誕生，成長，衰退，死滅のサイクルを辿るように，国家も必然的に衰退するものとみなされた。循環史観の下で現れる進歩や発展などの概念を，発展史観の下での意味に受け取ることは，大きな誤解のもとになる[29]。

> 古くは古代ギリシャまで遡る……比喩によれば，政治社会は，誕生し，成熟し，衰退し，最後には死に到る，生物のサイクルと結び付けられていた。この見解によれば，社会にも人間と同じく常に年齢があり，どちらも自然のうちに，「若年」から「壮年」に達して成熟し，その後「老年」へと到る。この比喩は，歴史の展開に関する循環史観を示唆しており，そこでは，変化つまり時の進行には，実質的かつ不可避的に衰退を伴うものと想定されていた。社会の成熟は，若年を越える一定の前進ではあるが，そこには，堕落と崩壊の必然的到来も予め見込まれていたわけである。……この社会の循環的プロセスの比喩は，そのペシミスティックな内容にも拘わらず，18世紀人の心の中で，支配的とまではいわぬにしても，重要な地位を占め続けていた[30]。

18世紀には，商業の発展の農業社会への影響研究をめぐり，古代派と近代派との対立があった[31]。バーナード・マンデヴィルのように，私益の追求が公益を生むとし，商業とそれが生み出す富を肯定的に捉えた者もいるにはいたが，それはあくまで例外中の例外である[32]。古代派は，商業の興隆により徳は終焉を迎えると考えた。それは，自由であった武装市民が，商業による富を用いて余暇，教養を満喫するために金で傭兵を雇い，絶対君主の統治下で満足するようになるためである。ジェファーソンも含め，古代派は，啓蒙君主の統治による当時のヨーロッパを，束の間の繁栄と洗練を楽しむ存在とみなした。

これに対し，デフォー，モンテスキュー，ヒューム，スミス，ギボンらの近代派は，商業と文化の興隆が，徳を喪失させる面を認めつつも，商業と文化が人間の能力を高め，新たな倫理体系を可能にすると考えた。とはいえ，近代派も，商売は，それによる多少の洗練を以ってよしとし[33]，それを手放しでは歓迎せず，徳の重要性を軽んじたわけでもなかったため，人間の自由と独立は，早晩，崩壊を免れないものとみなされた。このため，進歩の動きも一時的現象に留まり，衰退への動きは避け難いものと考えられた[34]。

質素でつましい生活を営んできた多くの者には，こうした商業の急速な発

展を，一方では浅ましき様と感じつつも，他方では否応なしにそれに引き摺られる，複雑な思いが渦巻いていたことは，想像するに難くない。

　18世紀半ば以降，市場経済が拡大・繁栄したことにより，民衆が運や金儲けを試す雰囲気が醸し出されてきた。競争好きで活動的で野心的，あるいは運よく些かの資本や技能を持ち合わせた者（大半が男）には，新たな時代の始まりであった。……イギリス人はオランダ人に取って代わり，商業レースの勝利者となって買付け，売付け，金儲けに奔走した。ドクター・ジョンソン（1709-84年）が見立てたところでは，「商売がこれほど人類の注目を集め，利益を求め，一般人がこれほどしのぎを削る時代は，開闢以来のこと」であった。……人々は，稼ぎになるなら何でもやった。……クェーカーのジョン・ウルマンは……「世の中が恐ろしくせっかちになり，仕事はすばやく片づけ，もっと金を稼ごうと，今では万人があえいでいるありさまだ」と嘆いている[35]。

　かくして，18世紀のイギリスにおいては，商業の発展とそれに伴う贅沢の蔓延が，国家の腐敗・衰退の促進要因として，重大な関心事となった。これは，アメリカにおいても，克服し難い根本矛盾を突きつけるものであった[36]。

Ⅳ　黄昏の大英帝国

　18世紀半ば過ぎ，古代ローマ帝国滅亡原因について憶測が飛び交っていたアメリカでは，ローマ滅亡の原因は，外部からの軍事的攻撃ではなく，もっぱら市民の精神的堕落という内部の道徳的要因にあるとされた。本国を眺める植民地人の目には，イギリスも，すでに贅沢の蔓延による極度の腐敗に陥り，もはや専制主義を免れぬ末期的段階にあると映じていた。共和政は，自由を失って専制主義に陥ることが滅亡へと向かう前兆である。このため，アメリカはこの兆候に敏感に反応した。

　その明白な兆候は，本国議会による一連の強引な課税措置である。この措置は，英仏七年戦争がイギリスの勝利に終わった後[37]，主に植民地防衛のため北米大陸に常備軍を配置する経費捻出が目的であった。だが，古典的リパブリカニズムにおいては，平時における常備軍の駐留こそ，課税の問題を上回る重大問題であった。

第1章　アメリカにおける古典的リパブリカニズム

　ジョサイア・クインシーが言うところによれば,「最高権力は,武力を保有し,自らのために使うよう訓練している者の手に握られるのを常とする」。1774年にジェファーソンも述べたように,戦歴を重ねた軍隊の絶対的優位は……それが市民の力を軍の力に服させる点で,自由に対する絶対的に危険な代物であった。彼らが恐れたものは,単なる軍ではなく,「常備軍」である。……植民地人が知る限り,「最悪の奴隷的な国家は,政府の中における軍の権力を,市民の権力によりチェックもコントロールもせずに放置した」国であった。……権力と,脆弱な人間本性を前提とした植民地人の見方から,直に引き出されたものが,常備軍に対するこの恐れであった[38]。

　正規軍より民兵組織を重視した植民地アメリカの目には,この常備軍の駐留が自由への重大な脅威に映じた。それは,植民地議会の統制には服さず,本国総司令官の直接の指揮下に置かれた,恒常的な組織としての軍である。当初は植民地防衛を名目としたものの,その後,それは植民地内における治安維持と法の執行も目的とし,ボストンに駐留することとなった[39]。この事態の変化が,植民地統治強化の歴然たる兆候と受け止められた。これらは権利章典への違反行為であるに留まらず[40],本国が専制主義へと突き進む歴然たる証拠とみなされた[41]。植民地人もイギリス兵として戦い,七年戦争におけるイギリスの勝利を大いに祝福した時から僅か13年,本国との関係がこれほど急激に悪化することになった背後には,こうした経緯があった[42]。

　イギリスを衰退させた原因は,紛れもなくその内部から発していた。独立革命前夜になると,大西洋の両サイドで愛想をつかしたイギリス人たちの眼には,毒を盛られ腐敗した母国が,崩壊の瀬戸際をよろめいているように映じた[43]。アメリカが,まだ充分に成長を見込める農業段階にあることを思えば[44],すでに余命いくばくもない本国の巻添えになることは恐怖であった。ベイリンが,独立当時のパンフレットの背後に感じ取った偽りなき真の恐怖とは,まさにこのことを指している。

　　アメリカの独立革命を起こした者たちの眼から見ると,1770年代までに,イギリスは,すでに救いようのない堕落状態にまで衰退していた。……しかも,革命者たちは,大英帝国とのつながりを断ち切らねば,アメリカ植民地までが,イギリスとの接触感染で汚染されることを不可避と考えた。ヨーロッパという旧世界の大半が衰退と堕落のサイクルに陥っている中,アメリカ独立革命は,

この段階で，それを免れる社会を打ち立てるための闘争へと転じた。アメリカ共和国を救い出そうとするこの使命感が，18世紀後半，アメリカに断固たるチャレンジという姿勢を採らせることになった[45]。

こうして，アメリカは，失われつつあった自由主義を，本国に変わり受け継ぐ意図で，独立を達成したのである。

V　資本主義の発展とリベラリズム： マーシャル・コートの課題

独立から四半世紀がすぎたアメリカでは，国内の状況は急速に変化しつつあった。古典的リパブリカニズムは，18世紀末のアメリカ文化を支配したイデオロギーであったが，これを19世紀初期における文化の変容に順応させることが，マーシャル・コート（1801-1835年）に課せられた最大の課題となっていた[46]。社会変動の最中にあったマーシャル・コートは，アメリカ合衆国を資本主義の発展に向け，巧く順応させて行く必要に迫られていた。これに伴い，循環史観にも明らかな変化の兆候が現れ，アメリカを独特の比類なき国と見る姿勢が現れ始めた。

> 19世紀初めのアメリカ人は，社会という組織にとって，変化が所与のものであり，それゆえ文化の歴史には質的変化が伴うとする考えを歓迎しなかった。マーシャル・コート時代の人々に，歴史主義の感覚が欠落していたことは，彼らが変化の証を，文化の誕生，成熟，衰退，死滅という循環史観のパターンで理解する傾向があったことを示唆している。彼らには，制度や文化の中には，「時間の外に」位置するものがあり得ること，言い換えれば，それ固有の健全さ，比類なさのゆえに，不可避的な衰退のプロセスを免れ得るものがあると見る傾向があった。……革命世代に続く世代が，前世代の洞察を過去からの教訓として鋳直し，それを新たに未来に当てはめれば，衰退のサイクルを打破しうるものとされた[47]。

商業発展に伴い資本主義が栄え始めると，元来，商業や経済発展を敬遠する傾向があった古典的リパブリカニズムは[48]，急変する社会との不整合を晒す傾向を強め，それを克服することが難題となってゆく。市場経済の下で，

第1章　アメリカにおける古典的リパブリカニズム　　*11*

市場への参加が平等を促すと，法律面における身分の相違が徐々に取り払われてゆく。19世紀ヨーロッパにおける法典化の動きは，理論的に万人が同一の法に服する原則を浸透させ，これを端的に示す一例となった[49]。かくして，商業発展に伴う資本主義の拡大は，古典的リパブリカニズムの前提を侵食し始めた。時代は徐々に，自由な個人の市場参加というプロセスを拡大し，経済面において，より多くの者に競争のチャンスを保障し実現するとともに，政治面においても，有徳な市民，質素・勤勉の精神，緩やかな自然的階層を維持する社会から，党派的対立を前提とし，選挙権の拡大を通じて有権者の裾野を拡げる，デモクラシー社会へと変化し始めた。これらが，さらなる平等化への動きを促すことになった。こうした変化の中から，広義の意味における「リベラリズム」という概念が，古典的リパブリカニズムと対立する形で成長した。

　　［古典的リパブリカニズムによれば］自由こそ卓越した価値であり，腐敗と専制から逃れることこそ，共和政体による統治の目的の一つである。だが，このイデオロギーは，根本的には自己抑制的なものであった。徳の観念を通じ，概して個人の私的利益は公共善に服せしめられ，市民の政治参加も，基本的に公平無私の営みとみなされた。この点において，古典的リパブリカニズムは，17世紀西ヨーロッパにおける資本主義経済出現の特徴である，階層的経済関係の緩和という点に関して，厄介な立場に立たされることになった。それは，取引，通商，市場による経済発展が，個人に対し，己の社会的身分からのみならず，経済交換への参加によっても，利を得ることを可能にしたため，個人の市場参加が，富の獲得手段のみならず，身分変革の手段にもなったためである。市場参加は，生活水準を上げ，他の文化的利益を伝達する効果ももたらした。このため，個人による市場活動の追求が，社会的に有益な現象と受け止められ，個人の積極的な経済活動が，努力に値するものとみなされるようになった。17，18世紀を通じ，通商の成長と市場参加の価値の見直しが，とりわけスコットランドの政治経済学者たちによってなされ，その結果，資本主義市場における個人の取引と通商の拡大は，政府が積極的に奨励すべきものとなった[50]。

商業の拡大とそれに伴う巨大な富に，殊のほか神経質であったリパブリカニズムは，そのエートスゆえに，公を前面に押し出し，個人に自己抑制を求める姿勢を有していた。だが，19世紀の経済発展の中で，それは，自らとは

相容れない価値観を有するリベラリズムへと，徐々に道を奪われてく運命にあった[51]。

若き日に独立革命を直接経験した世代として，ジョン・マーシャルは，古典的リパブリカニズムの時代を生きた，革命第一世代に属する。ヴァージニア州議会議員から身を起こし，その後連邦議会議員を経て，第二代の連邦派大統領ジョン・アダムスの下で国務長官を努めた後，時代のエリートとして，1801年，マーシャルは，アダムスにより合衆国最高裁の首席裁判官に任命され，発足間もない連邦最高裁を，今日のスタイルに築き上げる上で，一連の判例を通じ重要な役割を果たした。彼は，エリートと大衆との間に厳然たる一線を画し，エリート指導による共和政体を好み，デモクラシーをカオス同然の代物とみなすなど，典型的なリパブリカニズムの信奉者であった。理想の人間モデルを self-made man に置き，財産権については，自らの努力で得た財産への手厚い保護とは対照的に，棚ボタ式の長子相続制度には公然と反対したことも，それを裏づけている[52]。このマーシャルが首席裁判官を務めた時期に，アメリカは，独立革命を支えた時代から，思想面と社会面の双方において，大きな転換を迫られることになった。かような難しい時代にあって，エドマンド・バークとアダム・スミスを尊重したマーシャルは，古典的リパブリカニズムの支持者の多くが，資本主義を毛嫌いする中にあって，アメリカの資本主義発展に最も大きな貢献をなした一人であるとされる[53]。

[1] ルイス・ハーツによれば，アメリカは「ロックをもって始まり……ロックに寄せる絶対的・非合理的な愛着ゆえに，ロックとともに留まる」という。有賀訳『アメリカ自由主義の伝統（1955）』p. 21（1994，講談社学術文庫）

[2] Thomas Kuhn, The Structure of Scientific Revolution, (1962). 中山訳『科学革命の構造』。ポーコックは，クーンを，政治的言語の歴史研究に関し，その方法の独立性を確立する上で，間接的だが単独で最も価値ある貢献をした人物という。J.G.A. Pocock, Politics Language and Time：Essays on Political Thought and History, pp. 13-15. (1971, 1988ed.). アメリカにおける古典的リパブリカニズム研究の展開経緯については，Shalhope, Toward a Republican Synthesis：The Emergence an Understanding of Republicanism in American Historiography, 29 William & Mary Quarterly, 3ed Ser., 47-80. (1972)［以下 Synthesis と略す］。斎藤眞『アメリカ革命史研究』pp. 459-481（1992）

[3] Bernard Bailyn, The Ideological Origins of the American Revolution (1967).［以下

第 1 章　アメリカにおける古典的リパブリカニズム

Revolution と略す］
[4] 「それまで，独立革命期の思想について最もありふれた見解といえば，単にそれを自然権思想の表明，つまり社会契約，不可侵の権利，自然法，合意に基づく統治などの観念に満ちたものとするものばかりであった。」Bailyn, Revolution, vi-vii
[5] Bailyn, Revolution, viii-ix
[6] 斎藤眞『アメリカ革命史研究』p. 460（1992）
[7] Michael Leienesch, New Order of the Ages : Time, the Constitution, and the Making of Modern American Political Thought. pp. 4-5. (1988, Princeton).［以下 New Order と略す］
[8] Bailyn, The Origins of American Politics, pp. 18-20. (1967)［以下 Politics と略す］田中訳『アメリカ政治の起源』pp. 24-25（1975）．アメリカにおいても，当時，植民地の統治形態がこの混合政体であると意識されていた．Bailyn, Politics, pp. 59-60 田中訳 pp. 77-78．混合政体というスタイルは，自由を確保するために不可欠な権力の抑制を意図したものであり，民主政をとりわけ優れたものと見る視点はない．
[9] ラルフ・ケッチャム 佳知晃子監訳『アメリカ建国の思想』pp. 1-19.（1976）．ベイリンは，18世紀初頭には，植民当初の混乱も制度上の不備も克服されており，同世紀の半ばに向け，イギリスとアメリカの統治体制の差異が，時とともに狭まってゆくと考えることに，双方とも疑問はなかったという．Bailyn, Politics, pp. 62-63. 田中訳 pp. 81-82
[10] G. Wood, The Creation of the American Republic 1776-1787, pp. 10-11（1969, 1998ed.）［以下 Republic と略す］
[11] Bailyn, Revolution, pp. 46-47. 田中訳 p. 61．新興の「商工階層」が……隠れた淵源から富と権力を集め，贅沢と堕落を生み出し人々を柔弱にしたことで，統治体制に危険を生み出したことは，18世紀の政府反対派思想の重要な要素であった．
[12] Bailyn, Politics. pp. 21-23. 田中訳 pp. 47-54
[13] 18世紀初期の名もない著述家たちは，今日ではほとんど知る者もいない．だが，彼らこそ，他のいかなる単一グループにも増して，アメリカ独立革命期世代の精神を形成したものである．この反体制思想の伝統が，素早くアメリカに移植されて広く受容され，アメリカの政治思想と政治感覚を育んだ．これが，イギリス的な自由を擁護するアメリカの典型的な張となり，50年後の独立革命の危機に際し，無数の冊子において展開される主張になった．Bailyn, Revolution, pp. 34-35, 43
[14] シャルホープは，ベイリンが，アメリカへのロックの影響力を否定したのではなく，正しい位置に戻したと評している．Shalhope, Synthesis, p. 66. n. 46
[15] Wood, Republic, p. 10.「イギリスのホィッグ党の理想こそ，ヨーロッパ中において後に自由主義運動として知られることになった運動を鼓舞し，その考え方をもって，アメリカの移住者たちはこの理想を携えて渡り，そして彼らの独立のための闘いと憲法の制定に際して彼らを導いたものであった．」F.A. ハイエク『ハイエク全集』vol. 7. pp. 206-7

[16] Bailyn, Revolution, pp. 94-143 Ch. Ⅳ The Logic of Rebellion
[17] Pocock, Machiavellian Moment, pp. 416-17. 田中ほか訳『マキャヴェリアン・モーメント』pp. 355-58.（2008，名古屋大学）
[18] Algernon Sidney, Discourses concerning Government, p. 17,〔Ch. 1 Sec. 5.〕（1996, Liberty Fund）. スキナー／梅津訳『自由主義（Liberalism）に先立つ自由』p. 80.（2001）
[19] Bailyn, Revolution, p. 59
[20] Wood, Republic. pp. 62-63
[21] モンテスキューは，君主政，共和政，専制政に必要な原理として，それぞれ名誉，徳，恐怖を挙げている。これは，各政体がその政体を十分に機能させるために，それぞれの原理を欠かせないことを意味する。『法の精神』㊤第一部第三篇 pp. 70-86（岩波文庫版）
[22] Wood, Republic. p. 34
[23] 当時の見解では，個人に武装と独立を可能にし，自由と徳を与える財産は，必ず土地の保有でなければならないという前提があった。Pocock, Virtue, Commerce, and History, p. 147. 田中訳 p. 275 参照。合衆国憲法第二修正は，連邦に対し，州が民兵を組織し武装する権利を侵害してはならない旨を規定する。「良く規律された民兵は，自由な州の安全にとって必要であるから，〔連邦は〕武器を保有し携帯する人民の権利を侵害してはならない。」この種の規定は，独立宣言に先立つヴァージニアの権利宣言にも現れる。「武器の訓練を受けた人民の団体よりなる規律正しい民兵は，自由な国家の適当にして安全なる護りである。平時における常備軍は，自由にとり危険なものとして避けなければならない。いかなる場合においても，軍隊は文権に厳格に服従し，その支配を受けなければならない。」田中英夫訳『人権宣言集』p. 111. ⒀〔岩波文庫〕。それはさらに，合衆国憲法にほぼ100年先立つ1689年，イギリスの名誉革命に伴う「権利章典」の中で，イギリス国民の「古来の自由と権利を擁護」するために規定されている。「新教徒である臣民は，その状況に応じ，法の許す〔範囲内で〕自衛のための武器を持つことができる。」田中英雄訳『人権宣言集』p. 82〔7〕（岩波文庫）。他に，富井幸雄『共和主義・民兵・銃規制：合衆国憲法修正第二条の読み方』（2002，昭和堂）を参照
[24] G.E. White, The Marshall Court and Cultural Change, 1815-35, pp. 24-25.〔以下 Marshall Court と略す〕また，1830-40年代ころを境に，アメリカにおける優れた法律家の基準が変化したことについては R. Ferguson, Law and Letters in American Culture（1984）. 教養豊かで弁舌の能力に長けた，いわゆるジェネラリストとしての人文主義的な法律家から，専門技術や細かい理論を駆使するスペシャリストとしての法律家へと，優れた法律家の基準が変化したという。
[25] Wood, Republic. pp. 57-59
[26] James Madison による 1787.11.22. 日付けのもの。Max Beloff ed., The Federalist, Number ⅩⅣ, pp. 44-45（1987, Basil Blackwell）. マディソン「派閥の弊害と連邦制による匡正」斎藤眞・中野勝郎訳『ザ・フェデラリスト』第10篇。pp. 58-61.（岩波

第 1 章　アメリカにおける古典的リパブリカニズム　　*15*

文庫版）。共和政と領土の広さに関して，モンテスキューは，共和政が中程度の広さの国に最もふさわしいと述べている。「共和国は，小さければ外国の力によって滅び，大きければ内部の欠陥によって滅びる。」モンテスキュー／野田・稲本・上原他訳『法の精神』（上）p. 251．〔第 2 部 9 編 1 章〕（岩波文庫）

27 Bailyn, Revolution, pp. 94-143. Shalhope, Synthesis, pp. 66-67

28 アメリカ政治史との関連で，循環史観から発展史観への変化を手がかりに，アメリカの近代化を論じた文献として，Michael Lienesch, New Order. また，18 世紀のアメリカには循環史観が浸透していたことについては，Persons, The Cyclical Theory of History in Eighteenth Century America, 6 American Quarterly 147 (1954).〔以下 Cyclical Theory と略す〕

29 「アリストテレスの思想には，可能性や発展 development という言葉のように，近代的な響きを持つ用語が多いため，そこに近代的な意味を読み込む誤りを犯す者もいる。だが，古代および中世の思想では，これらの言葉の意味は，その文脈により厳密に規定されていた。発展が意味することは，その種に属する個体内部で起きる，変化のコースにすぎない。それは，例えばドングリが樫の木になるような，予め決められた変化を表すための名称にすぎないのである。発展は，物事一般のうちに起きることではなく，樫という種に属する個体の一つにだけ起きることとされた。このように，発展とか進化 evolution が意味することは，近代科学で用いられる場合のように，決して新たな種 forms の発生とか，古い種からの変異を意味するわけではなく，予め決まっている変化のサイクルを単調に動いて行くことを意味するだけであった。」John Dewey, The Middle Works, 1899-1924, vol. 12. pp. 111-13. (1991). 清水訳『哲学の改造』pp. 52-55 (1920, 岩波文庫)

30 Drew R. McCoy, The Elusive Republic：Political Economy in Jeffersonian America, pp. 35, 40 (1980).〔以下 Elusive Republic と略す〕

31 Pocock, Virtue, Commerce, and History, pp. 147-48. 田中訳 pp. 275-76. 1720 年の「南海バブル事件 South Sea Bubble of 1720」が，アメリカでは古典的リパブリカニズムの影響力を強めることになったという。McCoy, The Elusive Republic, p. 42

32 McCoy, Elusive Republic, p. 26. マンデヴィル／泉谷訳『蜂の寓話』(1985, 1993)

33 McCoy, Elusive Republic, pp. 17-32

34 Persons, Cyclical Theory, pp. 153-58. 第二代大統領ジョン・アダムスと，それに続く第三代のジェファーソンも，古典的リパブリカニズムの価値観の共有していたことを示唆するとともに，両者が循環史観の持ち主らしき痕跡が指摘されている。

35 ロイ・ポーター　目羅訳『イングランド 18 世紀の社会』pp. 269-271 (1996)

36 「18 世紀のアメリカが直面したことは，信心深い資本主義者であろうとすることが，根本的に矛盾するという事実であった。」Lienesch, New Order, p. 30

37 「植民地において，イギリス人としての愛国心を最も鼓舞したのは，1689 年から 1763 年にかけての英仏間の戦争であった。……七年戦争は……植民地人のイギリスへの忠誠心を強めたのである。」ラルフ・ケッチャム　佳知晃子訳監修『アメリカ建

国の思想』pp. 5-6, 15.（1976）
[38] Bailyn, Revolution, pp. 61-63
[39] 1769年のボストンへの常備軍配置の際には，植民地防衛という口実を設けることはできなかった。Bailyn, Revolution, pp. 112-116. 斎藤眞『アメリカ革命史研究』pp. 323-331
[40] イギリスの権利章典（Bill of Rights, 1689）には，国王ジェイムズ二世が「国会の同意なくして，平時において常備軍を徴集してこれを維持し，かつ法に反して兵士を民家に宿泊せしめたこと」が記されている。アメリカ合衆国憲法の権利章典（第一から第十修正）にも，第二修正における州の武装権に次いで，第三修正に次のような規定がある。「平時においては，所有者の同意なしに兵士を家宅に宿営させてはならない。戦時においても，法律で定められた方法によらない限り，同様とする。」
[41] 独立宣言には，「大ブリテンの現在の国王の治政は，打ち続く危害と略奪の歴史であり……その本当の目的がアメリカの諸州に対して絶対的な専制を樹立することであるのは疑いの余地がない」と前置きし，その例証の一つに，課税措置と並び，「国王は……植民地の立法府の同意もなしに，平時にアメリカに常備軍を駐留させた」という下りが記されている。五十嵐武士訳 大下他編『資料が語るアメリカ 1584-1988』p. 37（1993）
[42] Wood, Republic. pp. 51-52
[43] Wood, Republic. p. 32
[44] Persons, Cyclical Theory, p. 155
[45] McCoy, The Elusive Republic, p. 48（1980）. 古典的リパブリカニズムのパラダイムを基礎とするこのアメリカ独立の解釈は，18世紀の最高・最新の知識に基づくものである。Wood, Republic. pp. 32-33
[46] White, Marshall Court, pp. 48-49
[47] White, Marshall Court, p. 6
[48] Wood, Republic. pp. 418-19
[49] 「法の統合は，平等化を求める声に対する答えであった。これが，法の統合や法典化の「社会的」側面と称すべきものである。……。法典化による法の統合がもたらした一つの重要な結果は，万人に共通の法を生んだこと，その結果として，社会的身分に関係なく万人に対する平等を生んだことにあった。したがって，法典化は，階層と不平等を基礎に出来上がっていた社会が，デモクラシーと平等を基礎とする社会へと徐々に変わってゆく，歴史全体の動向の一部と見なすことができる。」Jean Maillet, The Historical Significance of French Codifications, 44 Tul. L. Rev. 681, 687.（1970）
[50] White, Marshall Court, pp. 50-51.「個人の市場における経済活動に関するこの見直しが，ある意味で，古典的リパブリカニズムとは相容れないイデオロギーの出現を育む主たる要因になった。歴史家は，このイデオロギーに「リベラリズム」という名を付けた。（もっとも，今日では，この「リベラリズム」という言葉は，これほど

包括的な意味を持たなくなりつつある。) 18 世紀から 19 世紀初期の「リベラリズム」は，民衆の自己充足は，個人の経済的利益に加え，一定の政治的利益の追及を許す場合に最も良く促される，という前提で成り立っていた。このように，リベラリズムは，自己抑制ではなく，自己主張のイデオロギーであった。……19 世紀における政治経済学に関する多くの重要な論争，例えば法人の役割や，クレジットによる売買の経済学的位置づけなどについては，それを古典的リパブリカニズムとリベラリズムの衝突と見ることができる。」Id.

[51] リパブリカニズムが資本主義と相容れないことは，McCopy, Elusive Republic, pp. 69-70. 19 世紀のアメリカにおいては，経済の果たした役割は大きく，そこでは政治と経済がほぼ一体のものとなったばかりか，むしろ経済が，一国の運営において主導的役割を果たす力を発揮したとも言われる。H. Hovenkamp, Enterprise and American Law, 1836-1937 (1991). もちろん，19 世紀は，今日と比べ，さほど個人主義が強かったとは言えない。L. Friedman, The Republic of Choice, pp. 35-38. (1990)

[52] G.E. White, American Judicial Tradition, pp. 15-16. (1976)

[53] ポール・ジョンソン/別宮訳『アメリカ人の歴史』I pp. 354-361 (2001). G.E. White, The Marshall Court and Cultural Change, 1815-35 (1988) は，マーシャル・コート時代の最高裁を，その文化的背景の変遷とともに詳細に追った，本人の弁によれば「最初の著作」である。

第2章
「公正価格」の社会史
―― 契約法における意思理論の登場 ――

I　アメリカ私法におけるパラダイム転換

　18世紀半ばに出版されたウィリアム・ブラックストーンの『コンメンタリー』によれば，財産権は土地に対する絶対的支配を意味した。土地の絶対的支配とは，所有者が自らの土地を平穏のうちに利用することを妨げる行為を，他人に一切行わせない法的権限を有することをいう[1]。原則的に，土地の所有者が己の土地をいかに使おうと自由であり，他人からの制約は受けない。但し，通常は合法とされる土地の使用法でも，それが隣接地所有者への権利侵害を伴うことは許されない。というのは，隣接地所有者にさほどの権利侵害を起こさない別のやり方があれば，それに従うことが義務となるからである[2]。
　ここに示された土地の絶対的支配としての財産権の観念は，概ね農業中心の社会を想定し，経済発展とは無縁の静的な世界を前提に維持されてきたものである[3]。そこで支配的であった考えは，現状維持を以って良しとするものであり，18世紀まではこれで甚だしき不都合なく済ませていた。
　だが，19世紀に入ると事情が一変する。利得の追求に向けた経済活動が次第に活発になり，天然資源の開発や道路・運河・鉄道など輸送手段の整備・発展に伴い，土地の大規模開発が盛んになると，それまでのコモン・ロー・システムにおける土地の絶対的支配という財産権の観念は，それ自体が経済発展を阻止する原因となり始め，多くの点で難題を抱えることになった。

　　［この難題］が明らかになるのは，19世紀になってからである。それまで，この法理面での難題を現実には容易に隠しおおせたのは，土地の絶対的支配とい

う財産権を理想とする考えを生んだ社会では，経済活動レベルが未だ低かったため，土地を巡る紛争がさほど起きずに済んだからである。だが，19世紀初め，経済発展の精神がアメリカ社会を制し始めるにつれ，財産権に関するこの考え方は，根本的な変化を強いられるようになった。それは，土地所有者が，他人に邪魔されずに土地を利用する権限を持つというこの静的で農業的な考えから，営利に基づく土地の利用・開発という新たな徳を強調する，動的で道具的かついっそう抽象的な財産権に向け，財産権の考え方が変化し始めたことに伴うものである。南北戦争の時代までに，財産をめぐる法概念のこの根本的転換は完了する[4]。

製粉などに水車を利用しようとダムを作ることも，隣接地所有者の財産権侵害を理由に禁じられるとなれば，古き良き時代ならともかく，急速な経済発展に伴う開発の時代になれば，これでは到底応じられない。かくして19世紀に入ると，アメリカは，財産権の絶対的支配という18世紀的観念からの大転換を強いられることになった。

社会の急変がアメリカ私法に及ぼした影響は，もちろん財産権の領域だけに留まらなかった。財産権の転換開始と時を同じくして，契約法の分野においても，それまで支配的であった旧契約法理から，契約の成立は当事者の合意によるとする，近代的な新契約法理に向けた一大転換が起きる。このパラダイム転換により，契約はそれまで法理面で財産権に隷属してきた地位を抜け，財産権と肩を並べる独自の法領域を成すに到った。

財産権が土地の絶対的支配を誇っていた時代には，契約が独自の法領域を形成することはなく，契約の概念は，単に財産権を移転させるための一手段として，財産法に従属していた。もちろん，そこには近代契約法理に特徴的な意思理論 will theory もなかった。売買契約においては，契約は中世から延々と受け継がれてきた公正価格 fair price の支配下に置かれ，たとえ当事者間には合意があっても，それが公正価格に反すれば，契約の成立は認められなかった。

近代契約法の視点から見れば，この自由が無きに等しいありさまも，既得権の擁護と現状維持を以ってベストと考える時代には，公正価格がそれに相応しい法的装置として成果をあげ，長年に互りその命脈を保ってきたに違いない。

II 慣習から合意へ：法源の転換

　カリフォルニアがアメリカ合衆国31番目の州となるのは1850年，かの有名なゴールド・ラッシュが起きた翌年である。道なき陸路を延々と馬車に乗り，あるいはまだ運河なきパナマだけは陸路を頼り，または南米ホーン岬を回るルートまでが入り乱れ，一攫千金を手にせんと，東部からも遠路はるばる多数の野心家が西海岸へと押しかけた[5]。いくら利得の追求が許されたとはいえ，なりふり構わぬ露骨な欲望の発散にやや蔑みの念も込め，この騒動が起きた年にちなんで，彼らには「フォーティー・ナイナーズ」なる名まで付された。この俄かブームで幸運を手にした者も一握りはいたにせよ，自由の恩恵として大半の者が迎えた結末は惨憺たるものであったという。「愛しのクレメンタイン」というおなじみの歌に込められたものは，彼らが抱いた悲喜こもごもの思いである[6]。

　後に連邦最高裁裁判官となるスティーヴン・フィールド（1816-99　在職期間1863-97）も，フォーティー・ナイナーズの一人であった。この騒動で，1年のうちに人口が100倍にまで膨れ上がったカリフォルニアの俄か街で，東部から苦難を乗り越えようやく到着した彼は，早々に治安判事を務めることになり，無政府状態から秩序を生みだすのに一役買っている。彼が世紀末に「レッセ・フェールの最高裁」を生む立役者の一人になったのも，こうした若き日の貴重な経験のゆえと言われる[7]。

　ゴールド・ラッシュから5年前の1844年，アメリカの契約法において注目すべき一冊の書が著わされた。著者はウィリアム・W・ストーリー（1819-95）[8]。父親は，連邦最高裁の著名裁判官にして，ハーバード・ロー・スクールの教授として同校の建て直しに奮闘した，ジョゼフ・ストーリー（1779-1845　最高裁在職期間1811-45）である。ウィリアムの書が注目される理由は，ここに近代契約法の原則とされる意思理論 will theory，つまり契約は両当事者の自由な合意によって成立するという原則が掲げられ，アメリカ契約法の歴史において，近代的法理がようやく勝利を収めたらしきことが示唆されているからである[9]。

すべての契約は，両当事者の合意に基づく。……合意が，言葉により正式に述べられている場合，それを明示契約という。合意が推理や推論の問題となる場合，それを黙示契約という。だが，いずれの契約も，その基礎となるものは両当事者による実際の合意であり，この二種の契約の間にある唯一の違いは，その証明方法の違いにすぎない[10]。

　契約における意思理論は，長年に亙り契約の世界を支配し続けてきた，公正価格などの慣例や慣習による制約に代わり，個人の自由な欲望の発揮が容認された結果，互いの合意に法的効果が与えられるようになったことを意味する。開拓者精神が尊ばれ，歴史の上で比較的早い時期から個人主義の影響が強かったとされるアメリカにおいても，近代契約の基本を支えるこの斬新なアイデアは，19世紀半ば近くになるまで定着しなかった。

18世紀のアメリカでは……エクィティーの伝統が，自然的正義の一般法理とつながっていただけでなく，慣習による価格 customary prices に基づく経済システムともつながっていた。マサチューセッツ植民地における［1760年代の］諸々の判例には，ヨーロッパ中世以来の公正価格論 the medieval just price theory of value の支配した痕跡が，色鮮やかに残されている[11]。

　モートン・ホーウィッツによれば，こうした傾向は独立後も受け継がれ，1828年に到ってもその形跡が見られる。同年，後にマサッチューセッツ州最高裁の裁判官となるセロン・メトカーフが，同州デーラムのロー・スクールで行った契約法講義では[12]，契約法における意思理論が，未だ勝利を収めるには到らなかったことが窺われる。当時，意思理論はまだ旧契約法理と緊張状態にあったため，契約当事者間に合意があるからといって，それに直ちに法的効果が認められるわけではなかった。そこでは，契約が合法的に成立するための条件として，当事者の自由な意思の合致の他に，ある実体的正義の基準を満たすことが求められた。この基準の一つが，中世以来の長い歴史を誇る公正価格の観念である。
　したがって，アメリカ契約法理においては，その後の変化の中で公正価格という制約を押し退け，ようやく意思理論が確立さるに到ったものと考えられる[13]。

近代契約法は，基本的に19世紀に出来上がったものである。これが生まれたのは，イギリスにおいてもアメリカにおいても，実体的正義 substantive justice という中世の伝統に対する反動・批判としてであった。驚いたことに，この伝統がとりわけこのアメリカという国で，18世紀に到っても法的思考の死活的に重要な部分として残っていた。契約上の義務を正当化する根拠を，交換に固有な正義や公正から引き出すという，この延々と打ち続いてきた信念を，［アメリカの］裁判官や法律家が拒絶するに到ったのは，ようやく19世紀になってからのことである。この段階になって，彼らは初めて，契約上の義務の源泉は契約当事者の意思の合致にあると考えるようになった[14]。

　こうしてアメリカに定着した意思理論は，19世紀末になると契約自由の法理として憲法上自由を保障する一大原理にまで仕立て上げられ，いわゆるレッセ・フェールの最高裁においてその頂点を極めることになる[15]。公正価格が支配していた時代から一世紀にも満たないうちに起きた，この契約法理の急速で大規模な変化から，当時のアメリカの変化がいかに急激なものであったか，その一端を窺い知ることができる。

　意思理論を前提とする近代契約法においては，契約はもはや財産法には隷属していない。それどころか，近代私法では財産権より契約法の方が優位を占めがちで，それ独自の一大法領域を形成するに到っている[16]。だが，契約法の持つこうしたイメージはさほど長い歴史を有するものではない。意思理論が支配する以前の旧契約法理は，近代科学のパラダイムに慣れ親しんだ者が，中世ヨーロッパの自然哲学を垣間見る場合にも似て，甚だ奇妙で理解し難い様相を呈している[17]。

　新旧いずれの法理においても，同じ「契約」という言葉が使われるとはいえ，契約の旧法理と新法理との間には，その意味にかなり大きな違いが存在する。

　　18世紀の……旧契約観においては，既存の義務や権利とは無関係に，自発的合意により形成される「普通の ordinary」契約という観念は……当時ようやく姿を現わし始めたばかりのものである。当時は，契約という観念そのものが過渡的な状態にあった。伝統的に見れば，契約はまず，相互の権利・義務を含む関係とみなされた。そこでは必ずしも，これらの権利・義務が……意思による創造物とは考えられていなかった。……要するに，当時の法源……は慣習

customであって、この慣習という観念に代わり、新たな契約の観念が台頭し始めていたわけである。残念ながら現代人は、これらの個人間の関係を記述するのに、「契約 contract」という言葉しか持ち合わせていない。だが、忘れてならないことは、18世紀以前の時代にあっては、この契約という言葉が後の時代に獲得することになる、合意という強い意味を必ずしも持ち合わせていなかったということである[18]。

　当事者間の自由な合意に直接的に法的効果を賦与することや、合意により互いの権利・義務が発生するといった考えは、旧契約法理の世界の与り知らぬものであった。ここから、契約の法源を慣習とする長年維持されてきた見方を排し、アメリカでは、自由な合意を法源とする見方が19世紀半ば前に定着するに到った。これら新旧契約法理の間には大きな溝があり、そこには社会の大規模な変化が密接に絡んでいる。

Ⅲ　市から市場システムへ

　歴史を振り返れば、個人に自由な欲望の発露を認め、それに法と同等の効果を与えるなどという考えは、およそまともなものと思われてこなかった。概ね父権主義が支配し、利得の追求は厳しく戒められ、個人は当然全体に従属し命令により動くものとされていた時代には、個人間の自由な合意に法的効果を与えることなど、想像を絶する考えであったに違いない。

　19世紀に発展する資本主義の下においては、資本は自ら増殖することを第一目的とする。資本の増殖はビジネスの常とはいえ、投資という特異な形で資本を用いるやり方は、18世紀までは決して馴染みのやり方ではなかった。それは、19世紀における株式会社発展の歴史が物語っている。資本主義の時代が到来する以前に、この特異なやり方が機能しなかった最大の理由は、利得を追求し、手にした利得をさらに再活用する資本増殖のやり方が不道徳とみなされ、長年に亘り厳しく戒められてきたことにある。

　近代以前には、そもそも土地や労働力が、市場を通じて取引されうる商品ではなかった。これに対し資本主義は、かつてはいわば社会関係であったものを、可能な限り商品関係に置き換え、それを市場で取引可能な商品へと転換した。今では、土地や労働力も含め万物が商品化され、それらは市場で売

買される。現代人にお馴染みのこのやり方が登場したのは，資本主義がもたらしたこの大転換の結果である[19]。

　古来からいつの時代にも，こうした商品取引が市で展開されてきたわけではない。万物を商品化し，市場でそれを売買するには，それ以前に人々の自由な欲望の発揮を容認する必要がある。次いで，互いの欲望は，市場での競争を通じ均衡点に達すると考える。これらを前提としなければ，資本主義が考える市場システムなど登場するはずがない。

> 市の歴史は非常に古く，有史以来のものとされている。……だが，市というものは……市場システムと同じものではない。市場システムとは，財を交換する手段であるだけに留まらず，社会全体を養い維持していくためのメカニズムでもある。このメカニズムは，中世人にはまるで理解できない代物だった。誰もが利得を求めてよいという考えは，[中世人の間では]まったく冒瀆だとされていた。利得を求める一般的闘争が社会を結びつける力になるなどと考えようものなら，それこそ狂気の沙汰と思われたろう[20]。

　古くから存在してきた市と，19世紀に資本主義の下で発展することになる市場システムとの間には，非常に大きな違いがある。単に取引規模の小さい市が，その規模を拡大したからといって，それだけで市場システムになるわけではない。単に物を交換する場に過ぎないのか，それとも社会を支えるメカニズムにまで発展するかという違いには，利得の追求が容認されるか否かの違いが絡んでおり，旧契約法理からの転換にも，この決定的な違いが関わっている[21]。

　市の歴史において，利得の追求は長年に亙り厳しく戒められてきた。将来の値上がりを見込み，転売目的で物を買い込むことなどもってのほかであった。これでは，取引は，利得を抜きにした等価での交換にならざるを得ない。契約違反による損失の算定も，品物を手にし損なったことに限定される。そこには，期待利益の損失補償などはもちろん含まれない。そうした要求をしようものなら，不徳の強欲者として，裁判所から蔑みの目で冷たくあしらわれたという[22]。中世以来の伝統である公正価格を維持し，旧契約法理の世界を支えてきたのは，古来より市を支配してきたこうした観念である。

　市に代わり市場システムが登場するには，この観念を根本から転換する必

要があった。まず，市場を通じ商品の自由な取引を容認すれば，価格の変動は当然のことになる。したがって，現時点における取引の中に，将来における商品の価格変動による損得，いわゆる変動リスクを読み込むことは欠かせなくなる。これらを道徳的に容認しない限り，市場システムは機能しない。このため，利得の追求を戒め，将来における期待利益の算定も度外視してきた旧契約法理は，資本主義の発展を前に，根本からの転換を迫られることになった。

> 利得の観念は，普遍的なものだと思われることもあるが，けっしてそうではないし，利得が社会的に正当なものと認められるようになったのは，ずっと近代になってからのことで，それも限定的な形で認められたにすぎなかった。……もちろん，富はいつの世にも存在していたが……一握りのけたはずれな有力者だけが富を所有していた時代と，社会にくまなく散乱する富を求め全般的な闘争が展開される時代との間には，大きな違いがある[23]。

地上における生活は辛いが，それは永遠の命に到るため足掛かりと考えることが至高の座に据えられていた時代には，ビジネス精神など奨励されなかった[24]。そもそもヨーロッパでは，16-17世紀に到るまで，仕事を生計の手段と位置づける見方もなかった。このため，最初に個人を自由な存在と想定し，その上で，彼が生計を立てるための手段として労働を位置づけるというアイデアがない。その結果，経済生活と社会生活とは区別もされず，働くこと自体が生活の目的とされていた[25]。

こうした時代に，万物を商品化する試みなどあるはずもなく，市場を通じて公正に配分され，生産のために供される土地，労働，資本という見方も存在しなかった。封建社会を通じ，土地が自由な取引対象とされたことはなく，また地代を生むための財産とみなされたこともなかった[26]。そこでは，土地は社会生活の中核を成すものとして位置づけられ，土地保有者には土地を持つことで地位と名声が与えられ，彼らだけが社会の軍事的，法的，行政的組織の基盤を支える有資格者と考えられていた[27]。また，農奴，徒弟，職人などの労働力も，もちろん市場において売却される商品としては捉えられていなかった。旧契約法理を支えてきた社会は，概ね次のような風景であったろう。

　農村部では，百姓たちが領主の土地に縛られて生活していた。彼らは，領主

のかまどでパンを焼き，領主の製粉所で粉を挽き，領主の畑を耕し，戦争になると兵士として領主に仕えたが，それでも彼らの労役に対して報酬が支払われることはなく，あったとしてもまれだった。これらの行為は農奴としての「義務」であって，自由な契約を結んだ者の「労働」ではなかった。

都市部では，徒弟たちがマイスターのところで奉公していたが，奉公の期間，奉公人の数，賃金，労働時間，仕事のやり方までも，すべてギルドによって規定されていた。……奉公人とマイスターのあいだで労働交渉はまずなかった。……

資本についても……資金はあっても，それを新しい積極的な用途に投じるような勢いはまったくなかった。そのモットーは「安全第一」であって，危険や変化ではない。生産技術面でも，もっとも短くもっとも効率のよい工程ではなくて，もっとも長くもっとも多くの労働を用いる工程のほうが好まれた[28]。

これは，意思理論を掲げる近代の新契約法理が想い描く世界とはおよそ無縁の光景である。アダム・スミスの時代に到るまで経済学なるものが誕生しなかったのは，社会が慣習や命令によって動き，世に富者と貧者が存在することを当然の前提とし，経済学者の出番がなかったためである。自給自足の旧来の世界で，一部の者だけが富の争奪を展開するのではなく，そこに多くの者が自由に参加できる時代に到って，ようやく経済学の必要性が認識されるようになった。この旧来の考えが支配した時代から，新たに経済学が誕生し，土地や労働力が商品とされ，農奴や徒弟が労働者へと変貌する時代に到るには，つまり市の時代から市場システムの時代に到るには，社会組織の上でも意識の上でも，革命的とも言うべき大きな変化を必要とした[29]。

土地を商品化すること一つをとっても，そのためには安泰だった封建的生活様式をがらりと変えるくらいのことは必要だった。家族主義を隠れ蓑にしたひどい搾取だとしても，一応は庇護のもとにあった農奴や徒弟たちを「労働者」に仕立てるためには，プロレタリアートという，脅え惑う階級をつくり出す必要があった。また，ギルドのマイスターから資本家になる者が出てくるようにするのは，納屋の前庭しか知らない家畜にジャングルの掟を教えるようなものだった[30]。

近代資本主義へと向かうこの根本的な変化が，18世紀後半からほぼ一世紀という短い時間の中で達成されたとすれば，静的な世界観に浸ってアンシャ

ン・レジームの維持に努め，変動することなき社会を想定してきた古き良き旧契約法理も，家畜がジャングルに放り出されるごとき苦難を味わったことであろう。

その苦難の結果が，19世紀における契約法のパラダイム転換となって現れた。近代資本主義に向かうこの大規模な変化の中で，中世からヨーロッパにおいて延々と維持されてきた公正価格の支配は，旧契約法理とともに急速に崩れてゆき，世紀半ばまでに，意思理論へと道を譲ることになった。社会には，その制度の機能を支える条件が必要であり，それが失われれば，いかに長年に亙り維持されてきた制度といえども機能しえなくなる。公正価格も，その例外ではなかった。

Ⅳ　旧契約法理の世界：財産権への従属

今日の大規模市場における取引は，かつての自然発生的な小さな市における取引とは，根本的にその形態に違いを生じる。この違いも，契約法理の進展に大きな影響を及ぼした。

生まれ育った村から外に出る機会も少なく，そこで生涯を過ごすことが珍しくなかった時代には，市の規模もごく小さく，輸送手段も馬だけを頼りとすれば済む。そこでは，近代契約法理は実質的に必要ない。

> 契約の発展は三段階に分けられ，その各々の段階が，取引に関する経済と法制度の歴史と対応している。第一段階では，取引はすべてその場において即決で行われるため……「契約」という概念に対応するものなど何もない。……第二段階では，取引は半分履行された状態にあり，残り一方の債務だけが残される。この段階になって，ようやく，取引が契約的な側面を持つようになる。そして，最後の第三段階に達するのは，未履行の取引を法的に強制できるようになった時点である[31]。

この第一段階の取引は，古い時代にしかないわけではなく，今でも日常生活の中に数多く存在する。だが，小さい市での対面取引を前提としていた時代には，これが取引の典型形態のため，履行期のずれの扱いや，証券の流通性に関する問題も意識する機会がなく，近代的契約法理を展開する場がな

かった[32]。第二段階でも，近代の契約法理にはまだかなりの隔たりがある。輸送手段の発展に伴い，大規模市場と大量取引が出現したことにより，取引形態はようやく第三段階に達する。

> イギリスに全国的な商品市場が発展し始めたのは，18世紀後半になってからであったように見える。これ以降，穀物価格はもはや局所的なものではなく，地域的な広がりを持つものになり……ほぼ一般的規模で貨幣が使われ，商品は市場で広く売買されるようになった……。アメリカ国内において……大規模商品市場が発展するのは，1815年頃からである。……こうした市場の発展が契約法に与えたインパクトは実に大きかった。それまでの経済システムでは，取引は特定物のその場での売買と引渡が前提とされてきた。だが，大規模市場での取引になると，商品は代替可能物と考えられるようになった。それに応じ，契約の役目も，特定物の権原移転から期待利益の確保へと変わった。未履行契約は，18世紀にはまだ稀であったが，「先物契約」の合意手段として重要になった。そして最も重要な点は，価値を全く主観的なものとみなし，価値を生む唯一の基礎を任意の個人間における欲望の合致と見る社会が登場すると，必然的に，それまでは……人々が法システムを利用し互いに私利を貪ることを阻止してきた実体的正義の原則が，価値に関し，むしろ逆に恣意的で不確かな基準にしか見えなくなったことである[33]。

19世紀初めのアメリカでは，ナポレオンによる大陸封鎖の影響を受け，海外貿易は大きな打撃を被ったが，幸いこれが国内市場を刺激した。このため1815年以後，北東部の製造業，輸出の花形産業でもあった南部の綿花栽培，西部の穀物生産が相互に循環する形で国内市場が活性化し，さらに産業革命の成果たる輸送革命に伴い，次第に大規模市場も登場するようになった。こうした市場規模の拡大による取引形態の変化が，契約の果たすべき役割に劇的な変化をもたらした。

今日の大規模市場での取引では，商品は一般的に代替可能物とみなされ，特定物取引の方が特殊なケースになる。だが，取引が主に小さい市で行われるうちは，それは法的に特定物取引とみなされ，商品を代替可能物とはみなさなかった。このため，契約に期待される役目も，対面取引における特定物の権原を移転することで事足りた。契約に求められる役割の違いが，法システム全体の中で契約法理の占める位置に反映し，契約は，18世紀の法体系で

は今日とは全く異なり，財産法に従属する形を採っていた[34]。

　現代人の眼にとって，18世紀の契約法が示す最も特異な点は，それが財産法に従属していることにある。ブラックストーンの『コンメンタリー』を見れば，契約に関する記述が初めて現れるのは，全編を財産法に当てた第二巻においてである。そこでは，契約は，法定相続 descent，取得 purchase，占有 occupancy など，数多くの特定物の権原移転様式の一つとして扱われているにすぎない[35]。

　契約が，財産法を凌ぐほどの優位を誇るようになった今の時代から見れば，契約法と称される法領域もないまま財産法に従属させられ，それも特定財産の権原移転のための一手段に甘んじていることに奇異の念を禁じえない。ブラックストーンの時代には，契約法理を一般原理の下で記述するには到っておらず，一般原理の下に契約を論じた法律書は存在しなかった[36]。こうした状況は，19世紀に輸送革命を通じて大規模市場が形成され，それが急速に発展したことにより一変する。これに伴い，父権主義の支配下にあった小規模な市での取引であれば，それなりの合理性もあったと思われる公正価格の観念も，それが機能しうる前提を急速に失い，意思理論に置き換えられることになった。

V　公正価格という道徳基準

　では，旧来から取引を取り仕切り，現代人にとっては馴染みのない公正価格とは，いったい何であったのか。「ほどよい値段」という感覚ならいつの時代にもあろう。だが，これは公正価格とは全く別物である。
　現代における市場での需供関係で価格が決まる仕組みは，個人の欲望や好みの発揮が容認され，買うか否かの選択の自由がある社会でしか機能しない。そこでは，法外な高値での売買や，敢えてリスクを犯しての取引も，当事者の責任において自由に許される。これが，個人の自由を容認した，近代社会における市場での取引風景である[37]。
　だが，公正価格が支配した時代は，これとは取引の背景が全く異なっていた。公正価格という観念は，市場によってではなく，道徳的な体系により決

められていたものである。それはある商品や人間の値打ちに関する道徳的判断を示したもので、市場における需要や供給とは無関係であった[38]。

　この公正価格は、近代の市場取引の前提である個人の自由な欲望の発揮を抑え込む役目を担った、強い父権主義に基づく道徳的観念である。たとえ契約当事者間には売買の合意があっても、取引が公正価格に反することを理由に裁判所が認めなかったのは、この道徳基準をクリヤーすることが合法契約の条件とされていたからである。個人主義を前面に掲げ19世紀の契約自由の法理が押し退けたものは、古来より維持され続けてきたこの道徳基準であった。かつては父権主義に基づき、裁判所が好ましくないと判断した契約については当事者の合意を退け、契約の成立を阻止してきたのである[39]。

　　［近代以前の］交換は強制的なものでもあり、大多数の職人と農民は、その品物やサービスを提供するにあたり、慣習と法が命じる条件に従うことを義務づけられていた。農民は、代々に互り生まれにより身分の定まる農奴制の下で、土地に縛りつけられており、彼らには、より魅力的な職業を選ぶ権利など何もなかった。とはいえ、町の住人なら、より多くの職業を選べたというわけではない。というのは、職を持つことは徒弟制度に依存していたからである。それを取り仕切るのは、通常は父親で、概ね仕事は父親のギルドの中で行われた。数多くのギルドでは、ギルドの条件に従って作業が行われ、品物を売らねばならなかった。……
　　このシステムが持つイデオロギーの縮図が、「公正価格」「公正賃金」という言葉である。価格や賃金は、価値に関する道徳的判断を示していた。需要と供給はそれとは無関係だった。現代の価格や賃金は、そこに何の道徳判断も含まない、市場取引や資源配分を行うための実用的な工夫である。だが、こうした概念が現れるのは、はるか後の時代のことである。中世の世界が試みたものは、考え得る最悪の条件下で需要と供給を均衡させる価格の経済学的実益である。価格がそうした役割を果たすよう強いられる場合とは、主に飢饉や敵の攻撃に晒されたときであった[40]。

　公正価格を長年に互り維持させてきた重要な条件の一つは、閉鎖的な共同体組織の中で各種のギルドが維持され、それが自由な競争を可能な限り排してきた点にある。そこでは、買手に選択の自由など与えられなかった。だが、近代の大規模市場では、立場が全く逆になる。ギルドやカルテルは毛嫌いさ

れ，競争を強いられるのは，かつてはギルドの下でガードされてきた業者である。消費者には選択の自由があり，多くの選択肢の中から商品を選んで買うことができる。社会の前提条件がここまで違えば，公正価格が維持できなくなるのは，むしろ当然の結果である。

伝統や慣習により定められてきた公正価格は，世界を静的なものとみなし，職人などの賃金も概ね慣習により定まる，選択の自由なき時代にこそ相応しいものであった。古典主義政治経済学では，富の公正な配分は市場において達成されるものとされ，政府に任されるべきものとはされていない。だが，公正価格を支えてきたアイデアによれば，それは市場などに任せることはできず，「偉大なるパーター」に頼ることによってしか達成できないものとみなしていた。この古き良き時代の取引例の一つを，16世紀のイギリスの例から窺い知ることができる。

> 父権主義の雛形が，コモン・ローや慣習の中だけでなく，ある衰退した制定法の中にも見られる。このモデルは，1770年代まで，非常時における政府の振舞いとしてしばしば知られ，地方長官がこのやり方を使い続けてきたものである。このモデルでは，市場での売買は，可能な限り農民から消費者への「直接」売買とされた。農民は，自分の穀物を地域市場の敷石の上に山と積み上げる。農民たちに許されたのは，脇に立っていることだけで，それを売ることは許されなかったし，値が上がることを期待して売り渋ることも禁じられていた。当然のことだが，市場は統制されており，時間が来るまで売買を始めることは許されなかった。開始の鐘が鳴ると，まず貧者から，穀物，小麦，とうもろこしの粉を，入念に管理された錘や物差しを使い，少量づつ買う機会が与えられた。貧者の需要が一通り満たされると，二度目の鐘が鳴らされる。すると，より大口の買手（免許保有者）が買うことを許される。エドワード六世（1547-1553）の治世に明文化され，羊皮紙に薄ぼんやりと書かれた買占め防止法によれば，大口の買手には，多くの制約が課されていた。彼らは，試供品を買ってはならなかったし，農民もそれを売ってはならなかった。彼らは，残量の全部を買い占めてはならなかったし，利得を目指し同一市場や近隣市場で（3ヶ月以内に）転売する目的で買うことも許されなかった。実際，18世紀のほとんどの時期を通じ，仲買人は，法的には疑いの目で見られ続け，その行為は，理論上，法により厳しく制約されていた[41]。

ここには，狭い村の小さな市で，売手と買手との直接取引が行われる，長

年に亙って維持されてきたと思しき，取引の典型的な様子が窺われる。ここでは，近代の市場取引におけるように，参加者すべてを同列に競わせることは厳禁で，父権主義を生かした取引規制が強く敷かれている様子が分かる。売手と買手の直接取引でありながら，価格交渉ができる余地はどこにも見当たらず，値上がりを見込んだ取引も当然ご法度である。非常時を想定したというように，これはほとんど配給制度に等しい。

　利得の追求を禁じる道徳律が支配していた時代には，その身分だけでも蔑みの目で見られがちであった行商人や仲買人は，買占め防止法が狙う主要ターゲットとされ，さらなる疑惑の目を注がれていた。それを反映し，転売目的で大口の買い付けをする業者には，免許所持義務だけに留まらず，他にも大きな制約を課されている。これでは，利鞘を狙った転売などできるはずがない[42]。

　ここでは，パン屋や粉屋なども，今風の商人として存在していたわけではなく，いわば共同体全体への奉仕者とみなされた。彼らが働くのは，己の儲けのためではなく，むしろ共同体の需要を公正に分配するためとされていた。18世紀後半まで続いたこの取引風景の中には，社会の性質や契約が果たす役割について，古くからの村の伝統や，人々の古式ゆかしきしきたりが映し出されている[43]。だが，時代が19世紀に向かうにつれ，こうした風景は，社会の変化に伴い急速に失われていった。

　とはいえ，契約法理の新旧転換が突如として起きたわけではない限り，その過渡的事例はどこかに存在するはずである。ホーウィッツは，旧契約法理が担ってきた特定物の権原移転という役目に次第に軋みが生じ，新たな時代に向けて変化するよう強いられたことを示す一事例を，次のように示している。

　　18世紀の契約法と現代のそれとの極端な違いを理解するために，権原法理の終焉が明らかになり始めた時期に判決が下された事例を取り上げたい。[この事件は]1810年のニューヨークで，小麦の購入契約を結んだ買主が，船積された小麦は受領しておきながら，残り分は受取を拒んだことを理由に，売主が提訴した事件である。旧来の権原移転法理で行けば，小麦の売主は，買主から契約した価格を受領するまで，商品を留め置くよう求められたことは明らかである。だがこの事件で，売主は，即座にその小麦を市場で売りさばいて「カバー」

第 2 章 「公正価格」の社会史 33

し，その後，買主に対し市場価格と契約価格との差額を求めて提訴していた。ニューヨーク州裁判所は……売主が「カバー」した判断を追認し，彼が差額分を求めて提訴することを容認した。裁判所は，「原告の損害賠償請求権の根拠としては，このルールによる方が，売主が小麦の腐敗を座視せねばならぬ［旧来の］措置よりもましである」と明言している。この結論に到るにあたり，同裁判所は，権原移転法理を根本から変えることを強いられた。裁判所によれば，売主は「必然的に……法律上，被告人［買主］の受託者か代理人とみなされる。」この信託法理が創られたのは，18 世紀の契約概念には固有でありながら，19 世紀の市場経済においては次第に変則例となった，ある結論を克服するためである。契約が，代替物の価格を見込む狙いで結ばれることが常となった経済システムの下では，財産価値が生まれるのは特定物においてであるとしてきた旧来の権原移転法理が，その効用を失うに到った。権原移転法理の終焉には，大雑把に言えば，組織化された市場が始まり，契約を単に特定物移転手段の一つとみなしてきた経済システムが変わり始め，法理がその動きに応じたことが示されている[44]。

　売主の転売によるカバーを当然の振舞いとみなす現代人には，それまでこれが許されてこなかったことの方が理解し難い。裁判官も，急速に変わり行く現実の前には，長年続いた伝統法理を以ってしてもなす術がなかったらしき様子が，ここから窺える。かくして，大規模市場が発展し，価格が変動する代替物取引を前提とするように市場が変化する中で，後日高値での商品転売を厳禁し公正価格を維持してきた社会と，それを支えてきた旧契約法理は，ともに，古典主義の市場経済システムに向け大転換を余儀なくされた。これに伴い，それまで契約を財産法に従属させ，その役割を特定物の権原移転としてきた旧契約法理は，新法理へと置き換えられることになってゆく。

VI　大規模市場の出現を促した輸送革命

　かつて大規模市場を通じた取引が起き難かった原因の一つには，宗教や道徳の制約が自由を妨げていたこともある。だが，利得の追求が容認されも，それだけで即座に巨大市場が出現したわけではないし，往来の自由が拡大し市が大規模になっても，それだけで市が市場システムに変化するわけではない。19 世紀に到るまで小規模のままであった取引形態を一変させるに到った

背景には，それを意識面からではなく，物理面から可能にした歴然たる原因がある。輸送革命である。

　　1801年の世界には，馬よりも早く地上を行くものは存在しなかった。人間も工業製品も，袋詰めの小麦も，牛肉の半身も，手紙も，情報も，いかなる命令も指示も，馬が走る以上のスピードでは，移動できなかったのだ。ジェファーソンや同時代人たちは，未来永劫，ずっとそのままだと思っていたことだろう[45]。

人は有史以来輸送手段を馬に頼ってきたが，速達便の速さという点では，古代ローマの時代も18世紀末のヨーロッパも，さしたる変化はなかったという[46]。輸送や移動の手段として馬を凌ぐものがなく，行く手を大河や山脈という自然の壁に阻まれていた条件下では，物資の流通も人の移動もままならず，大規模の市場の出現は期待できない。

　　アメリカという国では，当初，旅は厳しく容易ではなかった。1790年当時，ニュースがフィラデルフィアからニューヨークに達するのにまる5日を要し，この鮮度を失ったニュースがボストンまで届くには，15日も要した。だが，アメリカ人が荒野に乗り出すことを可能にした測量技術が，道路や運河の設計を助けたおかげで，各州間の通商はいっそう盛んになった。運河により，遠く離れた地域と地域がつながれ，国としての結合力が強まった。……道路建設も急増した。ある推定によると，1804年から1834年の間に，郵便馬車のルートが80倍以上に増えた。1817年には，フィラデルフィアの各紙がボストンに届くのに要した日数は1790年の半分，10日を切るようになったが，1840年には同じルートで5日を切るまでになった。1800年には3週間もかかったニューヨークとシンシナティ間の旅が，1830年には7日強でできるようになった[47]。

ここから，19世紀初めに，かなりの輸送改善策が採られたことが分かる。当時のアメリカは，経済成長政策を重商主義に頼り，輸送ルート改善策も連邦主体で行われていた。1808年，上院議員であったアルバート・ギャラティンによる報告書，いわゆる「ギャラティン・リポート」を通じ，輸送ルート改善策が提唱される[48]。東海岸近くにはアパラチア大山脈が横たわり，これにより沿岸の13州と内陸部の通行が妨げられていた。旅客列車の開始は1830年代であるが，道路・運河・鉄道が次々と整備されて国内輸送ルートが

発展し始めると，遠方にあってそれまで孤立していた地域が結び付き出した[49]。産業革命を通じて生み出された内燃機関が実用化されたことにより，蒸気船や鉄道の発達が促され，19世紀の半ばまでに，輸送手段は「革命」とまで言われるほどの発展を遂げた[50]。

かつてのヨーロッパでは，随所に関所が置かれ頻繁に通行税が徴収され，人の自由往来や商品流通が著しく妨げられていた[51]。こうした不自由や度量衡の不統一は，文明の発達が進展し，輸送革命を経る中で次第に一掃されてゆく。とりわけ遠隔地を短時間で結ぶ鉄道が発達するにつれ，広い空間を統一空間としてカバーする単一の時間帯なくしては，著しい不便を生じるようになる。統一標準時の出現は，まさに文明の産物である[52]。それは，太陽の南中などいわば自然の時計に頼る時代に代わり，文明の産物たる機械時計が時を告げる時代になったことを意味する。それに伴い，遠方まで正確に時を知らせる必要から，電信技術も発達する。その後，大陸横断鉄道も完成し，1883年には，大規模な統一標準時が鉄道会社間での申し合わせにより整えられる[53]。

19世紀後半には，セントルイスからシカゴまで穀物を鉄道輸送するルートが600にもなった[54]。当時のシカゴは，かつて大量輸送に水路と船が利用されてきた歴史を反映し，五大湖畔という地の利を生かして，全米からの穀物が集中する中継地点として著しい発展を遂げていた。初期は大河という独自の自然水流と人為的な運河を巧みに組合せ，その後は，短期のうちに鉄道網が発達したことにより，19世紀後半のアメリカは，輸送量の飛躍的拡大と輸送時間の驚異的な短縮を実現するに到った。

こうした無数に近いルート間で，輸送料金や穀物倉庫の使用料に関するサービスの拡充を巡り熾烈な競争が日常的に展開される時代となれば，かつて村人たちが広場に集まって穀物を山と積み上げ，打ち鳴らされる鐘に従って悠長に行っていた取引風景など，すっかり過ぎ去りし時代の産物と化してしまう。

これと並行し，かつては蔑みの目を向けられていた仲買業者の地位も一変する。全土に広がる市場に必要な商品をくまなく行き渡らせる上で，彼らは商品流通の要所を占めるものへと変貌し，日頃から市場で取引が円滑に行われる上で，必要にして不可欠な役割を担うようになった。

イギリスでは，1552年の制定法において，「押売り」や「買占め」などの前古典主義［政治経済学］時代の犯罪行為が成文化され，農民に対し自らが穀物を分配するよう強いることで，農産物の垂直統合が実際に強制されていた。……この見解によれば，仲買人には，商品価格を吊り上げること以外に，社会で何ら有益な役割を演じる余地はないことになる。だが，［18世紀末には］古典主義政治経済学の市場概念が興隆したことで，仲買人の役割が評価され始め，買占めを禁じた先のイギリス制定法は1772年に廃止された。……1853年，アメリカの法律家ウィリアム・ストーリーは，こうした制定法は「まさに商いの生命」とも言うべき活動を禁じるものだと述べている。こうした活動がなければ，「一切の大規模な商いと仲介業は終焉を迎えるだろう。」ストーリーが仲買人や仲介業者に関して書いた頃には，彼らは，アメリカの通商において重要な役割を担うようになっていた[55]。

　1830年頃，アメリカでは支配的な経済理論が，父権主義を基礎とする重商主義から，個人主義を基礎とし，個人の自由を容認する古典的政治経済論へと変化し始める。アメリカではイギリスとは異なり，19世紀末に革新主義が力を増すまでベンサムの功利主義は敬遠され，自然法思想に基礎を置くアダム・スミスの経済理論が人気を博し続けた[56]。アメリカ資本主義の隆盛を支えたこの古典主義政治経済論の高まりの中で，19世紀始めには公正価格はまだ伝統の中に踏み留まっていた。この段階から，急速に意思理論を柱とする近代の新契約法理が主流の座を占めるようになり，世紀末になると，この契約自由の法理が，一私法の領域を越え，憲法上の一大原理にまで上り詰めることになった。その後この動きは，レッセ・フェールと革新主義が互いにせめぎ合う中で，1929年の大恐慌を経て，ルーズベルトのニューディール政策が展開される1930年代後半まで維持される[57]。

　　1770-1870年の間にイギリスを形造った変化ほど，短期のうちに巨大な変化に遭遇した社会は，ほとんど例がない。この時代に……変化することが，大半の人間社会において普通のことになった。たとえ，それまでも社会は変化してきたにせよ，そのスピードがあまりに緩慢で，60-70年ほどの間の人生では，人がその変化を実感することは容易ではなかったろう。だが，今やその変化が極めて早くなったため，成人まで生き延びた者は，生まれた時とは明らかに違った世界で人生の末期を迎えることを悟るようになった。まさに，変化の時代が到来したのである[58]。

第 2 章　「公正価格」の社会史　　37

　この大規模にして急激な変化は，もちろんアメリカでも恐るべき規模の激変であった。社会のこうした激変に伴い，それまで長年に互り公正価格を支え続けてきた古き良き時代と，それを前提に機能してきた旧契約法理は，否応なしにそれまで占めてきた地位を追い払われ，新たな文明の時代に相応しい新法理へと道を譲ることになった。

[1] ブラックストーンは財産権を以下のように定義している。'The right of property [consisted of] that sole and despotic dominion which one man claims and exercises over the external things of the world, in total exclusion of the right of any other individual in the universe.' 2 Blackstone, Commentaries on the Laws of England, p. 2.（1979ed., Chicago）

[2] 3 Blackstone, Id. pp. 217-18. こうした制約は，不法行為の一種である「ニューサンス」による。

[3] 18 世紀においては，富は主に物理的な財産，それも土地を保有することから成るものと考えられており，今日におけるように，富が約束からなるものとは考えられていなかった。Pound, Introduction to the Philosophy of Law, p. 236.（1954）. Atiyah, The Rise and Fall of Freedom of Contract, p. 102.（1979）.［以下 Atiyah と略す］

[4] M. Horwitz, The Transformation of American Law, 1780-1860, p. 31.（1977）.［以下 Horwitz と略す］

[5] Paul Kens, Justice Stephen Field : Shaping Liberty from the Gold Rush to the Gilded Age. p. 18.（1997）

[6] Paul Kens, Justice Stephen Field, pp. 11-12. ゴールド・ラッシュに関する他の文献としては，野口悠紀夫『ゴールド・ラッシュの「超」ビジネスモデル』（2005，新潮社）

[7] スティーヴン・フィールドの生い立ちやゴールド・ラッシュのカリフォルニア時代については Paul Kens, Justice Stephen Field, ch. 1. 'A Forty-Niner, Not a Minor'

[8] William W. Story, A Treatise on the Law of Contracts not under Seal.（1844, Boston：1972ed.）

[9] Horwitz, p. 185

[10] William Story, A Treatise on the Law of Contracts, p. 4

[11] Horwitz, p. 172

[12] メトカーフの講義がなされたのは 1828 年，これが書物として出版されたのは 1839-41 年の間という。Horwitz, p. 332, n. 138

[13] Horwitz, pp. 184-85

[14] Horwitz, p. 160

[15] 経済学者のフリードリッヒ・ハイエクは，レッセ・フェールを批判してこう述べている。「『自由放任』の原則に凝り固まった自由主義者の融通のきかない主張ほど，

自由主義にとって害をなしたものはない。……特殊利益を餌にして政治の介入を主張する勢力に対しては、『自由放任』といった断固とした規則を主張する以外に、有効な対応策はなかったかもしれない。さらにいえば、経済的自由を擁護する考え方が、あまりにも確固とした疑う余地のない原理として人々の間で指示されていた間は、それを例外なく適用できる一つのルールとして、『自由放任』の原理を掲げることは止むに止まれぬ魅力があったのかもしれない。だが、自由主義の教義を普及させようとした人々がとったそういった凝り固まった態度は、逆に、いくつかの弱点を衝かれるとこの教義の全体が瓦解してしまうという結果を余儀なくされた。」ハイエク/西山訳『隷従への道』p. 15. 一方、別の視点から、ホーヴェンカンプは現代人がレッセ・フェールを見る眼に、20世紀特有のバイアスがあるという。「今日のリベラルな批評家たちは、革新主義やニューディールの策定者が作ったレンズを通し古典主義政治経済学を見がちで、古典主義者を悪……と考えがちである。そう考える理由は、古典主義者が、冷遇者のための市場介入に反対したからである。確かにこれは事実であるが、アメリカ人を古典主義者にさせた政治面での主張は、これとは大きく違っていた。当時、古典主義者であれば、富者や政治的強者のための介入に反対することは当然であった。古典主義が合衆国で人気を博すようになったのは、ジャクソン主義という政治的動向の中においてであり、この動きを熱烈に支持したのは、社会的に冷遇された階級であった。」Herbert Hovenkamp, Enterprise and American Law 1836-1937, p. 4. (1991, Harverd). ［以下 Hovenkamp と略す］

[16] 「1771-1870 年の間に契約法の一般諸原理が現れるが、これらの原理は、自由な市場の発展と政治経済学者たちが掲げる理想と、緊密に結び付いていたことが分かる。そして、財産法から契約へと重点が移されるのも、この期間である。」Atiyah, p. 398. アーティヤーの記述は、主にイギリスを対象としたものであるが、契約法の分野では、この期間に個別タイプの契約法理から、契約の一般諸原理への重点の移動が、またそれと並び既履行契約から未履行契約への重点の移動が見られるという。Atiyah, Id. 我妻栄『近代法における債権の優越的地位』p. 6. 二「債権は人類相互の信用を基礎とするものであるから、人類の文化史において物権に後れて発達したものであることは、ここに改めて説くまでもあるまい。また、債権が認められることによって、人類の生活が甚だしく経済的に豊富さを加へたことも、詳述する必要はあるまい。人類が物権のみを以てその財産関係となし、経済取引の客体として居つた時代には、人類は、いはば、過去と現在とのみに生活したのである。しかし、債権が認められ、将来の給付の約束が、現在の給付の対価たる価値を有するやうになると、人類はその経済関係のうちに、過去と現在の財貨の他に、更に将来のものを加ふることが出来るやうになる。」

[17] 「中世ヨーロッパにおける思想構造は、現代人にはおよそ理解しがたい。それは秩序ある構造でも、秩序の元をなす原理が、現代人には奇異で無意味にしか見えないからである。『なぜリンゴは木を離れると、地上に向かい落ちるのか。』中世人は、この問いに『落下することが、土的なものに属するリンゴの本性だからだ』と答え

第2章 「公正価格」の社会史　*39*

た。……アリストテレスの信奉者たちは，世界を，土，水，火，風という四元素に類別した。そして，『土的なもの』は大地に属するので，その本来の静止点たる大地の中心に向かい動くと考えた。宇宙は，四元素のそれぞれが，その異なった中心を求めているため，それぞれ逆の方向に働く四大元素間の緊張関係により脈動する，というのである。」ブロノフスキー/三田他訳『科学とは何か』pp. 30-33.（みすず書房）

[18] Atiyah, pp. 36-37. E・P・トムスンの書にも，19世紀はじめのイギリスにおける熟練職人の賃金は，多くの場合労働市場の「需要と供給」によるより，社会的な評判や「慣習」によって決定されていたし，熟練仕事の慣習的な諸伝統には，「公正」価格や「正当」賃金という観念の名残が伴っていたという記述がみられる。トムスン/市橋・芳賀訳『イングランド労働者階級の形成』pp. 278-79（2003，青弓社）

[19] ウォーラスティン/川北訳『史的システムとしての資本主義』（新版）pp. 7-9, 52.（1997，岩波書店）

[20] ロバート・L・ハイルブローナー『入門経済思想史』pp. 39-40.（2001，ちくま学芸文庫）

[21] 18世紀のヨーロッパでは，商業の高まりを背景に，利得の追求をいかに扱うべきかが，思想上の一大争点になっていたことについて。「西ヨーロッパの18世紀は，経済の歴史のみならず知性の歴史においても，一つの分水嶺としての特徴を持つ。というのは，この時代，主な思想家たちが，15世紀以来ヨーロッパ社会をほぼ全面的に変えてしまった，商業革命のインパクトについて論じざるを得なかったからである。現代人は，この革命をより根本的な『産業革命』への前段階とみなしがちである。だが，現代人の視点は持たない18世紀人にとっては，社会の商業化そのものが，過去とのドラマチックで転落に向けた断絶を意味する，特有の新秩序が出現した証と映じていた。」Drew McCoy, The Elusive Republic, pp. 30-32

[22] Horwitz, p. 163. こうした事情を解消するため，商人たちが努力を重ね，19世紀初めの商業取引においては，裁判所や陪審の影響を免れた違約金付捺印金銭債務証書などを頼るようになった。Horwitz, pp. 167-170. また，封建社会の中で長年に互り育まれてきたコモン・ローは，19世紀始めにおいても旧態依然とした価値観を維持し続けていたため，コモン・ローそのものが，商人の利益やビジネスの推進とは敵対関係にあった。Horwitz, pp. 140-59

[23] ハイルブローナー『入門経済思想史』pp. 34-37

[24] ハイルブローナー『入門経済思想史』pp. 37-38

[25] ハイルブローナー『入門経済思想史』p. 38. 19世紀まで，公然たる利得の追求が容易に認められなかった点ではアメリカも例外ではない。それを特にリパブリカニズムとの関係で説いたものとして Drew McCoy, The Elusive Republic, p. 5

[26] 18世紀には商品化されていなかった土地が，19世紀には一商品となる。Atiyah, pp. 400-01

[27] 「土地は，18世紀には社会的地位と政治権力の基礎であったが，19世紀になると，

他のいかなるものとも同じように，一商品 a commodity……つまり売買可能なものになった。」Atiyah, p. 400.（1979）

[28] ハイルブローナー『入門経済思想史』pp. 41-42
[29] ハイルブローナー『入門経済思想史』p. 28, 44
[30] ハイルブローナー『入門経済思想史』p. 44
[31] Horwitz, pp. 161-62
[32] ホーウィッツによれば，コモン・ローは，19世紀初めにおいても手形などの流通性を認めなかった。「18世紀最後の10年間に，アメリカは一群の商事法を創り出す必要に駆られたが，この必要性ほど，アメリカにおける［旧来の］契約の性質に関する考えを粉砕するのに効果を発揮したものはなかった。商事問題の核心にあった問題は，流通証券 negotiable instruments の可否と，反商業的な社会の中で創られた契約観念の中に，アメリカ法システムがこの流通性の原則を吸収できるか否かにあった。流通性の問題は，それまで受容されてきた法観念の全領域に正面から挑むものであった。第一に，それは，古来のコモン・ローが債権譲渡 assignment を敵視してきたことと真っ向から敵対した。……コモン・ローにおいて契約の直接性が求められてきたことは，流通性に対する克服し難い概念上の障壁となった。」Horwitz, pp. 212-13
[33] Horwitz, p. 161
[34] Horwitz, p. 162. 2 Blackstone, Commentaries on the Laws of England, pp. 440-70
[35] Horwitz, Id. アーティヤーも，この点について次のように述べている。「ブラックストーンの『コンメンタリー』第2巻は，「物に関する権利」という特異な言い回しを用い，財産法の記述にあてがわれている。この枠組みの中では，契約 contract と相続 succession とはいずれも，財産の権原を移転させる手段としてしか扱われていない。」Atiyah, p. 89, 102-03.（1979）. このほかに Otto Kahn-Freund, Blackstone's Neglected Child : The Contract of Employment, 93 Law Quarterly Review, 508（1977）
[36] アーティヤーもホーウィッツも，この種の最初の法律書を1790年にイギリスで出版された Powell, Essays upon the Law of Contracts and Agreements に求めている。Atiyah, pp. 398-99. Horwitz, p. 160. 但しアーティヤーは，パウエルのこの書が契約法の新法理に向かう兆しを示すことは認めるが，新法理との間にはまだかなりの距離があり，意思理論を初めて示した書物とすれば，むしろフランス人 Pothier の書の英訳 Law of Obligatons（1806）であるとし，ホーウィッツとは異なる見方を示している。
[37] 個人主義に基づく市場での取引に関し，ハイエクは次のような見解を示している。「個人主義哲学は，通常言われているように，『人間は利己的でありまたそうあらねばならぬ』ということを前提としているのではなく，一つの議論の余地のない事実から出発するのである。それは，人間の想像力には限界があり，自身の価値尺度に収めうるのは社会の多様なニーズ全体の一部分にすぎないということである。また，

第 2 章 「公正価格」の社会史 *41*

厳密に言えば、価値尺度は各個人の心の中にしか存在しないから、常に部分的なものであり、それぞれの尺度は、決して同じではありえず、しばしば衝突しあうものとなる、ということである。だからこそ個人主義者は、ある範囲内で個人は、他者のではなく自分自身の価値観や好みに従うことが許されるべきであり、その範囲内では、自身の目的体系が至高であって、いかなる他者の指図の対象ともされるべきでない、と結論するのである。個人主義者の立場の本質を形成しているものは、このように各個人こそが自分の目的に対する究極的審判者であるとする認識であり、各個人はできるかぎり自身の考えによって自身の行動を左右していくべきだという信念である。」ハイエク『隷従への道』p. 74. ハイエクと法の支配の問題に関しては、澤田昭夫「ハイエクにおける『法の支配』の問題」『三原憲三先生古稀記念論文集』(2002, 成文堂)

[38] ウィリアム・バーンスタイン/徳川訳『「豊かさ」の誕生』p. 169 (2006, 日経新聞社)
[39] かつてイギリスには、「判決は裁判官の足の大きさで決まる」という公然たる陰口があった。こうした気まぐれや自由裁量は、自由主義社会に不可欠な「法の支配」とは対極に位置するものだとハイエクは言う。「自由な国家と恣意的な政府の支配にある国家とを最もはっきりと区別するものは、自由な国家では、『法の支配』(Rule of Law) として知られているあの偉大な原則が守られているということである。……「法の支配」とは……しかじかの状況において政府当局がどのような形で強制権力を発動するか、ということがはっきりと予測でき、個人はそれをもとにそれぞれの活動を計画できるようなルールが存在しているということである。……あらゆる法は、個人の目的追求の方法を変更させるという意味で、個人の自由をある程度まで制限するが、『法の支配』のもとでは、政府が個人の活動を場当たり的な行動によって圧殺することは防止される。そこでは、誰もが知っている「ゲームのルール」の枠内であれば、個人は自由にその目的や欲望を追求することができ、政府権力が意図的にその活動を妨げるようなことはない、と確信できるのである。」ハイエク/西山訳『隷属への道』pp. 92-93. (1992). この点、公正価格は、政府や裁判所が自由裁量を活用するための典型的な手段でもある。
[40] Rosenberg & Birdzell, How the West Grew Rich: The Economic Transformation of the Industrial World, pp38-39. (1986). 中世のギルドについては Id., p. 51. 「町といえども中世社会の一部であったし、それが町であるという事実により、町が中世時代の精神から全く解き放たれることにはならなかった。家族と同じように、ルールに縛られ父権主義的な構造を持っていた荘園が、封建経済制度の原型であったのは、家族のように父権主義的でルールに縛られた組織をなす人間社会が、都市であれ田舎であれ、宗教的なものであれ政治的なものであれ、封建社会の理想であったからに他ならない。町においては、産業や取引のほとんどのが、ギルドの排他的独占のやり方で行われた。教会の定める『公正価格』『公正賃金』の観念により、ギルドによる価格規制、徒弟や渡り職人の賃金規制、品物の基準、職人の腕前保証、規定価格や賃金で商売を営む義務に、道徳的なお墨付きが与えられていた。ギルドには政

治的権威が与えられ，ルールを定め，ルール違反者には罰金，刑罰を科すことができた。ギルドはしばしば，病気や老齢の構成員に手助けを行い，親族を失った構成員には利益を与えるなど，今で言うところの『社会保障』を行った。場合によっては，ギルドは町の会社に民兵 militia を与えた。市やフェアーの開催を許されるのは，免許を持つ者だけに限られ，彼らの行為はギルドそれ自体の商売と同程度に厳しく規制された。」

[41] E. P. Thompson, 'The Moral Economy of English Crowd in the Eighteenth Century', 50 Past and Present 76, p. 83 (1971). Atiyah, pp. 64-65

[42] こうした反独占の伝統は，元来コモン・ローが有していた伝統であり，この伝統は古くからあったといわれる。この場合，コモン・ローが前提にしていた市場は，17-18世紀以後に発展してくる市場とは異なり，古い時代の小規模な市の観念であった。Atiyah, p. 129

[43] Atiyah, pp. 63-65

[44] Horwitz, p. 164

[45] バーンスタイン『「豊かさ」の誕生』pp. 16-17

[46] 旧ヨーロッパ世界では，新しい伝達および輸送技術は発達しなかった。個々の情報を突き合わせてみると，駅逓は事実速くなっていない。ローマ共和制期にもフランス革命期にも，最速でローマからパリまで手紙は10日かかって運ばれている。違いは，近代の開始期まではこうした速い通信手段はそのつど，短期間だけ経済的および政治行政的に大きな経費をかけて特権的な利用者のために維持されていた，という点にある。これに対してフランス革命期には，料金を払うものは誰でもこの連絡手段を利用することができ，さらには送達時間が守られることや，他の土地への接続が保証されることも見込むことができるようになった。かつては非常時の伝達速度だったものが，近代初期の駅逓制度によって通例となったのである。ゲルハルト・ドールン-ファン・ロッスム/藤田ほか訳『時間の歴史：近代の時間秩序の誕生』p. 304 (1999)

[47] M. O'Malley, Keeping Watch : A History of American Time, p. 60. (1990, Smithsonian Institution Press). 高島訳『時計と人間』pp. 75-76（晶文社，1994）。1815年から1830年までの間に，英米で輸送手段が発展したことについては，ポール・ジョンソン/別宮監訳『近代の誕生』vol. 1-3 章 (1995)

[48] Albert Gallatin, Report of the Secretary of the Treasury on the Subject of Public Roads and Canals. (New York, 1968 Rep.). スイスの貴族の家系に生まれたアルバート・ギャラティン（1761-1849）は，1780年に若くして独立直後のアメリカに渡った後，1795年には連邦議会の議員となる。1801年，ジェファーソンにより財務長官に任命され，マディソンが大統領の任期中まで，約14年間その職に留まったが，第二国立銀行の特許状再取得の失敗などに伴い，1814年に職を辞するに到った。

[49] 資本も不足気味だった時代には，利益が見込める作業については，ビジネスと公共組織との共同作業も可能だが，それ以外は政府に頼らざるを得なかった。Goodrich,

第 2 章 「公正価格」の社会史　　43

　　Government Promotion of American Canals and Railroads 1800-1890, pp. 2-5. (1960, Columbia Univ.). 「地元政府 (local government) 当局による支援は，道路，運河，鉄道など，数多くのケースにおいて，ほとんどすべての州で行われていた。僅かな例外を除き，ほとんどの州政府が，自らの公共投資計画を有し，輸送会社に対する借款や基金での財政支援を行っていた。」Goodrich, Id., pp. 5-6. アメリカでは，州と連邦とのせめぎ合いがあるのを常とするが，国内輸送ルートの整備もその例外ではない。連邦政府主導による国内改善を積極的に奨励した大統領ジョン・クインジー・アダムスに対し，第七代アメリカ合衆国大統領にアンドリュー・ジャクソンが就任し，州権擁護の立場から，メイスビル道路法案（連邦助成金の拠出を求めたもの）に拒否権を発動した。かくして，連邦主導による国内開発は，1837 年を以って終止符が打たれることになった。Goodrich, Id., pp. 40-42. 「1830 年における大統領アンドリュー・ジャクソンのメイスビル道路法案への拒否権発動……の結果，鉄道会社に特許状を賦与し，鉄道関連法を発展させることに関しては，州が主導的な役割を演じることになった。」19 世紀アメリカにおける鉄道の発展がもたらした影響に関するその他の文献として Sarah Gordon, Passage to Union：How the Railroads Transformed American Life, 1829-1929, (1997, Elephant). James W. Ely, Jr., Railroads and American Law, (2001)

[50] G.R. Taylor, The Transportation Revolution, 1815-1860. (1962)

[51] 昔は各地域が孤立し，度量衡も統一されない有様であった。16 世紀半のドイツで「商人のアンドレアス・ライフは，バーデンの自宅に帰ってきた。……[30ヶ所もの市場を回る] 途中，ほぼ 10 マイルごとに止められては通行税を払わされた。バーゼルとケルンの間で，31 回も通行税を徴収された。それだけではない。行く先々で使われている貨幣は違うし，基準や決まりにしても，法律や秩序にしても，まちまちなのだ。バーデンの近辺だけでも長さの尺度は 121 種類，面積の尺度は 92 種類，乾量の尺度は 65 種類，穀物の単位は 163 種類，液体の尺度は 123 種類，酒類だけに適用される尺度は 63 種類，重さの尺度は 80 種類もある。」ハイルブローナー『入門経済思想史』p. 31

[52] 資本主義の発展に伴い市場が拡大し，時間・空間を統一する必要性が増すにつれ，契約法理にも影響が及んだ。19 世紀には，一方では，契約法理は地域の慣習法を凌ぐ普遍性を志向するようになり，他方では土地の売買から結婚の約束に到るまで，個別的種類の契約法理を超越・吸収する，いわゆる契約法の一般法理の模索が始まる。19 世紀後半になると，一国内に留まらず，いかなる地域に対しても適用可能な普遍的契約法理を目指す，契約法の一般原理を記述する傾向がさらに強まる。Atiyah, pp. 400-02

[53] 各地域の時間を改革し，それを「公共時間とする動機と力を持ち合わせていたのは，商業の発展，進歩，空間の征服，これらの究極のシンボルでもあった鉄道だけである。」M. O'Malley, Id., p. 100. 高島訳『時間と人間』p. 115

[54] Hovenkamp, p. 154. (1991)

[55] Hovenkamp, pp. 332-33

[56] こうした背景には，アメリカにおけるピューリタン信仰の強さのほかに，イギリスとは異なり，19世紀初めの段階で広大な国土を持つ新興国であったために，マルサスやリカードの思想の陰鬱と言われる感覚を実感することが薄く，限りなき経済成長を信じられた面があることが上げられる。さらに，イギリスではすでに19世紀前半で労働力が過剰に陥り，ラダイツ運動などの激しい労働運動が見られたが，これとは対照的に，アメリカでは慢性的な労働力不足が続いたため，むしろ早い時期から工作機械を積極的に用いた製造業を発展させ，これが後の大量生産方式を生む下地を作るとともに，労働者の賃金もイギリスと比べれば比較的高いまま維持されたことも影響したと考えられる。Hovenkamp, pp. 183-192. また，19世紀前半からアメリカが早々と工作機械を用いた製造業を発展させたことが，後の大量生産方式につながったとする点については，ハウンシェル/和田他訳『アメリカン・システムから大量生産へ 1800-1932』(1998，名古屋大学出版会)

[57] 「『古典主義政治経済学』とは，1800-1865年頃までアメリカの法と経済を支配した，政策問題に関する一つの考え方を言う。政治経済学の統合論である古典主義は，公法と私法とのいずれの領域に対しても，重要な意味を持ち続けてきた。19世紀アメリカの法学者たちが，法と一国の経済問題のすべてを，縫い目のない一枚の織物と素直に信じられたのは，彼らが古典主義者であったからである。アメリカの古典主義者は，その経済的，法的アイデアの大半をイギリスから採り入れた。アダム・スミスに始まり，イギリスの主要な古典経済学者は，マルサス，リカード，ジェームズ・ミル，そしてその息子のジョン・スチュアート・ミルへと続く。アメリカ合衆国において古典主義は，イギリスにおける場合よりも遅く始まり，遅くまで続いた。つまり，革新主義がイギリスの福祉経済学に目をつけ，アメリカの立法政策をそれに合うよう再構成するまで続いた。」Hovenkamp, p. 1

[58] Atiyah, p. 219（1979）

第3章

法人政策の劇的変化
——Charles River Bridge 事件に見る近代の誕生——

I 国内経済の発展

　近代社会がいつから現実のものとなり始めたのか，複雑極まりない歴史の中でその時期を見極めることは容易なことではないが，大著『近代の誕生』で知られるポール・ジョンソンは，その時期をおよそ 1815-30 年頃と見ている[1]。

　　1820 年代の終りごろ，世界は民主主義時代へ移行する決定的な段階を迎えることになる。この前進は，例えばバスティーユ監獄の襲撃のような，なにか特別なできごとによってもたらされたわけではない。劇的な事件の成果は長続きしないものだ。この前進は，数々の要素や力が結びついた結果生じた——読み書き能力の向上，新聞の種類や発行部数の爆発的な増加，人口増と収入増，工業や技術の普及，競争思想の浸透など。……こうして，最初は一部の者の，次いで多数の者の，最後にはすべての者の政治参加を認めることになる流れが動き始めたのである。……歓迎するにせよ警戒するにせよ，1820 年代後半に民衆が歴史の大舞台に登場したのは紛れもない重要な事実で，近代の母体が形成される過程の頂点を示すできごとといわねばならない。こうした実験の第一の舞台となったのが新大陸アメリカだったのは当然だろう。アメリカ大陸では，1770 年代から 1820 年代にかけて，最初の植民地開放運動の大きなうねりが，ヨーロッパの古い君主制秩序を一掃していた[2]。

　19 世紀最初の 10 年間，アメリカ経済においていち早く黄金時代を迎えたのが，海運業である[3]。これに伴う造船業の隆盛により，保険，銀行，倉庫保管業などの関連産業，さらには地方における製造業，サービス業などの成長までが促され，各地で都市化が加速されることになった。一方，ナポレオン

戦争に伴うヨーロッパでの戦火拡大により，アメリカは，次第に自国の船舶までが攻撃を受けるようになったため，被害の拡大を懸念した大統領ジェファーソンは，1807年以後，出港禁止法と通商禁止法を成立させ，イギリス，フランス，ならびに両国の領地との交易を禁じる措置を講じた。この結果，アメリカの海運業ブームはほどなく終焉を迎えることになったものの，これを契機に国内の製造業がさらなる発展を遂げることとなった。米英戦争（1812-14）終結後の1815年以降，アメリカは，国内市場を重視する経済へと変貌を遂げ，20年代には本格的な経済発展の時代に入る[4]。

　国内産業の発展は，当然，その原料あるいは製品を輸送する必要から，道路，運河，橋など輸送業の発展を促す効果をもたらした。19世紀半ばまで，新たに獲得した公有地の売却による西部への漸次的移動に拍車がかかり，短期における国土と人口の急速な増加も加わり，アメリカは東北部，中西部，南部がそれぞれ互いに異なる経済圏を形成することになった。世紀半ばには，東北部は，工業化の推進により優れた工業製品を多く産出し，中西部は，穀物生産を通じ国内における食料生産の中心地となったのに対し，南部の綿花は，輸出においてもイギリス産のものを凌ぐ形で，国内最大の収益を上げる花形産業へと成長してゆく[5]。こうしたアメリカ特有の経済圏の形成が，互いに相手を刺激し合い，それがさらに豊かな国内市場の形成を促す結果をもたらした。

　一方，当時の変化の波は，当然のことながら政治面にも押し寄せる。20年代末になると，草の根民主主義の信奉者であり，その体現者でもあったアンドリュー・ジャクソンが，大統領の座への二度目の挑戦において，政敵ジョン・クインシー・アダムズを破り，1829年，第七代合衆国大統領に就任する。前回の選挙では最高得票数を誇りながら，すんでのところで大統領の椅子を逃したジャクソンであったが，新生民主党の勢力を背景に巻き返しをはかり，組織まとめに有能なヴァン・ビューレンと手を結んだ結果，今度はアメリカ初の西部出身大統領として勝利を収めた。

　こうして，政治面において，アメリカはそれまでの古典的リパブリカニズムを背景とした政治エリートによる統治から，デモクラシーの浸透する時代へと変化し始め，これに伴い，資本主義が発展し平等意識が進展したことにより，それまで一部の者が特権的に利を手にしていた時代から，多くの新参

第3章　法人政策の劇的変化　　47

者が入り乱れて利の争奪戦が展開される時代に向け，社会の急速な変化に直面することになった[6]。

　これらの動きに伴い，1820年代におけるアメリカの経済政策は，アダム・スミスが重商主義と称して批判の矛先を向けた保護貿易主義から，規制緩和を通じ市場の活性化をはかる古典主義政治経済学の自由貿易主義に向け，大きな転換を迫られ始めた。それまで特権と独占の擁護が政府の重要な役割とみなされ，現状維持を以って良しとする体制下で維持されてきた旧来の財産権は，新たな産業社会の発展と急速な人口の増大に押されて大きなひずみを生むようになり，新参者による既得権擁護批判が強まったからである。

　以前から，東海岸沿いに横たわるアパラチアの大山脈が内陸との輸送の妨げになっていたアメリカは，19世紀初めから，東海岸から内陸に向かう輸送システムの改善に着手する。道路，運河に続き，30年代には，新たに旅客鉄道も運行が始まる。こうした急速な経済と輸送システムの変化の中で，ボストンにおける有料橋の通行料独占をめぐり争われ，この時代の要請に直面した最高裁が，その姿勢を問われた代表例の一つが，Charles River Bridge Co. v. Warren Bridge Co. 事件である[7]。

II　連邦最高裁判決

　19世紀初め，ボストンの中心部は周辺地域とは水路で遮られ，あたかも港に浮かぶ小島のごとき様相を呈していた。このため古くから，チャールズタウン＝ボストン間にはハーバード・カレッジが独占的に運行するフェリーが行き交っていた。1785年，マサチューセッツ州議会は，ボストン市とケムブリッジの境を流れるチャールズ河に新たな橋を建設するため，橋梁会社の設立を許可する[8]。これにより設立されたチャールズ橋会社 Charles River Bridge Co. は，それまでフェリーの運航を独占してきたハーバード・カレッジに補償金を支払い，新たな橋を建設しその運用に乗り出した。州からチャールズ橋会社に賦与された特許状 charter では，橋の完成から40年後の1826年まで，同社に橋の通行料を独占的に徴収する権利を認める代わり，それ以後はチャールズ橋をマサチューセッツ州の財産とする条件が付されていた[9]。同橋は1786年にオープンしたが，その後，ボストンの他地域に同様な橋が建

設されたことへの補償も含め，州議会により，1792 年には同社への特許状の有効期間をさらに 30 年延長し，1856 年までとすることが認められた。

　この時期，アメリカにおける人口の増加は，まるで二次曲線を描くかのごとく膨れ上がっている。このため，同橋の建設から半世紀ほどの間におけるボストンの人口増加も目覚しく，それに伴い交通量も大幅に増加した。そこで 1828 年，マサチューセッツ州議会は，チャールズタウンの商人であったウォーレンらの要求に応じ，チャールズ橋に隣接する形で，もう一つの新橋の建設を許可することとした。しかも，このウォーレン橋は，原則として通行料を徴収しない無料橋とされ，橋の完成から 6 年間は投資金回収のために通行料は徴収するものの，その後は無料とすることが設立の条件とされていた。

　ウォーレン橋の建設地がチャールズ橋のすぐ脇であったため，チャールズ橋会社は，州議会から得ていた特許状を理由に，1828 年，ウォーレン橋会社を相手取りニューサンスを理由として新橋の建設差止命令を求め，マサチューセッツ州最高裁に提訴するに到った。その中で，チャールズ橋会社は，ウォーレン橋の新設を認めた州議会の行為が，州に債権債務関係を侵害する法の制定を禁じた，合衆国憲法上の「契約条項 contract clause」[10]に違反する旨も申し立てたが，州最高裁で敗訴した。これを不服としたチャールズ橋会社は，1831 年，本件を合衆国最高裁へと持ち込んだ。

　この事件を手がけたのが，契約条項を駆使し，既得権擁護の姿勢を貫いてきたジョン・マーシャル率いる最高裁であった。だが，同事件の審理が紛糾する間にマーシャルはこの世を去り，その後を引き継いで審理を再開したのは，既得権擁護を毛嫌いした大統領アンドリュー・ジャクソンの指名した，ロジャー・トーニーを首席裁判官に迎えた最高裁である。

　トーニー・コートは，1837 年，上告人チャールズ橋会社の訴えを退け，1828 年に州議会がウォーレン橋会社に賦与した新橋設立の許可は，合衆国憲法の「契約条項」に違反しないとする判断を下した。首席裁判官トーニーは，その理由を以下のように述べている。

　　およそ政府の目的は，その政府を樹立した社会の幸福を促進することにあり，したがって，政府が自らの創られた目的を達成するための権限を切り詰める意

図を持っていたなどと推測することは許されない。わが国のように自由にして活動的で，進取の気性に富み，人口も富も不断に増大する国においては，交通面でも交易面でも，日々新しい輸送通信手段が必要とされるし，そうした手段は，人々の生活の快適，便宜，繁栄のためにも必要不可欠なものである。したがって，こうしたことに寄与するための権限を，［チャールズ橋会社への特許状賦与により］州が放棄したと推定することは許されない。というのは，課税権と同じく，こうした権限を州が保持することには，社会全体の利害が関わるからである。原告会社は，日々極めて多数の州民が通行せねばならぬ交通の要路につき，それを改善し公共の便に供する権限を，州が70年に亘り放棄したと主張する。だが，これに対し……社会には，「それを放棄する趣旨の州の明確な意図が［特許状に］明記されていない限り，州がそうした権限を放棄したと推定することは許されない」と主張する権利がある[11]。

連邦最高裁は，この判決を通じ，特許状の賦与を以って事実上の独占権の容認としてきたそれまでの姿勢を改め，たとえ特許状が賦与された場合でも，その中に独占権賦与の文言が明記されていない以上，州民の生活の利便性向上という福祉目的を州が放棄したと推測することは許されないとし，特許状に関する厳格解釈の立場を採ることを明らかにした。会社設立が州と会社との契約によるにせよ，トーニー・コートは，設立された会社が持ち得る権限は，設立時に認められた範囲に限定され，仮に特許状の文言中に不明な点があれば，それは州側の有利に，会社側の不利に解釈されるべきであって，原告がそこに明記されていない権利を勝手に主張することできないというわけである。

これは，アメリカの法人政策における重要な変化の兆しである。アメリカが急速な経済発展を遂げ始めたこの時代，市場での競争への参加要望が高まる中で，既得権を理由に，一部の者だけを優遇するやり方には，着実に批判が高まりつつあった。特許状に独占が明記されていない以上，それを認めないという厳格解釈は，いわば法解釈のマジックである。これには，原告のチャールズ橋会社のみならず，事件の審理に携わっていたジョゼフ・ストーリー裁判官までが大いに憤慨した。だが，往々にして法理の上ではこの種のマジックが用いられがちだとすれば，問題はこのマジックを使ったことにあるというより，それがなぜこの判決で必要とされたのかにあるだろう。

そこには，19世紀初めのアメリカにおけるデモクラシーの急速な浸透と並行し，重商主義から古典主義政治経済学へという経済政策の変化，さらにそれに伴う法人政策の転換が複雑に絡み合っている。さらに，連邦システムを採るアメリカ合衆国においては，既得権擁護というそれまでの姿勢を改めるに際しても，その主導権を連邦と州のいずれが握るかを巡る対立が潜んでいた[12]。

    最高裁の判決は，氷山の一角にたとえられる。……判決や法原則は，決して，その根底にある社会的・経済的な思考と切り離された，抽象的なものであるわけではない。チャールズ橋事件は，新しい無料橋のオープンをめぐり一地方で起きた些細な論争の枠内に収まるような問題ではなかった。ウォーレン橋は，既存の特権的な形の財産権に対し，社会が急速な技術発展を受容する象徴的存在であった。そこでの……既得権益の破壊には，当時進行しつつあった発展と進歩の核心をなす，いわば創造的破壊のプロセスが映し出されている。……この事件において両当事者は，互いに相容れない二つの原理を支持した。その根底には，社会の利益になる改革を奨励し実行するために，州がいかなる役割や権限を行使すべきかという問題が含まれていた。そこには，また，公共政策を巡って対立する二つの見方も絡んでいた。いずれの見方も，実質的に個人に報いることが結果的に社会全体を豊かにすると考える点では，共通の目標を持っていた。両者の違いは，それを実現する手段だけであった。時代を支配し始めた価値観によれば，私有財産は静的なものではなく，動的なものとみなされて然るべきであった。時代が欲したものは，金利生活者の精神ではなく，起業家精神であった。トーニーのオピニオンに，その神髄が示されている[13]。

既存のものが破壊され，それに代わる新たなものが主役の地位に躍り出る。この「創造的破壊」という言葉に象徴されるように[14]，変革期の社会においては，新たな目標に向けた大規模な地殻変動が起きるのに伴い，旧来の慣行は大きな変革に晒され，ほどなく音を立てつつ崩れ去る様子が浮き彫りになる。チャールズ橋事件は，こうした慌ただしい時代の中で，来るべき時代に向け社会の軋む音を明確に感じさせる一例である。

III 重商主義からの転換：アダム・スミスの自由貿易論

　アダム・スミスの『国富論』[15]が出版されたのは，北米大陸の東海岸にあった13のイギリスの植民地が，本国イギリスに対し共同で独立宣言を発した，その年である。当時，イギリスを含むヨーロッパでは，国内産業を重視し保護育成するため，経済政策として高関税を課して輸入を抑え込むやり方を採用していた。スミスはこれを重商主義 mercantilism と称し，『国富論』において，このやり方に手厳しい批判を加えた。

　スミスの『国富論』は，自然法思想を基礎に独自の経済論を展開したもので，そのタイトルが物語るように，いかにして一国の富を増大させるかをテーマとする。ヨーロッパは，とりわけ大航海時代以後，各国の支配層が金・銀・財宝の獲得を目指すことに躍起になり，イギリスもこのために遠くインドにまで足を延ばした。スミスの時代になっても，こうした事情は一向に変わらなかった[16]。重商主義の支配するヨーロッパでは[17]，富の尺度が金・銀・財宝の類に置かれていたため，経済政策においては，海外からのその積極的な流入を奨励する一方で，国内にあるこれらの国外流出には，厳しい制限を課していた。それは，これらの内外格差を利用し一国の富を増大させることが，経済政策の要となっていたからである[18]。

　この経済政策の下では，国内産業については競争を極力回避し，特定の個人や団体には国からの特権を賦与し，その積極的な保護育成を奨励した。このため，対外的には高関税による輸入規制，対内的には選ばれた特定者への特権・独占権・補助金の賦与が，重商主義政策の特徴的なやり方となる。市場における競争や海外との自由貿易が大幅に規制されたのは，このためである。

　スミスは，こうした内外格差にあやかり海外貿易を通じて富を獲得しようとする手法を，重商主義政策と称して強く批判する一方で[19]，富の尺度も，旧来の金・銀・財宝から，日々人々が消費するものの生産物に投入された労働力の多寡へと置き換えた[20]。

　スミスは，重商主義の目的が何なのか，いったい誰がその恩恵に与ってきたのか，市場経済主義は誰に利益をもたらすのかにつき，イギリスを例にこ

う述べている。

> わが国の重商主義によって主として奨励されるのは，富者と権力者のために営まれる産業なのである。重商主義にあっては，貧しい者，困窮している者のために営まれる産業は，全く無視されるか，あるいは抑圧されるかしていることがあまりにも多い。……[21]
>
> ［輸出への奨励金や輸入への関税など］一切の規制を課する殊勝な動機は，わが国の製造業をそれ自身の改善によって拡張するのではなく，われわれがすべての隣国における製造業を抑制して不振に陥らせることによって，この憎むべき不愉快な商売敵との厄介な競争を，できる限りなくしてしまうことで，拡張することにある。
>
> わが国の製造業者たちは，自分たちが全同胞の才能と技倆を独占することは当然だと考えている。ある業種では，同時に使用しうる徒弟の人数を制限することによって，また，すべての業種について長期徒弟修業の必要を義務づけることによって，かれらはみな，自分たちそれぞれの職業の知識を，できるだけ少数の者にしか伝えないように腐心するとともに，この知識を持つ少数の人々のうち一部でもが，海外に出かけて行って外国人に技術を伝えることを好まないのである。
>
> 消費こそが，あらゆる生産活動の唯一無二の目標であり，目的である。そして，生産者の利益は，消費者の利益を増進させるのに必要な範囲でのみ，顧慮されてしかるべきものなのである。……しかるに，重商主義においては，消費者の利益は，ほとんどいつでも，生産者の利益の犠牲にされているのであって，重商主義は，消費ではなくして生産を，全商工業の究極の目標とみなし，目的と考えているように思われる。
>
> わが国で産する，または製造される商品と競合しうるすべての外国商品の輸入が制限されている点で，国内消費者の利益は，明らかに，生産者の利益の犠牲にされている。この独占が必ずといってよいほど引き起こす価格の高騰によって，消費者が高いものを余儀なく買わされるのも，まったくすべて生産者の利益のためなのである[22]。

2世紀以上も昔に書かれたとは思えぬ，今なお新鮮な響きを持つこの下りは，それだけに，当時においては恐ろしく過激で斬新なアイデアであったに違いない。18世紀スコットランドでは，ケイムズ卿やスミスらの啓蒙思想家の手により，それまでの衰退史観とは一線を画す，社会の発展段階説が唱えられた[23]。その最後の段階に当たる18世紀ヨーロッパの商業社会において，

スミスが抱いた疑問は，次のようなものであった。商業社会は，それ以前のいかなる社会状況より，財産の配分においては巨大な格差を生み出しながらも，なお賃金労働者の生活の基礎は満たしている。しかし，これとは対照的に，狩猟漁労段階にあった野蛮な社会では，獲物の獲得に1日の全時間を費やし，蓄財もなきゆえに格差も生じない社会状態にありながら，生活面でも栄養面でも，人々の生活状況は，大きな格差を抱える商業社会の底辺に生きる者と比べ，格段に劣っているのはなぜなのか[24]。

スミスが重商主義批判で示したものは，国内一部の利益団体のために，大多数の消費者が不利益を被らされている状況，しかも，保護された業者が競争を回避し，競争相手を不当に排除することで，己の身の安全を確保しようとする怠惰の批判である。スミスは，富者，権力者，製造業者のためではなく，消費者が利益を得るため，重商主義政策を自由貿易主義に転換することを奨励した。これこそ，産業の発展に伴い，社会の中で新たな主役の座に躍り出始めた中産階級の声でもあった。

Ⅳ フェデラリストの重商主義政策

『国富論』の出版から半世紀を経て，スミスのこの声は，アメリカの経済政策に反映されることになる。アメリカでは，独立当初から，連邦の勢力拡大を目指し中央集権的な統治を提唱するフェデラリストと，中央集権政治を懸念し憲法により連邦の権限を厳格に抑え込もうとするリパブリカンとが対峙していた。この政治的な対立は，そのまま経済政策をめぐる見解の相違にも直結する。

合衆国初代大統領ジョージ・ワシントンの政権下で財務長官を努め，独立戦争により破綻の危機に瀕した合衆国の財政再建に奮闘し，第一次合衆国銀行の設立にも寄与したアレグザンダー・ハミルトンは[25]，「製造業に関する報告書」を含む一連の報告書において，当時は発展の初期段階にあったアメリカの製造業を保護・育成すべく，輸入品への課税と国内業者への補助金を柱とした，保護貿易主義の必要性を訴えている。そこに示されているものは，フェデラリストによる赤裸々な重商主義政策の奨励である[26]。

産業は，もちろん自ずから最も有益で利益の大きい雇用への道を見出すであろう。だが，経験の教えるところによれば，人間は，自分たちがこれまで見慣れてきたこと，やり慣れてきたことに大きく支配され，ごくありきたりの仕事においてさえ，簡単にできる明らかな改良を行なうにも気乗りせず，ひどく躊躇しがちであるため，それを実行するには長い時の経過を要するものである。自発的に新しいものに向かうことは……その目新しさに比例して難しくなる。……このため，望ましい変化を早く生み出すには……政府による奨励と保護を講じることが好ましい[27]。

　独立戦争のもたらした混乱もあり，イギリスへの経済依存を断ち切れなかったアメリカにとっては，19世紀に入っても重商主義政策に頼らざるを得ない面があった。1801年の大統領選挙では，フェデラリストのジョン・アダムスが敗れ，リパブリカンのトマス・ジェファーソンが勝利する。だが，政権の座に就いたリパブリカンの一部勢力は，その後次第に重商主義政策に同調するようになり，1812年の米英戦争の頃になると，その主勢力は，かつてのフェデラリストのお株を奪うごとき見事な重商主義者に転じていた[28]。国内の運輸・交通手段の開発には政府による保護や援助が不可欠とされ，国内産業の育成のため，海外からの輸入品には高関税を課し，国内の特定産業には補助金を出すようになった。さらに，かつてはハミルトンによる合衆国銀行の設立に猛然と反対し，20年という条件を突きつけ，期限満期の時点で同銀行をきっちり廃止に追い込んだが，この点についても，リパブリカンは，再び国立銀行の設置を認めるまでに変身する[29]。かくして，かつてフェデラリストが採用していた重商主義政策は，今やリパブリカンによって見事に引き継がれることになった[30]。だが，時代の進展に伴い国内産業が大きく発展してゆくにつれ，特定業者への利益偏重は，既得権の不当な擁護として嫌われる風潮が次第に強まり，積極的に競争を奨励する自由貿易政策を求める声が急速に高まっていった[31]。

V　経済発展と独占の弊害：Status quo の限界

　中世の封建主義を基礎とするコモン・ローは，主に土地保有関係を規律する法として後世に受け継がれてきた。だが，18世紀末にもなると，もっぱら

現状維持を良しとして財産権擁護に努めてきたコモン・ローは，急速に発展し始めた産業・商業社会に直面する中で，現実への適応困難な状態を露呈しがちになった。このため，商人たちは，ビジネス上の問題に関し，コモン・ローによる裁判を嫌い，とりわけビジネス上の利益追求に冷淡であった陪審裁判を忌避する傾向を強めた[32]。

　財産権が物の独占的な支配権である以上，たとえ運河や道路建設など公益目的のためであろうと，土地の収用は容易には許されない。また，水力に代わる動力源のない時代に，水車小屋に水を供給する貴重な役割を担っていたダム建設も，他人の土地を水浸しにする形で権利侵害になりがちであったため，安直には作れなかった。独占的な財産権の支配は，農業が中心であったスタティックな社会にはふさわしかったかもしれない。しかし，産業・商業を中心とする新たな社会の到来を迎え，運河，道路，鉄道，橋などの開発や建設が必要な時代になると，それまでの硬直的な財産権の観念が，時代の変化を妨げるものへと転じる[33]。こうした時代の動きに対応すべく，経済政策を重商主義から自由貿易主義へと切り替えるには，財産権に関する観念の一大転換が不可欠となる[34]。

　19世紀に入り，社会が変化の速度を増すにつれ，それに伴う新たな法律問題に対処するには，財産権に関する新たなルールが必要となった。マーシャル・コート時代の連邦最高裁 (1801-35) は，契約条項を用いて財産権の擁護に力を注ぎ，フェデラリストの重商主義経済政策を基礎とし，独占という形の財産権の擁護論を展開していた。これは，公共事業において，敢えてリスクを犯した投資家に法的に手厚い保護を与える形でベンチャー精神に報いる，重商主義的な経済政策の産物である。

　投資額に見合うだけのリスクを覚悟すれば済む株式会社制度が定着するのは，主に19世紀半ば以降のことである。このため，世紀前半における産業社会の初期段階では，公共事業に伴う巨大なリスクを誰が負担するのか，とりわけそれが重大な問題であった。社会の利益を重視し投資家の憂いを軽んずれば，道路，運河，橋，鉄道など，大きなリスクをはらむ公共的事業には，積極的な投資を期待することはできない。このため，この時期に採られた手法の一つが，公共事業への投資には，その見返りに特許状 charter を以って独占権を賦与するというやり方であった。場合によっては，それにより投資

家が法外な利益を手にする場合もあるにせよ，それはいわば社会的コストである。こうしたベンチャーに対する独占権の賦与は，近代営利法人制度が定着する前の時代においては，法人に対し長年に互り採られてきた通常の扱い方であり，これが，マーシャル・コート時代の合衆国最高裁が示した一連の既得権擁護判決の基礎にあった観念である[35]。

VI　マーシャル・コートにおける「契約条項」法理

　独立当初，経済政策面では重商主義を重んじ外国との通商を制限する一方，思想面では，アメリカ知識人の多くが，ジョン・ロックの社会契約論と自然権論にも魅了されていた。独立革命を直接に体験し，連邦の権限強化のために腐心したフェデラリストのマーシャルも，その例外ではなかった。

　　当時の多くの人々と同様，マーシャルの社会思想を支えていたものは，抽象的ではあっても，人は生まれながらに他人には譲り渡すことのできない自然権を持っており，この権利を身にまとい社会に参入してきたという考えである。……マーシャルは，合衆国憲法は自然権思想に基礎を持つものと考えていた。……私有財産の保持やその活用に政府が干渉することは，それ自体違憲の疑いをかけられて然るべきことであった。つまるところ，マーシャルは，原則的に自然権は侵害できないという姿勢を強く一貫して示したのである[36]。

　マーシャル・コートは，一般的に既得権の擁護には非常に熱心であったし，ジョン・ロックの財産権の観念は，彼にとってバイブル的存在でもあった[37]。独立革命の第一世代に属するマーシャルにとって，ロックの自然権思想に忠実であることはごく当たり前のことであったが，それは，独立後ほどないアメリカにおいて，革命に続く余波の時代に，指導者たちの価値観には，ロックの自然権思想が反映していたためである。

　　18世紀のアメリカ人は，合衆国憲法と権利章典の起草者も含め，ロックのような哲学者の「自然権論」を広く受け入れた。これによれば，生命，自由，財産に関する基本的諸権利は，自然法ないしは神の法に基礎を有していた。これらの諸権利は普遍的であり時代に左右されないので，政府と人間の作った法を超えるものであった。ロックや17-18世紀の大部分の社会契約論者によれば，

第3章　法人政策の劇的変化　57

「自然状態」の中で自律的に生きていた個々人は，この生命，自由，財産に関する基本的諸権利の保護と引き換えに，自らを市民政府という形の集合的権威に従わせる。その一方で，政府の側は，個人の権利に介入できる手段を制約されることになった。こうして，社会秩序の存在そのものが，個人の自由，経済的自由のある程度の逸失を前提として可能になったのである。個人の諸権利を保護し，公共の善を促進するため，政府には自由を制約するばかりではなく，私有財産を公共の用に供する必要が生じるかもしれない。この場合には，所有者に対する補償がなされねばならないし，個人の自由を制約する場合にも，その制約は合理的なものでなければならなかった。要するに，政府による制約は，個人の諸権利に賦与されている高度の優先権とのバランスを失ってはならないというわけである[38]。

Marbury v. Madison 事件[39]でのオピニオンで，合衆国に司法審査権の礎を築いたマーシャルは，アメリカが近代社会に向かって発展し始めた19世紀初めの時代にあって，一方では古典的リパブリカニズムの伝統を引き継ぎながら，他方では，その後の時代に向け，資本主義の発展を促す重要な役割を果たした[40]。

マーシャルが最高裁入りした当時，アメリカでは独立後の財政難と強度のインフレによる破産者が続出し，州議会では破産者救済のための立法措置が盛んに講じられていた[41]。これは，デモクラシーが州議会に浸透したことと密接に関係しており，これをバスティーユの襲撃に譬える者もいる。

　　憲法を国家の統一と安全のための手段とみなしたマーシャルは，憲法が特定の権限を示すだけではなく，与えられた権限から制裁力も生じてくると主張した。こうした制裁が特に必要だったのは，普通選挙が広まるにつれて政治家たちが大衆を懐柔しようとして，人民主義の立場から所有権を攻撃したためである。マーシャルにとっては，現実の暴徒がバスティーユを暴力で襲うのも，立法府の不良議員が憲法に違反する法令でそれを乗っ取るのも，ほとんど違いはなかった[42]。

アメリカに広く受け入れられていた自然権思想によれば，政府は，財産権を擁護することを条件に作られたものである。それがフランス革命への共鳴か，それとも世間への懐柔かはさておき，財産権を疎かにするような風潮に州政府が同調するのであれば，財産権擁護の最後の砦は，それを謳った合衆

国憲法と，憲法の最終解釈権を有する最高裁を置いて他には存在しないことになる。

合衆国憲法では，1791年に追加された権利章典の第五修正で財産権の保障を謳ってはいる。だがこの条項は，当時はあくまで連邦に対する制約でしかなかった。このため，南北戦争後の1868年に合衆国憲法第十四修正が付加されるまで，州が財産権の侵害を行った場合に，それを直接制約する条項は，合衆国憲法上には存在しなかった。マーシャル・コートにおいて，いわゆる「契約条項」[43]が財産権擁護の砦として有名になったのは，こうした状況下で，州政府による財産権侵害に対処するため，連邦最高裁がこの条項をその足掛かりとしたことによる。

財産権の擁護か，公益目的によるその制約か，マーシャルがこの判断を迫られたのは，未だ独立戦争後の混乱がさめやらぬ時期にありながら，産業の発展も急速に進み始めた時代で，財産権のありようが既存社会との間にあからさまな軋みを生じるまでには，未だ多少の間があった。マーシャルにとって，政府が財産権を侵害することが許される場合は，あくまでそれが公益増進という目的を持ち，かつその侵害に対するそれ相応の補償をなす場合に限られた。だが，理論的にはそうであっても，マーシャル・コートが実際にこの例外を認めたケースはほとんどない[44]。最高裁は財産権擁護を優先し，州が公益増進目的で行使するポリス・パワー[45]を，「契約条項」に訴える形でマーシャル・コートは繰り返し違憲として覆している。

> マーシャルには，自らの見解を法にする力があった——というよりそのような力を彼は自分のものにした。アメリカという共和国がいかに機能すべきか，これに関する彼の見解は，明白で一貫していた。エドマンド・バークの『フランス革命に関する省察』がアメリカで出版されると，マーシャルは早々にこれを読み，そこから終生にわたるモブへの嫌悪の情を備えるに到った。民衆が必ずしも常にモブになるとは限らないにせよ，マーシャルによれば，彼らは足枷を解かれた政治上の力として，不信の念を持って見られるべき存在であった。したがって，憲法の役割は，民衆を押し込むフェンスと化すことである。マーシャルの分析によれば，アメリカにおいて民衆が権力を委ねているのは，元来，州に対してである。それは，マーシャルの存命中は，州こそが，民衆の選挙権を与える第一の存在だったからだ。それゆえ，マーシャルは連邦主義者である

と同時に中央集権主義者でもあり，中央政府の主たる役割は，州内に潜むこのモブの力とのバランスを取ることにあると考えた。このことは，合衆国憲法には明確に述べられていなくとも，その規定の中に暗黙のうちに述べられている。したがって，連邦裁判所の役割と義務は，判決を通じ，憲法に隠されたこの秘密を明らかにすることであった[46]。

　だが，重商主義の経済政策に裏づけられたマーシャルのこの姿勢は，市場経済志向の強まりとともに，徐々に変更を余儀なくされる。元来，財産権を神聖な権利とみなすにせよ，そこには一定の条件があり，いかなる財産といえども一律に神聖であるとは言えなかった。真に神聖視されるべき財産は，それが自然状態で獲得されたものか，それとも先祖から受け継がれたものか，そのいずれかに該当する必要があった。

　この条件をクリヤーする上で，とりわけ問題となる財産があった。それは，公共事業に関し，州から特許状を得る形で独占権を賦与された場合の財産である。

> 政府が存在するのは，他人に不可譲の権利を守るためである。とりわけ，市民が統治に合意した理由は，これにより財産を獲得し保有する自由が守られるからであった。……財産権に関する典型的な考えによれば，守られるべき財産は私的な性質を帯びたものである。財産を獲得し保有する権利は，州から譲渡されるものではなく，自然状態においてすでに存在していたものであり，それゆえに政府の樹立に先立つものであった。典型的なリパブリカンの市民が考える自由な土地保有は，勤勉により得たものか，あるいは先祖から受け継いだものである。これらの財産は，私的な所有物である。だが，独立初期のアメリカにはこれとは別種の財産もあった。しかも，その獲得方法には，政府と財産保有との関係につき，私的な所有とは相容れないことが示されていた。これらの財産は，州自体から得たもので，その獲得は個人や法人に対する州の特許状charter や，個人や土地会社に対する州の払下げ許可によった。橋，道路，有料道路，フェリー，運河などの建設は，この方式による財産であった。州は，ある個人のグループに特許状を与え，輸送施設の便益を図るものを提供する。通常そこで与えられるものは，その施設を維持しサービスを提供するための独占権であり，料金を決める権限は，ある程度まで州が留保していた[47]。

　政府は，私人の既得財産権の擁護者であるだけでなく，特許状を通じて得

られた財産については，その創設者にもなった。したがって，こうして獲得された財産については，その公益に向けた利用を期待する権限は政府が留保しており，必要に応じて政府の介入が許されることになる。この種の財産権には，とりわけ経済発展に伴い，輸送の活発化に促された産業の保有する財産が多く，私人が昔から保有してきた財産とは，その性格を異にするものが多かった。18世紀末から19世紀初めにかけ，重商主義政策の裏で，経済面に対する政府の積極介入を望む声が強まると，それにつれ，特許状を通じて獲得した財産については，それを私人が自然状態で獲得した財産権とは異なるものとみなす気運が高まった[48]。後に，さらに反独占の風潮が強まる時代になると，こうした財産の不可侵性を疑問視する声が大きくなった。ロジャー・トーニーが，チャールズ橋事件において，州民の利益を追求する権限は州に留保されており，特許状の賦与を以ってチャールズ橋会社に州がそこまで譲渡したと解釈することは許されないと述べた背景には，財産権を支える理論を巡り，時代が急速に変化し始めたことが関わっている。

Ⅶ　古典主義政治経済学の隆盛

　重商主義の名で保護貿易主義を手厳しく批判したスミスの『国富論』は，19世紀に入ると，それまでの重商主義と対抗する形で，次第にアメリカの経済政策におけるバイブル的存在となってゆく。それに伴い，特許状による法人設立認可と補助金による産業発展の援助という，旧来から重商主義が用いてきた手法は徐々に周囲から敬遠され始め，1820年代になると，その傾向がいっそう顕著になる[49]。これは，デモクラシーの浸透を通じた平等意識の進展により，それまでは通常の手法であった各種の規制と特権要求を排し，市場を通じての自由競争を求める声が高まったためである。東部出身という慣例を打ち破り，アメリカ初の西部出身大統領としてアンドリュー・ジャクソンが登場したことにより，この動きにはいっそう弾みがついた。こうして，アメリカの経済政策は，1820年代の末に，重商主義から古典主義によるものへと，大きく舵を切ることになる[50]。

　　　合衆国における古典経済学の隆盛は，ジャクソン時代（1829-37）の現象であ

第3章　法人政策の劇的変化　　61

る。……ジェファーソン時代は，古典政治経済学を採り入れようと悪戦苦闘していた最中の時期で……ジェファーソンは農民の国の方を好み，産業については，それが農民の助けになる最小限のものでよいと思っていたふしがある。
　一方，アンドリュー・ジャクソンはといえば，起業家精神の旺盛な大統領であった。彼の在任中は……「人為的」規制に邪魔されない経済成長を象徴する時代であった。合衆国における二つの重要な古典主義的「法」制度——つまり近代営利法人制度 modern business corporation と実体的デュープロセス論という憲法法理——は，いずれもジャクソン主義の特徴的な産物である。……
　ジャクソン時代に初めて登場した，古典政治経済学者たちの著書が……個人の自由と自律に関するアメリカ人の道徳的，宗教的信仰を補った。このため，法律家と裁判官は，否応なしに，その周囲を市場で最も熱心に取引する者たちに取り囲まれることになった。その結果，経済学説としての古典主義が，法思想や憲法思想としての古典主義へと徐々に溶け込んでいったのである[51]。

　アメリカは，ジャクソンの時代に，重商主義から古典主義の政治経済学に向け，政策の大転換をはかる。これが，合衆国最高裁の歴史においては，ちょうどマーシャル・コートからトーニー・コートへの転換期と重なる。

Ⅷ　法人政策の劇的な変化

　重商主義と古典主義という相対立する二つの主義の違いを，法的な面で端的に表す一つの例が，法人の扱い方の相違である。法人は，歴史を振り返れば，国王から特別な許可を得たことによる特別な存在として認められてきた。このため，後の時代においても，法人は特別な存在とみなされ続け，設立の目的は公益目的に限定され，単なる儲け商売のためには容易に設立を認めない方針が維持されてきた。
　こうした理由から，公益目的の法人は大いに厚遇された。独占権や特別な補助金といった各種の特権を後ろ盾に，法人は公益に奉仕することを常としてきた。このように，法人を公益目的に限って認める政策が幅を利かせる限り，近代営利法人の一つである株式会社制度には，ほとんど出る余地がなかった。
　重商主義政策の下では，特権の賦与と補助金政策が法人政策の要をなして

いた。だが，こうした規制は，経済が発展しデモクラシーに伴う平等意識が高まるとともに，その閉鎖性とえこひいきに対する批判が次第にその度を増して行く。この動きの中で，スミスの説く市場経済論を基礎に，旧来の重商主義による法人政策への批判が展開された。

　　古典主義政治経済学が報じる原則は，起業家に規制も加えない代わりに補助金も与えないことにより，一国の経済発展が最もよく達成されるというものである。資本は，経路が明確であれば，当然のことだが利益が見込める投資に向かうはずであるし……利益を見込めぬ投資など行なう価値がない。たとえ公的補助金があろうと，それで投資が価値あるものに転じるわけでもない。かくして，1830年代から19世紀の終わりまで，アメリカで広く受け入れられるようになったものが，古典主義政治経済学である[52]。

私益の追求が大幅に容認され，市場における自由で対等な競争が好まれるようになると，公益だけを目指してきた特殊な存在としての法人の扱いに，劇的な変化がもたらされた。公益目的を条件に，それまで手厚い保護を受けてきた法人は，市場経済の隆盛に伴い，単に市場参加者の一員として，他の参加者と対等な存在へと格下げされる。このため，法人は，旧来の特権を剥奪され，一般市場参加者と同じ条件下で，同じように競争することを強いられる存在になった。

　　重商主義モデルにおいては，私的営利法人 private business corporation は，州によって特殊な目的のために作られた特異な存在であった。……州からの補助も法人の公的義務も，この当然の帰結であった。このため，商売の見通しを市場だけに頼る営利会社には，法人設立が認められなかった。マサチューセッツ，コネチカット，ニューヨークなどの州では，古典主義期以前においては，有料道路，橋，銀行などを含め，特定領域の経済発展を奨励するには，法人特許状 charter に大きな信頼が寄せられていた。ところが，合衆国で古典主義による経済政策が発展したことにより，営利法人の概念がドラマチックに変わった。古典主義の下での法人は，巨額の資本を集め，それを少数の有能なマネージャーで管理しうるひとつの手段と化した[53]。

それまで，特別な存在として特権を賦与され，その独占的な立場を擁護されてきた法人は，古典主義の経済政策の下では経済の発展を阻害する要因と

第 3 章 法人政策の劇的変化　63

なる。このため，古典主義が優勢になるにつれ，旧来の法人政策は，否応なしに大幅な変更を強いられることになった。かくして，法人は，特許状による特別な存在という立場から追い払われ，法人としての長所を十分生かす形で，資本を収集・運用する便利な一制度へと変身を遂げたのである。これにより，法人は，旧来の特権的存在から，資本の容易な獲得を可能にする制度に向け，一定の条件さえ満たせば誰にでも設立可能なものとなった。アメリカの法人政策にこの兆しが現れたのは，19 世紀初めのことである。

　　1814 年までに，私的企業と公的企業とを分けることの重要性が，法曹人の間にようやく意識され始めた。製粉所 mills は競合を許さぬ一種の公的企業とみなす者もいたが，当時は，特許状を賦与された法人の存在理由は，その公への奉仕にあるという古い法人モデルを，営利法人制度がようやく凌ぎ始めたばかりの時代であった[54]。

　チャールズ橋会社が設立された当時（1785 年）に採られていた法人政策は，もちろん重商主義に基づく政策である。だが，19 世紀に入ると時代は急速な変化を見せ始め，そのペースは，同社やマサチューセッツ州議会の予想をはるかに上回るものであったことが窺われる。これが，アメリカ国内の市場を急速に発展させ，旧来の規制政策をはなはだ窮屈なものと感じさせるようになった。こうした時代の急速な変化に，チャールズ橋会社が無頓着であったわけではないにせよ，特許状による財産権保護が時の常識であり，それに大幅に頼っていた同社にとって，この法人政策の変化はあまりにも重大な結果をもたらした。すでに，特許状主義を基礎とする独占事業は，人々の嫌悪の対象にまでなり始めていたため，特許状に記された期間満了前の段階で，強力な競争相手が議会を揺り動かすと，チャールズ橋会社による利益独占が重大な危機に陥ることになった。

　　重商主義の下では，法人の特異性は，その構造や資本収集能力にあるわけではない。そこでは，法人は州と特別な契約を結んだ結果，法人以外のものには許されないことを行うために，設立を認められたものである。だが，古典主義モデルにおいては，この営利法人が「会社 firm」になった。つまりそれは，資本，労働，さまざまな生産物やサービスを求める，市場への対等な参加者となった。営利法人に関する法により，法人には，他の形態の営利企業と同一の資格

を与えることで競争が奨励される一方，その経営については，法人組織に固有なあらゆる利点が賦与された。かくして，古典主義経済思想の下での法人諸法の発展が，法人の基本的な観念に劇的な変化をもたらし，世紀末まで続く法人の法的性質に関する論争を引き起こすことになった[55]。

　法人の性質に関する「神学論争」はさて置き，現代の法人では当たり前のものとなった株式会社という近代的な制度に向け，ここに第一歩が踏み出された。現代人は，産業社会が株主から資金を調達するやり方にすっかり慣れ切っている。このため，これが極めて近代的な制度であり，18世紀においてはほとんど知られていなかった制度であったことを忘れられがちである[56]。1830年代のアメリカ連邦最高裁におけるチャールズ橋会社事件は，法人政策のこうした変化を通じ，近代へと向かう社会の動きの一端を垣間見せた重要な事件である。

[1] ポール・ジョンソン/別宮監訳『近代の誕生』vol. 3, p. 299.（1995, 共同通信社）。ジョンソンは，「1815年から30年までの15年間を近代世界の基盤がほぼ形成された時期」とみる。同書 vol. 1.「はじめに」。

[2] ウィリアム・バーンスタイン/徳川訳『「豊かさ」の誕生』（2006, 日経新聞社）も，ジョンソンの書を引用し，経済成長という違った角度から，近代の始まりを1820年前後に据えている。同書 pp. 15-20. また，産業革命発祥の地イギリスにおいても，近代化の時期はこれとほぼ同じとする見解もある。「産業革命は，イギリス社会に大きな変化をもたらした。……1780年から1830年までの間，経済活動はかなり活発になり，巨大な富が生み出され，多種多様で数多くの商業が栄え銀行も作られたし，あらゆる種類の製造業の重要性も増した。製造業の発展は，新たな機械，構築物，製造法の発明や改良と密接に結びついたものであった。……1830年までに，産業社会の様子を目に見えるよう描くことが，日常的な批評の狙いになった。……産業革命がもたらした変化は，経済や技術の分野に留まるものではなかった。それは，地理上の拠点から，社会形態，日常の生活様式に到るまで変化をもたらした。」Jack Marrel & Arnold Thackery, Gentlemen of Science : Early Years of the British Assiviation for the Advancement of Science. p. 2.（1987, Oxford). これらの変化によりもたらされた内面的意識の変化の一例として，この時期のアルマナックには，労働の目的に関する観念にもこの反映が見られ，それまでのように労働それ自体を尊いものとする姿勢から，生活の糧を獲得するための労働という観念が強まる傾向に変化したという。原書引用マイケル・オマリー/高島訳『時計と人間』p. 35.（1994, 晶文社)

[3] 黄金時代の間，アメリカ人の所有する船舶の総トン数は，一挙に3倍に増え，ボストン港は常時450隻以上の船舶で賑わう勢いであったと伝えられる。この結果，外

国貿易にアメリカ船籍の船が用いられる比率は全体の 92％にまでに膨れ上がり，同時に，海外からアメリカの港に輸入された商品を，再度国外に再輸出させる動きも急増したという。秋元英一『アメリカ経済の歴史』(1995，東大出版会)

[4] Stanley I. Kutler, Privilege and Creative Destruction : The Charles River Bridge Case. Ch. 2. (1978, Norton Library). 陸上交通に関連しては，18 世紀の終わり頃から 1830 年代あたりまでが，有料橋と有料道路建設の花盛りの時代に当たる。400 を超える会社が設立され，橋や道路の開発・建設ラッシュが訪れた。当時は，大量の物資輸送の主な手段は，陸上輸送ではなく船舶による海上輸送であった。1820 年代には，国内沿岸通商が，国外通商を上回ることになった。こうして，1825 年のエリー運河の完成以後 19 世紀半ばまで，橋と道路に続き，アメリカは運河建設ラッシュの時代を迎える。航行する船舶も，蒸気機関の改良の波に乗り，次第にスピードアップされたものが航行するようになったこともあって，商品価格や輸送のコストが急落し，これが国内市場の活性化にいっそうの勢いを与えた。そのような動きに伴い 1830 年以降，会社による独占的道路事業運営への批判的な見方が強まり，道路は次第に無料化されてゆく。

[5] 元来，綿花の原産国はイギリスであった。1770 年代にイギリスで紡績機が発明され，次いで 80 年代半ばにはワットの蒸気機関が紡績機の動力として用いられるに到るなど，産業革命で真っ先に機械化されたものが織物業であった。また，綿産業が工業化されることにより，毛皮に次いで高級品とされていた木綿の値段は着実に下がり始め，それに伴い，欧米においては綿製品への需要が高まった。こうして，綿織物業が，産業革命第一期の花形産業となった。アメリカはこの流れに乗り，1830 年代にはイギリス向けの輸出額の 50％以上を綿花が占めるようになった。ポール・ジョンソン/別宮訳『近代の誕生』vol. 1. pp. 487-90

[6] アメリカにおける古典的リパブリカニズムの支配については，本書第 1 章「アメリカにおける古典的リパブリカニズム」

[7] 36 U.S. (11 Pet.) 420. (1837). 以下においては「チャールズ橋ケース」と略す。「チャールズ・リバー・ブリッジ事件」については，浅見公子「契約条項による財産権の保護の修正」『別冊ジュリスト No. 139 英米判例百選』pp. 20-21（1996，有斐閣）を参照。1828 年 6 月，この事件はマサチューセッツ州最高裁に提訴され，そこで敗訴した原告チャールズ橋会社は，30 年 1 月に合衆国最高裁へ上告する。平等化が急速に浸透するアメリカの様子を，トクヴィルが大西洋対岸の読者に伝えていた 1835 年，34 年に亙り合衆国最高裁首席裁判官の座を務め続けたジョン・マーシャルが，本件審理の途中でこの世を去る。36 年，大統領ジャクソンが指名するロジャー・トーニーが第五代首席裁判官となった最高裁に周囲の注目が集まる中で，翌 37 年，マーシャル・コート時代からの懸案となっていたこの事件に対し，トーニー・コートは，それまで既得権保護の姿勢を保持してきた最高裁とは異なる判断を示し，新たな姿勢を世にアピールすることになった。トクヴィルは，アメリカについて次のように述べている。「私がかたっている社会大革命が，ほぼその自然的限界に達しているよう

に見える一国が、世界のうちにある。この革命は、そこでは単純に容易に行われている。あるいはむしろこの国は、われわれフランス人の間で行われている民主主義革命の諸結果を、革命そのものを持たずに、手に入れているといえよう。」だが、トクヴィルは、デモクラシーや平等化を手放しに礼賛したわけではない。ヨーロッパにおいてもこの平等化への動きが避け難いとすれば、それを最もよく実現しているアメリカという国から、いかなる教訓が得られるかを模索していたのである。「私がアメリカを調査しているのは、正当な好奇心であるが、好奇心のためばかりではない。わたくしはそこに、われわれが利用しうる教訓を見つけたいためでもある。私が賛辞を述べようとしているのだと人々が考えるのだったら、あてがはずれるだろう。」アレクシス・トクヴィル/井伊訳『アメリカの民主政治』上 pp. 39-40（講談社学術文庫）

[8] 州議会が制定法により特許状を発し法人格を賦与するやり方が、まだ株式会社が一般化する前の、この時代の法人設立に特徴的なやり方であった。しかもこの当時は、私益の追求を目指すものには法人格が与えられず、それを得られるのはいわば公共事業を担うものだけであった。したがって、チャールズ橋会社も単なる私的な営利会社ではなく、今で言うところの公益法人に該当する。

[9] チャールズ橋会社が、この独占権を獲得するに当たり、Harvard Collage に年間200ポンドを40年間支払うことも、特許状賦与の条件になっている。

[10] 合衆国憲法第1条9-10節を俗に「契約条項」と称する。「いかなる州も……契約上の債権債務関係を侵害するような法律を制定すること……はできない。」つまり、州議会が、既存の債権債務関係を覆すような法を制定した場合には、その法は憲法違反として効力を否定されることになる。

[11] 36 U.S. (11 Pet.) 420., 547

[12] 36 U.S. (11 Pet.) 420. 540

[13] Stanley I. Kutler, Privilege and Creative Destruction : The Charles River Bridge Case. pp. 4-5

[14] Id.

[15] Adam Smith, The Wealth of Nations, Everyman's Library ed. アダム・スミス 大河内訳『国富論』（中央口論社「世界の名著」37）

[16] 大河内一男『アダム・スミス』p. 167.（1979, 講談社 人類の知的遺産 42）

[17] Mercantilism という名称の生みの親は、ほかならぬアダム・スミスであった。これは、スミスが、己の批判する十八世紀イギリスを支配した経済思想に付けた名称である。Jone E. Crowley, The Privileges of Independence : Neomercantilism and the American Revolution, p. xiii.（1993, Johns Hopkins）. この書は、アメリカの独立が古典的自由経済の隆盛と旧世界における重商主義への否定的態度を増したという歴史家の定説に対し、アメリカの独立により、重商主義は批判されるどころか、逆に再評価されることにもなったとする見解を示している。

[18] 自国の生産物の輸出をできるだけ政策的に支持奨励し、その競争力を強化するとと

第3章　法人政策の劇的変化　67

もに，外国からの輸入は禁止ないし高率の関税を課することによって輸出額を輸入額より大きくし，その貿易差額を金・銀で受け取り，一旦受け取った金銀は，再び外国に流出しないよう，あらゆる統制を張り巡らせた。大河内『アダム・スミス』p. 167

[19] こうした視点の転換により，スミスは，中産階級の経済観，世界観を代弁するという役割を果たした。この点で，スミスは，ジョン・ロックに対する批判的見解を示している。「金・銀は，ロック氏によれば，一般国民の動産としての富のうち最も堅牢かつ堅実な部分であり，またこの理由からこの種の金属を増加させることこそは，その国民の経済政策の大目的たるべきものなのである。」アダム・スミス/大河内訳『国富論』p. 361

[20] 「国民の年々の労働は，もともとその国民が年々消費するいっさいの生活必需品と便益品とを供給する源であり，この必需品と便益品とは，常に，この労働の直接の生産物か，ないしはその生産物で他の国民から購入したものである。」スミス『国富論』序。商品を生産するために投入されたエネルギーである労働に注目し，しかも生活必需品，便益品に作成に投入された労働を以って富の尺度とする見解は，不労を以って美徳とした旧来の考え方と対立関係に立つことにもなった。

また，知識の平準化に大きく貢献したのがフランシス・ベーコンであったし，身分の平準化に寄与したのが社会契約思想の上に市民社会を描いたジョン・ロックである。これに対し，アダム・スミスは，富の平準化の道を開いた。金・銀・財宝を保有する一部の特権的な人間のみによる富のありようを覆し，日常の身の回りの品々に投入された労働力を富の源泉と規定するスミスは，その分業論において，誰もが労働によって生計を立てられることを念頭に，高度の職人的レベルを要求されがちなところを，単純かつ平易なものにまで技術を分化し，大方の者が多少の努力をすれば達しうる技術レベルの集合体として，効率性の要求をも満たすために，分業を奨励したのである。

[21] Smith, The Wealth of Nations, Everyman's Library ed. Vol. Ⅱ. p. 139. 大河内訳『国富論』p. 462.

[22] Smith, Id. vol. Ⅱ. pp. 154-55. 大河内訳『国富論』同上 pp. 462-3. スミスの思想について，それがいわゆる時計の比喩という思想と結びついていることを指摘するのは，オットー・マイヤー 忠平訳『時計じかけのヨーロッパ』pp. 237-260.（1997，平凡社）

[23] スコットランドの歴史の発展段階説に関しては，ピーター・スタイン/今野・岡嵜・長谷川訳『法進化のメタヒストリー』（1989，文眞堂）

[24] ホント・イグナティエフ編/水田他訳『富と徳』pp. 3-7.（1990，未来社）

[25] ハミルトンの生涯に関しては，ロン・チャーナウ/井上廣美訳『アレグザンダー・ハミルトン伝：アメリカを近代国家につくり上げた天才政治家』3vols.（2005，日経BP社）

[26] Hamilton, Report on Manufactures, in The American Enlightenment, Adrianne Koch ed. pp. 631-9.（1965, George Braziller）. 田島恵児ほか訳『製造業に関する報告

書』(未来社,1990)
[27] Id., 637.
[28] 保護貿易主義を「アメリカン・システム American Plan」と称して提唱したヘンリー・クレイ Henry Clay や,チャールズ橋会社側の訴訟代理人でもあったダニエル・ウェブスター Daniel Webster などがその代表である。
[29] ここには,戦費調達による財政の破綻を打開するための目論見もあったが,この結果,リパブリカンは,派内の急進主義者たちと離反が進み,後に分裂することになる。また,第一次合衆国銀行は,1811年に特許が期限切れを迎えたが,その更新時には州の銀行への圧迫を懸念するリパブリカンが更新には動かず,1816年なりリパブリカンの賛同を得て20年間の期限付きで認可されるに到っている。
[30] フェデラリストとリパブリカンの争いは,司法・行政上の権限で連邦と州とのいずれの優位を認めるかをめぐり,憲法解釈に関する熾烈な争いになっても現れる。アメリカの分裂を懸念するフェデラリストは,連邦の強力な権限を求めるが,州の存在価値がなくなることを懸念したリパブリカンは,連邦に対し憲法の厳格解釈を以って望み,憲法上明記されていない権限については,それが主権者たる州に留保されていることを強調し,連邦の権限を狭く解釈する姿勢を強く打ち出した。だが,リパブリカンが政権を握りフェデラリスト化するようになるにつれ,憲法解釈についてもかつての厳格解釈を捨て柔軟な解釈に姿勢を変えたばかりか,さらには中央集権的な連邦権限の強化まで求めることになってゆく。ベネディクト 常本訳『アメリカ憲法史』pp. 54-56.(1994,北大出版)
[31] 重商主義を批判し自由貿易論を唱える声は,19世紀にはアメリカでもイギリスでも高まった。しかし,イギリスではベンサムの功利主義が改革の波に乗って人気を博したのに対し,アメリカではベンサムの功利主義は歓迎されず,19世紀を通じスコットランド啓蒙思想に属するスミスの考えが好まれた。そのアメリカで,功利主義への人気が高まったのは,19世紀末の反レッセ・フェールの時代になってからであるという。Hovenkamp, Enterprise and American Law, 1836-1937, pp. 67-78. (1991)
[32] M. Horwitz, The Transfomation of American Law 1780-1860, Ch. V. (1977, Harvard). コモン・ローが商人から嫌われ,商業上の問題について,当時の国際私法としての役割を果たしていた海事法などを適用するとともに,コモン・ロー訴訟を回避するための仲裁が人気を博すなどしたことの裏には,コモン・ローヤーのいわばビジネスへ音痴があっただけではなく,彼らがビジネスを蔑み,コモン・ローを時代の流れに合わせることに不熱心であったことも窺われる。
[33] 変化が突如として生じるわけではないように,事後的な財産権の変化に関する理論的説明も,それまでの財産権論の延長線上で展開される。つまり,新たな財産権も,旧来の財産権においては表面化しなかっただけで,その根底には常に潜んでいたものであるという。だがこれは,歴史的事実の記述というより,人の理解の枠組みがそれを求めた結果である。

第3章 法人政策の劇的変化　69

[34] M. Horwitz, The Transfomation of American Law 1780-1860, p. 32. 例えば，製粉工場の規模が大きくなれば，水車を回すために自然な水利の利用だけでは間に合わず，大規模な水源が求められる。だが，隣接地を水没させるほどの貯水池を作ったことに旧来の厳格責任を適用し続ければ，産業が育たない。運河，道路，橋，鉄道などの建設において，他人の所有地を公共の福祉目的で安価に買い上げられなければ，建設費は巨額なものに膨れ上がるばかりか，今日ほど建設技術が発達していなかった時代であれば，投資家が背負い込むリスクも飛躍的に増大する。

[35] チャールズ橋ケースで問題になったのは，ここで言うこの早い者勝ちの準則の妥当性である。そこでは，どちらも発展に寄与する側である中で，早い者勝ちにウェイトを置くべきか，あるいはこれを抑え，社会の利益にも同等のウェイトを置き，早い者勝ちの優先権ばかりではなく，それに続く投資家にも同じ資格を与えて競争を促し，さらなる経済の発展を追い求めるべきか，の選択であった。

[36] G.E. White, The American Judicial Tradition, pp. 14-15. (1976, Oxford Univ.)

[37] 「最高権力は，何人からも，その所有の一部といえども，その者自身の同意なしにとることはできない。なぜなら，所有の維持は政府の目的であり，そのために人が社会を取り結んだのだからである……所有権が保障されないなら，彼らは，社会を取り結ぶことにより，まさにその目的とするところを失うということになるに相違ない。」Locke, Two Treatises of Government, pp. 360-61. P. Laslett ed., Cambridge Text in the History of Political Thought. (1960). 鵜飼訳『市民政府論』p. 142. sec. 138.（岩波文庫）

[38] O.H. Stephen & J.M. Scheb, American Constitutional Law, p. 334. (1988, Harcourt Brace Javanovich)

[39] このケースが，州裁判所においてはさほど珍しいものではなく，当時比較的盛んに議論されていたものであり，マーシャルの独創的アイデアによるわけではないことについては B. Schwartz, A History of Supreme Court, pp. 22-24. (1993, Oxford)

[40] ポール・ジョンソン/別宮訳『アメリカ人の歴史』I，pp. 354-361. (2001，共同通信)

[41] C. Warren, Bankrupsy in United States History, Ch. 1. (1935, Harvard)

[42] ポール・ジョンソン『近代の誕生』vol. 3. p. 232. ジョンソンは，マーシャルこそアメリカ合衆国に資本主義を根づかせた重要人物であるという。

[43] 本章注10参照

[44] 「契約条項」による財産権擁護の最初の例とされる，1810年の Fletcher v. Peck ケースで，マーシャルは，既得権擁護が合衆国憲法上の要請であるのはもとより，それが憲法以前の問題でもあるという見解を示している。「一つの法律がその性質上契約である場合に，この契約に従い完全な権利が与えられたなら，たとえその法律が廃止された後においても，その権利を剥奪することはできない。……財産権が，合憲的かつ合法的に善意有償の第三者に渡った以上，州がこのようにして取得された財産権を侵害し無効とするような法律を制定することは，わが国の自由な制度に共通する一般原則によっても，合衆国憲法の特定の条項によっても，許されるもので

はない。」Fletcher v. Peck 10 U.S.（6 Cranch）87.（1810）. これ以前の財産権擁護に関する最高裁のケースでは，その根拠を合衆国憲法の特定条項を持ち出すことなく，むしろ自然権あるいは自然的正義の当然の要請とする傾向が強かったという。このために，このケースがいわゆる契約条項を既得権（財産権）擁護に用いた最初のケースとされる。O.H. Stephen & J.M. Scheb, American Constitutional Law, pp. 335-6. また，Sturges v. Corwinshield, 17 U.S.（4 Wheat.）122（1819）ケースにおいては，マーシャル・コートは，負債総額が財産総額を超える債務超過に陥った債務者が，その全財産を債務の支払いに当てた場合でも，州が，この債務者に対し，既存の債務を免除するような法律を制定することは，債権債務関係を害することになり，「契約条項」に違反すると判断した。それは，債権者と債務者が契約を交わすに際し，契約締結時点で債務者が所有している財産からの返済を越え，将来債務者が獲得すると見込まれるあらゆる財産からの返済を債権者が期待している以上，州が破産法を制定し，債務者に返済を免れさせることは，債権債務関係を侵害する法の制定を禁じた契約条項に違反するからであるという。ポール・ジョンソンはこの Sturges ケースを，当時の合衆国が建国以来最悪の経済状態と金融危機を抱えていた中で，債務者の立場に立つ人民主義的なニューヨーク州破産法に対し，契約条項に違反し無効としたケースと述べている。ジョンソン『近代の誕生』vol. 1, p. 233.

[45] ホーウィッツによれば，19世紀初期の段階にポリス・パワーという概念が存在しなかったのは，当時，後にポリス・パワーという概念に該当するものが，州と法人との間の私法上の契約という枠組みの中で扱われていたためであるという。Morton Horwitz, The Transformation of American Law 1870-1960. p. 27.（1992, Oxford）/樋口訳『現代アメリカ法の歴史』p. 31.（平成8年，弘文堂）

[46] Paul Johnson, A History of the American People, pp. 236-7.（1997, HarperCollins）. 別宮訳『アメリカ人の歴史』Ⅰ, p. 358. ジョンソンは『近代の誕生』では次のように述べている。「当時……一人一票の民主主義が州議会に押し寄せるのをいかんともしがたかった。これに反し，マーシャルは忠実なスタッフとともに，最高裁判所をエリートの砦と化し，合衆国憲法やイギリスのコモン・ローを源泉として，財産と商業規則の重要性を主張し，それによってアメリカが反資本主義の民衆扇動の犠牲となるのを防いだ。こうして，マーシャルは近代世界の建設に寄与したのだった。」『近代の誕生』別宮訳 vol. 3. p. 231-2. 合衆国最高裁の判決において，それが裁判所の統一的見解であり，個々の裁判官の見解の寄せ集めではないというスタイルを取るに到ったのは，マーシャルの時代からであるという。C.B. Swisher, The History of the Supreme Court of the United States, vol. V, The Toney Period, 1836-64. pp. 2-3.（1974, Macmillan）

[47] G.E. White, The Marshall Court and Cultural Change, 1815-35. pp. 597-98.（1988, Macmillan）

[48] White, Id., pp. 598-99.

[49] しかし，この方向は，アメリカではイギリスとはいささか異なっていた。それは，

第 3 章　法人政策の劇的変化　　71

イギリスでは功利主義者が自由貿易論を唱え，スミスとは異なる視点から重商主義批判を展開したのとは反対に，アメリカ合衆国では，さまざまな曲折は経ながらも自然法論の視点を重んじ，アダム・スミス流の自由貿易論の立場から重商主義を克服しようとしていた点である。H. Hovenkamp, Enterprise and American Law, 1836-1937, pp. 11-12. ホーヴェンカンプによれば，この書のタイトルに示された二つの年は，前者がアメリカの憲法思想を支配した経済学上の古典主義の始まりである，ロジャー・トーニーの最高裁首席裁判官への就任の年，後者が大統領フランクリン・ルーズベルトのコート・パッキング・クライシスによりこの古典主義が終焉を迎えた年である。同書 Preface を参照。また，ホーヴェンカンプとともにニューマイアも，アメリカでは法と経済を一体とみなす傾向があったため，連邦最高裁が資本主義の発展をめぐり，政治抗争の舞台になったと指摘している。「［マーシャル・コート時代の］最高裁において，政治と経済は……不可分なものであった。マーシャル・コートによる憲法のナショナリズムが，それとともにアメリカに資本主義の光景を持ち込むことになり，これが裁判所を政治的抗争の渦中に置くこととなった。」Kent Newmyer, Supreme Court Justice Joseph Story：Statesman of the Old Republic, p. 116.（1985, Univ. of North Carolina）

[50] ホーウィッツは，競争原理がアメリカで重視されるようになった時期を 1825-50 年の間と見ている。Horwitz, The Transfomation of American Law 1780-1860, p. 43

[51] Hovenkamp, Id., pp. 2-3. ホーヴェンカンプは，いわゆる「法と経済学」に関する最近の議論を批判し，アメリカではそこで論じられているよりはるか昔から，法と経済学は一体のものとして扱われてきたという。「近代営利法人は，その起源を一般法人法 the general corporation acts に持つ。これは，アメリカのビジネスを民主化し規制を撤廃するために一体制が成し遂げた，最も重要な法律上の功績の一つである。実体的デュー・プロセス論 substantive due process の考案者たち——Thomas Cooley, Christpher Tiedeman, John Dillon——は，骨の髄までジャクソン主義者であった。」「例えば，アメリカ憲法に関する最初の書の一つである Daniel Raymond's, Elements of Constitutional Law and Political Economy は，経済学に関する書でもあった。ジェファーソン時代と初期のジャクソン時代の多くの法学者，例えば Raymonds, John Taylor, Alexander Hamilton, George Tucker, Seodore Sedgwick, Thomas Cooper は，政治経済学者でもあった。」Id, p. 2.「現代人は，アメリカ初期の法律家がどれほど法と経済とを緊密に結びつけていたかを，正しく理解していない。」Id, pp. 2-3

[52] Hovenkamp, Enterprise and American Law, p. 11
[53] Id., 12
[54] Horwitz, The Transfomation of American Law, 1780-1860, pp. 49-50
[55] Hovenkamp, Enterprise and American Law, pp. 13-14
[56] ブロノフスキー・マズリッシュ『ヨーロッパの知的伝統』p. 243.（1969，みすず）

第4章

実体的デュープロセス論とリバタリアニズムの伝統
―――「レッセ・フェールの憲法論」再考―――

　労働時間規制法の合憲性をめぐって争われた，20世紀初めのアメリカ連邦最高裁における「ロックナー事件」は，アメリカ法史の研究において，これまでもっぱらニューディール期を経たリベラリズムの視点から，司法積極主義の悪例と評されることを常としてきた。だが，リバタリアニズムの視点から，今日それに対する新たな位置づけを求め，諸論が展開されつつある[1]。本章においては，アメリカでは古くからリバタリアニズムに対する支持が民衆の間でも根強くあったことを見据えながら，「レッセ・フェール憲法論 Laissez-faire Constitutionalism」[2]を展開したロックナー事件における連邦最高裁の姿勢につき，アメリカ法思想史の領域から再検討を試みる。

I　科学革命がもたらしたヴィジョン

1　ロックナー事件とヴィジョン

　17世紀のヨーロッパにおける科学革命により，学問の方法には大きな転換がもたらされた[3]。ジョン・デューイによれば，ルネサンスまでのヨーロッパの学問を古代の学と呼ぶとすれば，それは古来の知識を真知（エピステーメ）として完成したものとみなし，この真知を後世に伝えるという形を採った。このため，古代の学は必然的にこの真知を教化し，それに則して訓練を施すというスタイルになる。これに対し，科学革命によりもたらされた近代科学は，古代の学のこの手法を覆し，未知の未来を見据え新たな事実を探究・発見するというやり方を用いる。

　　フランシス・ベーコンにとって，古来からの［アリストテレス］論理学はせいぜい既知の事柄を教えるためのものであり，しかも教えるということは，教

第4章　実体的デュープロセス論とリバタリアニズムの伝統　　73

化や訓練を意味した。学べるものは既知のものだけである。……これがアリストテレスの公理であった。……これとは対照的に，ベーコンは，古い事実や真理の論証よりも，新事実や真理の発見が優越すると唱えた。しかも，発見に到る道はただ一つ，自然の秘密を見破る探究である。科学的原理や法則は自然の表面に現れず，その裏側に隠されている。それゆえ，原理や法則は，積極的で精密な探究技術を用い，自然から奪い取らねばならない[4]。

　科学革命により大胆で新たなヴィジョンが示され，古代の学は，近代科学に向け進歩という観念を伴って，その構成と方法を大きく変化させてゆく[5]。仮説の提示とその検証というプロセスを通じ，近代科学は物理学や天文学を手始めに，17世紀から19世紀末にかけ，それまで哲学の領域に収まっていた諸分野を，個別諸科学として再構成するに到った。政府による干渉を極力避けるという考えを，「レッセ・フェール」という概念を通して示した古典主義経済学も，この科学革命における大規模なヴィジョンの転換に伴い，18世紀のスコットランドにおいて誕生したものである[6]。

　国王の富を増やすことを第一に掲げ民に質素・倹約を奨励した，絶対王政下における重商主義政策では，金・銀・財宝の類が富の源泉とみなされ，ひたすら金の流入を奨励し流出を阻止する策が採られた。長年に互りビジネスを蔑んできたカトリックに代わり，プロテスタントの精神が勢力を増すと，それにつれ富や労働に関しても新たなヴィジョンが勢力を強めた。だがそれは，商業を蔑むことに代えそれを国家の活力源とはしたものの，あくまで増大させるものは国王の富であり，台頭する商人をその目的に向けいかに活用するかに焦点が絞られていた[7]。だが，こうした変化が打ち続く中から，1776年という象徴的な年に，今日では常識となった経済に関する新たなヴィジョンが登場する。

　　人間は自分の住んでいる世界を理解する助けとなるよう，何としてもある種の知的な順序づけをしようと［する。］……1776年という運命的な年に，大西洋の一方の岸では政治的民主主義が生まれ，その対岸では経済の青写真が姿を現わした。アダム・スミスは，この年に『諸国民の富の性質ならびに原因に関する研究』を刊行し，この運命的な年に，もう一つの革命的な出来事をつけ加えた。政治革命の方は，全ヨーロッパがアメリカの先例に追随したわけではなかった。だが，スミスが初めて近代社会の真の姿を提示してからというものは，西

洋のすべての世界がアダム・スミスの世界と化した。彼の描いたヴィジョンが何世代にもわたってものの見方の処方箋とされるようになったのである。スミスは自分のことを革命家だとは思いもしなかったであろう。彼はただ，自分にとって非常にはっきりしていて道理にかなっており，しかも伝統に従っていると思われることを説明したまでだった。ところが……『国富論』以降，人々は身の周りの世界を新しい目で見るようになった。……要するに，新しいヴィジョンが登場したわけである[8]。

　1776年を象徴的な年と見ることは，もちろん後代による後知恵のなせる業である。スミスは，己を革命家などとは思わず，彼には明確で道理にかない，しかも伝統にも適うと思われることを述べただけであったろう。その『国富論』の出版を以て，政治的民主主義を生んだアメリカの独立に匹敵する「革命的な出来事」とするのは，彼の提示した考えを新たなヴィジョンとして受け容れた側であって，スミス自身ではない。歴史的なものの理解にはこうした後知恵がつきまとう。スミスが示したアイデアは，後に革命的なものと持ち上げられることもあれば，逆に時の経過とともに産業社会が到来すると，時代錯誤として批判に晒されることにもなった。19世紀末のアメリカ連邦最高裁が自由放任主義（レッセ・フェール）の経済思想を，「実体的デュープロセス」という法理を用いて「契約自由の原則」と結び付け，合衆国憲法上の一大原則に祀り上げた。これが，「レッセ・フェール憲法論」として批判されるに到る[9]。

　スミスが示した古典主義経済学のヴィジョンは，19世紀のアメリカにおいて次第にその支持者を獲得し，とりわけアメリカ人に相性の良いものとして定着するに到った。一旦それが定着すると，大方の出来事が，この新たなヴィジョンの枠内で理解へとつなげられる。かくして，南北戦争を経た後の19世紀後半，アメリカでは資本主義経済が目覚ましく開花し，それまで農業を中心としていた社会は，産業社会へと向け急速な転換を促された。この急変の中で，都市を中心にそれまで経験したことのない新たな問題が次々と浮かび上がり，農業社会の彩りが濃かったスミスの基本的なアイデアにつき[10]，産業社会で生じる新たな諸問題にいかに対応すべきかを巡って，さまざまな論争が繰り広げられた。20世紀初め，アメリカ連邦最高裁が下したLochner v. New York事件判決[11]についても，今日の視点からだけでなく，こうした歴史

第4章　実体的デュープロセス論とリバタリアニズムの伝統　75

のコンテクストを背景として見る必要がある[12]。

　科学革命と同様，憲法革命も，アメリカの歴史上まれにしか見られぬ出来事である。1937年のニュー・ディール期における憲法革命は，政府の経済に対する関係ばかりでなく，州政府と連邦政府の憲法上の関係についても，根本的転換をもたらした。連邦政府の介入主義的姿勢や，その富の再配分的政策が憲法上正当とされたことは，ニュー・ディール政策の政治的勝利を意味するに留まらない。それは，古典的な旧い秩序の法的基礎に対し，一世代にわたって行われた知的闘争の最終的勝利をも意味した。このように，ニュー・ディール期の憲法革命が示すものは，真のパラダイム転換であり，合衆国憲法制定後一世紀を経て最高潮に達した法意識の根本的転回であった[13]。

　Lochner事件は，1937年のWest Cast Hotel事件に対する連邦最高裁判決により，その先例としての地位を失うことになった。これがここで憲法革命と称されるものである。だが，レッセ・フェールを支えてきた夜警国家論とレッセ・フェールの思想は，19世紀末に到ってアメリカに突如として登場したものではない。それは，かねてからアメリカには根強く存在していた。独立から一世紀以上に互り，この観念は経済的自立に大きなウェイトを置いてきた。独立後，初期の時代には自らが土地を持つ独立した小作農が称賛され，南北戦争前期には自由労働 free labor が盛んに唱えられる。その後，さらに社会の産業化が進展し，19世紀後半に合衆国憲法第十四修正が導入されると，それを足がかりとし，封建社会打倒の旗頭でもあった「契約自由の原則」が，憲法上の原則としても重視されるようになる[14]。こうした経済的自律の観念は，時の最高裁を批判する革新主義とのせめぎ合いを経た後，1930年代のニューディール期に入って大きく転換され，それ以後は福祉国家に向けた新たなリベラリズムのヴィジョンが優位を占めるようになる。

　独立以後の一世紀半，アメリカにおける社会の変化は極めて大きかった中で，アメリカ人は，小さい政府を好むレッセ・フェールの思想に愛着を示し，自由と自律を長きに互って重んじてきた。レッセ・フェールの思想を契約自由の原則と絡めて憲法上の一大原則にした姿勢を見ると，それがロックナー事件の時代の最高裁に俄かに登場したかような印象を与える。だが，アメリカ人のレッセ・フェール好みは，それよりはるか以前から民衆の間でも根強

い人気を博してきたものであり，最高裁がそれを支持する姿勢を明らかにしたのは，時代の変化に伴いその批判が目立ち始めた潮目時のことであった[15]。

2 政府は強者の手先：アメリカのレッセ・フェール好み

連邦政府は，時代とともにその権限を拡大してきたが，独立宣言後ほどなく採用された連邦制度は，最小の統治という伝統の表れに他ならない。

> ジェファーソン主義，ジャクソン主義において示されるように，南北戦争前のアメリカにおける自由主義の伝統は，少なくとも理論的には，夜警国家の観念と結びついていた。人々の求めに応じ，政府が直接的な行動を以って尽力すべきであるとか，政府はアメリカ経済のかなりの部分を規制すべきであるとかいう考えは，ジェファーソンやジャクソンの時代の自由主義者には，全く無縁のものであった。国家は，外部にあって抑圧の恐怖を秘めた組織として恐れられ，潜在的にはそれは政治的強者 special interests の手先とみなされていた。南北戦争前のアメリカを特徴づける比較的シンプルな農業社会において，自由主義者は，政府の機能を最小限に抑え込むことをベストと考えた。……彼らはそうした行為を，より身近な存在で，人々のコントロールに服する州政府に対して求め，連邦政府に対しては，その役目を特に合衆国憲法に明記されたものだけに限定しようと考えていた[16]。

現代では，最小の統治こそ最良の政府という考えを基礎とする夜警国家論など，甚だしき時代錯誤か，たちの悪い妄想と思われがちである。自由と福祉の双方向を見据える現代の先進諸国においては，政府の役目は，自由主義が掲げた本来の基本権の擁護を行うだけでは到底足らず，政府による富の再配分を通じ，経済的不平等の一定の是正を図り，多種多様な福祉の実現を担わざるを得ない。このため，昔と比すればはるかに巨大な政府を抱える現代社会の状況を考えれば，夜警国家の観念を時代錯誤や妄想と思いがちになることにも，無理からぬ面もあろう。だが，少なくとも19世紀前半のアメリカにおいては，この観念は決して妄想でも絵空事でもなく，紛れもない現実の生活の一部であった。

> 植民地時代のアメリカでは18世紀には社会の階層化が進み，裕福なジェントリー層が台頭して，公民的，宗教的，経済的制度に対してますます大きな支配力を行使し，社会的な下級者からの敬意を要求した。だが，革命期には，奴

隷を所有しない男性人口の大部分は，土地を所有する農民になっていた。世帯が依然として生産の中心であり，イギリスに比べれば財産をもたない者は，人口のかなり小さな割合にすぎず，賃金労働もほとんど普及していなかった。自由人口の中で，財産はヨーロッパのどこよりもより広く分配されていた。アメリカ植民地では，「西洋世界でかつてなかったようなもっとも自由な人びとが多数」生活していたと，ある歴史家は書いている。かくして，人格的な従属を嫌悪し，自由と自立を同一視する考えが深く根付いたのは，それが英領北アメリカで単にイデオロギー的な遺産の一部であったからだけでなく，社会的現実——ある程度の経済的独立が多数の植民地人の生きた経験の一部となるように，広範に生産財が分配されている状況——と合致したからでもあった[17]。

したがって，19世紀後半においても，アメリカ人のレッセ・フェールへの執着は，単なる空想の産物であったわけではない。彼らが理想と考える状態が現実の社会の中にあり，彼らの好む自由と自律という観念がその中で醸成され，その後長年に亙り，それが自国の伝統として強力なヴィジョンを築くことに貢献した。これは，政府や他者を頼らず独立独歩の精神を発揮する，フロンティア・スピリットの育成にもよくマッチする。このように，レッセ・フェールの観念と表裏一体の関係にある夜警国家というアイデアは，他国の経験はともかく，少なくとも彼らアメリカ人にとっては，独立期から現実的で強固な信念として，代々に亙り持ち続けられてきたものである。

それだけに，時の経過に伴い社会が産業化に向けて急速に変化しても，彼らにはそれを安直に捨て去ることが甚だ難しいものとなる。たとえ新たな問題が生じても，当面はそれを既存の信念を揺るがす大問題とはみなさず，既存のヴィジョンの中で理解し解決しようと試みるのが常である。それまでのヴィジョンの見直しに本腰が入るとすれば，それは，既存のヴィジョンが現実との間にはなはだしい軋みを生じ，もはやそのまま維持することが難しいことを悟った後のことになる。

だが，ヴィジョンを異にする後の時代の眼から見れば，この頑なさがあまりにも愚かな姿勢にしか見えないため，素直にヴィジョンの転換を受け入れないことに，何らかの意図やえこひいきが隠されているという疑いの目を向けがちになる。

19世紀末からのアメリカにおけるレッセ・フェールの憲法論は，概ね，当

時の革新主義の側から，連邦最高裁に対して投げられた批判を基礎とする。しかも，それは，もっぱら当時における社会的弱者を犠牲に，強者だけに味方したものとして描かれがちである。そこでは，連邦最高裁を代表とするレッセ・フェールの信奉者たちが，アメリカのリバタリアニズムの伝統に則り，誰に対しても特別扱いをしないことを信条としていたことが，往々にして見逃されがちである。

II　啓蒙思想と経済学

1　古典主義経済学における法と経済

　法と経済との関係をシームレス・ウェブに譬え，両者の関係を縫い目のない一枚の布として語る場合，そこには，市場の果たす機能を中心に据え，その動きを阻害しない法システムをベストとする考えが背後に控えている。こうした考えは，まさに古典主義経済学のヴィジョンのなせる業である。アメリカの法学者，セオドア・シジウィックが1836年に記した次の一節に，これを明確に読み取ることができる。

　　　公的なものであれ私的なものであれ，およそ一国の富は，一つの巨大な貯蔵庫に蓄えられる。この貯蔵庫には，公的部門と私的部門との区分けがある。共通の蓄え common stock は公的部門にストックされる。勤勉な者なら誰でも，同じ屋根の下に，各自が自分の鍵で管理する私的な部屋を持っている。公的部門は私的部門により満たされるので，私的部門から多くの供給がなされるほど，国の貯えはより豊かになる。もし誰かがこの建物に火を放ち，公的財産の貯蔵庫を焼いてしまえば，そのパートナーである彼は，私的部門に火が及ばなくとも損失を蒙る。もし，彼が無謀や怨恨あるいは悪意から，自分の私的な部屋に火を放っても，彼は，この巨大な公的貯蔵庫に供給される貯えの一部を破壊することになる。……

　　　優れた法 good laws と優れた政治経済 good public economy との違いは何か？――何もない。――というのは，優れた法はすべて富を生み，それを正しく配分するからである。したがって，優れた法はすべて，優れた経済でもある。しかし，法学 the science of law と政治経済学 the science of public economy との間には一つの違いがある。それは，法学は法が何であるかを教え，それを学ぶことが法律家の仕事であるのに対し，政治経済学は，法がいかにあるべきか

第4章　実体的デュープロセス論とリバタリアニズムの伝統　79

を教え，それを学ぶことが公的経済に関わる学者や立法者の仕事である点だ。……一国の公的経済は，明らかに，その国の法に表れる。もし法が優れていれば，政治経済もそうなるであろう[18]。

　ここに古典主義経済学のヴィジョンが明確に示されている。それは一国における富の増大を念頭に置いたものであって，富の配分についても，市場が見えざる手によりうまく行ってくれると考えた。これによれば，法と経済との間に一線を画すことは容易なことではなく，むしろ，両者は表裏一体の関係とみなされる。主役は市場が務め，脇からそれをサポートする法が，市場の機能をより一層スムーズに発揮させる。したがって，シジウィックが言うように，経済学が何をなすべきかという当為を教え，それを法学がサポートする。そこには，市場の機能に大きな信頼を置き，その働きを妨害しない法システムこそ，最も優れた法であるとする姿勢が鮮やかに浮かび上がる。かくして，法と経済とは，互いに縫い目なき一枚の布，つまりシームレスウェッブとされることになる[19]。

　古典主義経済学のヴィジョンによれば，法と経済は一体で，主役を演じるものは市場とみなされるため，市場の機能を最大限に発揮することを念頭に置き，それを阻害することのないよう，政府は余計な介入を行うべきではないと考えられる。このヴィジョンの下で，アメリカは19半ばから急速な経済発展を遂げ，近代的な資本主義社会を目覚ましく開花させた。これがアメリカ人の相性によくマッチしたことに加え，成功した手法を疑うことはいつの時代においても容易ではないことも加われば，現実との摩擦が大きくなっても，この夜警国家の観念やレッセ・フェールの思想を疑うことは，容易ならざるものとなる[20]。

　　古典主義経済学に下では，市場は確かなもので，ほぼ常に財とサービスとを割り当てるのに好ましいメカニズムであると信じられていた。最良の政府とは最少の統治を行う政府と定義するジェファーソンの有名な格言は，容易に「規制が最小の政府こそ最良の政府」となった。古典主義者にとって，このことは，政府による規制の範囲を二つの方向で狭めるものとなった。それは第一に，政府による規制は，ほとんどの市場において許されてはならない，第二に，もし規制する場合にも，規制は最小限度になされるべきだ，というものである。
　一般に，革新主義の規制論は，金ぴか時代のチャールズ・フランシス・アダ

> ムス・Jrや革新主義時代のルイス・ブランダイスのものと同一視されるが，規制の目的とその本質的な性格に関しては，古典主義の前提の大半を受け容れた。……古典主義に対し革新主義が示す批判的な姿勢は，情熱の程度の違いを示すにすぎず，市場という観念を全面的に排除しようとしたのは，革新主義者の中でも最も急進的なごく僅かの者だけであった。古典主義の伝統の中で鍛えられたオーソドックスなアメリカの政治経済学者は，市場がいかに動くかという点で自信に満ちていた。彼らが確信していたことは……政府が余計な手を出さなければ，アメリカ人の生活は必ず良くなるということであった。……[21]

19世紀末のアメリカで，レッセ・フェールを批判したのは，主に共産主義・社会主義勢力と革新主義者である。その中で，市場の役割を否定することなく，産業社会においては政府による市場規制の必要があることを声高に叫んだのが革新主義者である。この視点から，革新主義者はレッセ・フェールの思想を批判したため，古典主義者と革新主義者の間には，ヴィジョンをめぐる大きな断絶があったと想定されがちである。

だが，レッセ・フェールを支持する強固な古典主義者と，市場を否定するマルクス主義者・社会主義者の双方に，改革立法による社会の漸次的改善という考えを否定する点で共通性があった。この点で，市場を前提に政府の必要な経済介入に肯定的な姿勢を示した革新主義者は見解を異にしている[22]。どのような条件によりアメリカの経済的成功がもたらされたのか，それを支えてきた条件がどのように変化したために，既存のやり方を変える必要があるのかを，革新主義は自らの視点で見極めようと試みた。すでに多くの局面でレッセ・フェールが想定する完全な競争は存在しなくなっていたし，私益の追求だけであらゆる経済行為を説明することも難しかった。また，革新主義は，古典主義者のように経済学を道徳的に価値中立的なものとは考えず，経済学の目的を社会の幸福を追い求めること，つまり最大多数の幸福を推進することとみなした。そのため，革新主義の経済学では，富の配分を市場だけに任せず，社会一般の福祉のため，富の再配分を含め積極的な行動を採ることを，政府の義務とみなした[23]。

この点で，レッセ・フェールを支持する古典主義と，それを批判する革新主義者との距離は，古典主義と社会主義との距離に比すれば，政策面での違いがあったにせよ，はるかに接近しており，それをあまり過大に見積もるこ

第4章　実体的デュープロセス論とリバタリアニズムの伝統　　*81*

とは避ける必要がある。古典主義と革新主義の最も大きな違いは，古典主義者が市場を支配する法則に大きな信頼を置き，政府に対し余計な介入を控えるよう最少の統治を求める夜警国家を支持したのに対し，革新主義者は，法を社会改革の積極的手段とみなし，理性により大きな信頼を寄せ，社会を人為的改革立法により改善しうると考えていた点にある。

　　需要と供給の力により理想的なバランスが維持されうるとすれば，それは商品の生産やサービスの提供において，より高いリターンを得るための綱引きに応じ，市場に自由に出入りできる場合に限られる。このため，古典主義経済学者は，「制約なき競争」のシステムを求めた。政府には，そのような競争を抑制するため，誰も力を使ったり詐欺を働いたりしないことを保証する責任があるとされた。……人間が作る法は，単に市場に干渉するだけで，市場システムそのものを改良することはできない。このため，「レッセ・フェール」つまり「原則だけを働かしめよ」という格言になるわけである[24]。

　こうした考えに則り，レッセ・フェールを支持した古典主義者は，アメリカにおける自然法思想の伝統を維持し，スミスから受け継いだ労働価値説に基礎を置いていた。これに対し，それを批判する革新主義者は，ベンサム流の功利主義に傾き，効用という観念に足場を置き換えている[25]。これにより，権利から「自然権」という性格がはぎ取られ，権利は全体的な効用の拡大に道を譲るべきものに置き換えられた。かくして，神聖不可侵で触れてはならぬものとされた諸々の権利が，人為的立法により規制されて然るべき対象へと転じた。

　19世紀末のアメリカ州議会においては，この革新主義の考えの下で，立法を通じた社会改革が支持され始め，各種の改革立法が議会で可決された。1895年にニューヨーク州議会で可決され，その後，ロックナー事件での争点となったいわゆる Bakeshop Act も，その代表的な例の一つである。

　この種の改革法に対し違憲訴訟が提起され，中には連邦最高裁にまで持ち込まれ，合衆国憲法第十四修正を足がかりに，改革法を違憲と断じるケースも現れた。ロックナー事件が，その最初の例ではない[26]。このために，これが改革立法を推進しようとする革新主義からの批判を高め，司法積極主義に対する悪評が広まるとともに，「レッセ・フェールの最高裁」として裁判所に対

する非難を高じさせる一因にもなった[27]。

　だが，一部の急進主義者はさておき，革新主義者の中には，例えばセオドア・ルーズベルトのように，かつてはレッセ・フェールの支持者であった者もいる。彼は，米西戦争の際には「ラフライダー」という騎馬隊のリーダーとして名声を博し，英雄と崇められた人物である。その後，ニューヨーク州議員であった時期に行った賃貸アパートの視察で，そこで生活する貧民の惨状を目の当たりにした際に，彼は，レッセ・フェールの持つ市場への過度の信頼のマイナス面を目の当たりにし，革新主義に転じた者の一人となった[28]。

2　経済思想としてのレッセ・フェール

　レッセ・フェールという観念は，そもそも18世紀のフランス重農学派が，絶対王政の下での通商政策に対抗する一つのアイデアとして唱えたもので，アメリカが生み出したものではない[29]。それは，時の重商主義に異を唱えたものではあっても，そもそも君主制を否定するものでも，デモクラシーに親近性を持つものでもなかった[30]。さらに重要な点は，レッセ・フェールの観念は，人為に頼らず「自然の秩序」に任せる方が，政府による規制を頼るよりベターであるという視点を持っていた点である。

　　古典主義経済学の教えは，イギリスとフランスからアメリカにもたらされたものだが，これが夜警国家の考えを促すのに役立った。レッセ・フェールは，18世紀のフランスにおいて重農主義者が最初に唱え，アダム・スミスに始まる有名なイギリスの経済学者たちがさらに発展させた諸原則のコアをなす概念である。「レッセ・フェール」という言葉が日常的に用いられるようになったのは，重農主義者と古典主義経済学者によるところが大である。
　　重農主義者は，当時のフランスにおける重商主義者による過度の規制に反発し，自由には「自然の秩序 natural order」があり，その下で，個人は己の利己的な利益の命ずるところ従えば，それが全体的な善につながるという信念を表明した。それによれば，この自然の秩序は，政府がなくとも巧く機能するので，重農主義者は，国家を私有財産権と個人の自由の保護にその役目を限定し，通商に対するすべての人為的規制を取り除き，すべての無益な法を廃止するよう主張した。重農主義者によれば，必要なら，新たな法は，この自然の諸法則を強制するだけに留めるべきであった。この限界を踏み越え，国家はあえて事を行うべきではない。したがって，その政策は "Laissez faire, laissez passer" とな

る。この重農主義者の仕事を凌駕し、彼らの顔色を失わしめたものが、アダム・スミスの『国富論』である[31]。

　ヘンリー・クレイらによって唱えられ、政府主導による経済発展を目指した、いわゆる「アメリカ体制論 American System」は、1830年頃のアンドリュー・ジャクソン時代のアメリカにおいては、すでに過去のものとなり始めていた。政府から許可を得る特権主義が嫌われたのは、ヨーロッパのように過去から引きずってきた特権制度に囚われることなく、それ自体が自動調節機能を持つ市場において公正な競争が展開され、その中で自らの能力を試すことが可能であると多くのアメリカ人が考えたからであった[32]。自由人が多数生活していたアメリカでは、他者による支配を極端に嫌い、強度の個人主義を基礎として自由と自律とを同一視する考えが好まれ易かった。

　レッセ・フェールと夜警国家の発想から、中央集権的な政府を志向することとは対極をなし、地方分権と小さい政府を好み、それを通じ個人の自由を最大限に発揮させようとする姿勢がアメリカに浸透する。しかしそれは単に、政府の干渉を極力排除し、個人の自由を十分に確保するという意味だけを持っていたわけではない。そこには、アメリカの自由主義イデオロギーの根幹を成す重要な要素が絡んでいた。

> 　［20世紀初め古典主義者と革新主義者との間で展開された］法秩序の根本問題に関わる争いには、アメリカのイデオロギーの基盤に直接関わる、深刻な危機が表れている。争いの最も根本的な点は、法が中立的で政治とは無関係か否かという点にあった。革新主義による古典的法思想[33]への攻撃は……「法の支配」という思想の核心（自動機械のごとき法解釈）を根本から問い直すものとなった。古典的法思想は……アメリカが自由を維持し続けられた最大の理由は、その反中央集権的な政治・経済構造の存在にあると考え……中立、公平、分権的「夜警」国家による、自律的な競争中心の市場経済のおかげで、アメリカはひとり専制主義の犠牲から逃れてきた……と考える。
> 　これに対し、革新主義は……市場経済システムによれば、経済的貢献度に応じ相応の報酬が公平に得られるとしてきた伝統的な機会均等の正当性に、大きな疑問を投げかけた。とりわけ、当時支配的であった、国家は中立的で富の再配分には関与しないというレッセ・フェールの理想を疑った[34]。

　大きい政府か小さい政府かという問題は、アメリカにとって単なる政策面

における小手先の議論ではない。それは，アメリカの自由主義イデオロギーの根本に関わる重大問題であった。レッセ・フェールの信奉者は，自国が長年に亙り自由を維持し続け，専制主義に陥る危険性から逃れてきたことも，この小さい政府という伝統的な統治の観念に託していた。小さい政府こそ最良の政府であり，レッセ・フェールの観念と直結させられた夜警国家の観念は，一国の富を増大させるだけでなく，それと同時に，アメリカが専制主義に陥る危険から逃れさせることと，表裏一体の関係として捉えられている。

　こうした発想を伝統とするアメリカでは，経済がうまく機能しなくなった場合，まず市場の機能にどこか問題が生じたと考える傾向を示しがちである。それにより問題が是正されれば，市場は元通りに機能すると考える[35]。市場に対するこうした強い信頼は，古典主義者のみならず革新主義者の多くが共有するものであるが，これはまさに，18世紀の啓蒙思想のヴィジョンから，法則支配の裏づけを持った市場という観念とともに，経済学という科学が新たに誕生してきたことにその一因がある[36]。

3　自然科学者の眼で見た社会

　科学革命の波に乗り，18世紀に新たな科学として経済学を作り上げた古典主義経済学の創始者たちの背景には，自然神学の伝統がある[37]。それによれば，自然も人間社会も，そして人の心も，すべからく神の創造によるものである以上，それらの間には，統一的な共通の法則が支配していると考える。それゆえ，自然界を対象にニュートン力学がその法則の発見に成功し，目覚ましい成果を上げたのであれば，それと同じ方法を他の領域にも応用すれば，それと同じような成果が期待できるに違いないということになる。しかも，力学や天文学を始めとし，近代諸科学がその成果を着実に上げれば，自然法則への信頼と科学の方法の威信が，ますます高まることになる。

　　　古典主義経済学の根底には，最小の苦痛と最少の努力により己の欲望を満足させようとすることが人間の本性である，という信念がある。この基本的な事実から，「科学的」分析を通じ，人間の経済諸関係を支配する一連の諸法則をすべて引き出し得ると考えられた。これらの経済的諸関係は，不変の人間本性に基づくので，このプロセスを通じて発見される法則は，宇宙の物理的要素を支配する法則に匹敵する，自然法則であることになる。しかも，神が人間の本性

を創造したのである以上（アメリカでは，多くの指導的な経済学者は牧師でもあった），これらの諸法則には神の意思が反映しているというわけである[38]。

　古典主義経済学の根底には，社会に生じる諸々の経済現象を巡る科学の構築という啓蒙思想の裏づけがあり，それは，合理的経済人というモデルを設定し，それが合理的に振る舞うことを前提に，社会の中における経済現象を解明しようとする姿勢となって表れる。これは，社会の中における人間の活動を，いわば自然を眺める物理学者の目を以て観察することで，重農主義者のように，「自然の秩序」を想定しつつ，社会の中に生じる諸々の出来事を解明するという姿勢につながっている。

　先のシジウィックの市場に対する確たる信念の裏にも，こうした結びつきが受け継がれている。そこには，キリスト教神学を背景に，神が自然に刻印した法則を発見する手法を通じ，自然科学の分野で大きな成功を収めた近代科学の方法に倣えば，社会の中の諸々の現象も解明可能であるという確信がある。経済学も，その例外ではない。自然，社会，人心に共通する法則が存在すると想定すれば，自然科学で大きな成功を収めた手法を駆使して経済法則を発見し，それを用いて一国の富の増大を図ることが可能であると考えられる。古典主義経済学がニュートン力学の影響下で誕生し，この啓蒙思想の伝統を受け継いで今日に到ると言われるのは，こうした点を指してのことである[39]。

　この傾向は，ニュートン力学の影響を受けて成立した経済学だけに留まらない。古典主義経済学が力学をモデルとして経済学を展開したとすれば，法律学においても，それと似た方向性を模索した例がある。エルンスト・カッシーラーによれば，『法の精神』で名高い18世紀フランスのモンテスキューも，まさにこのニュートン力学の影響下にあり，その方法を法学に適用し，ニュートンと同じ問題を法学者として提起した一人であった。

> 　17世紀の精神風土にあっては「自然」という概念および言葉は，今日われわれが普通区別して考えている二つの問題群を統一して含んでいた。「自然科学」はまだけっして「精神科学」と分かれておらず，ましてやその本質および妥当性においてそれと対置されたりはしなかった。……この二つの世界の結合は18世紀になっても断固として維持された。モンテスキューの出発点は経験的な自

然科学者としてであった。そして彼はこの仕事を通じて，次第に彼自身の問題である法律的・政治的制度の分析へと進んでいったのである。彼は法学者として，ちょうど物理学者としてのニュートンが提起したのと同じ問題を提起したのである[40]。

社会を見る自然科学者であったモンテスキューは，『法の精神』において，諸国の法とその国の気候・宗教・慣習・習俗・政治的伝統などとの関連について記述を展開している。それによれば，社会を支配する規範の一つである法は，これら諸々の経験に属する要素も加わる中で，社会における人の行為を制御する作用を持ち，これらの諸規範が一緒になって，一国における法の精神が規定される。

これらの経験的諸要素に関する探究は，自然状態を仮想のモデルとし，そこからの推論に頼って論を展開する伝統的な自然法論においては，そもそも考察の対象にならなかった。それは，自然法論の主要テーマが，時間・空間に関わる経験的要素を払拭し，純理論的な考察の中で，人が原初的な自然状態を逃れ，社会契約を通じ政府を構成したことに力点が置かれていたためである。したがって，そこでは，幾何学を手掛ける場合と同じように純理論的な面に視線が向けられ，北国と南国との間に見られる法制度の違いや，その原因と思われる風俗や習慣に関する経験的考察は，関心の対象外となる。

しかし，モンテスキューの脳裏にあった科学は，幾何学ではなく経験科学である。このため，『法の精神』においては，自然状態と社会契約というフィクションに関する伝統的な自然法論の記述は最初のわずかな記述で片づけられ，その後は，経験的諸要素の探求に多くの記述を割いている[41]。『法の精神』の扉に書き込まれた「母なくして生まれし子」という下りは，この伝統的自然法論と袂を分かったことを示唆したものとも考えられよう[42]。

モンテスキューは，法は風俗や習慣と無関係に一律に規定されるべきものではなく，それぞれの社会の違いを反映すべきものと考えた。その違いを十分視野に入れた法ほど，優れたよい法である。例えば，暑い地方では女性の成熟が早いため，知性が成熟する前から男性を引き付け，その結果，妻は若くして結婚する，このため，否応なしに夫への依存度が強くなり，一夫多妻制が広まりやすい。これに対し，温暖あるいは寒冷な気候の地域では女性の

第 4 章　実体的デュープロセス論とリバタリアニズムの伝統　87

成熟が比較的遅いため，年長になってから子供を持つようになるし，結婚する段階ではるかに理性的である，このため，男女の間はより平等になりがちであり，法においても一夫一婦制が求められることになりやすい[43]。

このような考察は，自然法論の伝統においては無縁のものであったが，モンテスキューは，関心の多くを諸国の法とそれを取り巻く環境との関係に向けた点で，大胆な一歩を踏み出した。さらに，こうした経験的に知られた法則の探求に留まらず，それらの多様な法則を，少数の原理に還元することも目指した[44]。

法学の世界で，観察者の目を以て社会を眺め，そこに何らかの法則性を見出そうとしたもう一つの例が，19 世紀末，法社会学の元祖と目されるオイゲン・エールリッヒの著作に明確な形で表れる。彼は，古来より受け継がれてきた伝統的な法解釈学とは別に，観察に基づく科学としての法律学を「法社会学」として提唱し，規範としての学と並んで，「事実に関する法学」の確立を目指した。近代科学の成果を背景に，「最も遅れた学問」である法律学を批判したエールリッヒが，『法社会学の基礎理論』の冒頭で示す一節に，その姿勢が鮮やかに示されている。

> 将来医者になる学生が，ごく普通の方法として，大学でさまざまな病気の症状と，当時知られていたその治療法とを暗記せねばならなかったような時代は，さほど昔のことではない。だが，今やそのような時代は過ぎ去った。現代の医者は，病変した人間の体を研究対象とする自然科学者である。
>
> 同様に，百年ちょっと前の機械技術者は，親方から機械の組み立て方のコツを習った機械職人でしかなかった。今やこれも全く変わってしまった。現代の機械技術者は，利用する素材の性質と，その素材が外部から受けるさまざまな作用に対する反応の法則性とを研究する，物理学者である。医者と技術者は，その職業に必要な技術を，もはや純手工業的に学ぶのではなく，何よりも技術の科学的基礎を学ぶのである。
>
> これに反し法律学では，実用法律学からの法学の分離が，現代ようやく，これに携わっている学者の多くになお意識されることなく，進行しつつある。かかる分離によって，実用目的のためではなく，純粋な認識（知識）のための，そして単なる文言ではなく，事実を取り扱う法に関する学問（科学）が自立するのである。自然科学の分野ですでに達成された変化の影響は，最も遅れた学問……である法律学にもやっと及んできた。……新しい法学は，これまで理解

できなかった法と制度の本質の多くを分からせてくれるだけではなく，疑いもなくそれは実用的に利用できる成果をももたらすことであろう[45]。

　エールリッヒも，社会の中における事実として観察を通じて法の発見を試みる科学者たろうとし，この視点から伝統的な解釈法学の批判を展開した。それまでの医者や職人の徒弟修業的な育成方法を越え，自然科学を生み発展させた医学や工学に倣い，今や法律学も事実を基礎とする純粋な知識のための科学を達成すべしとするエールリッヒは，異国の法であるローマ法を基礎に，従来の法解釈の技法に更なる磨きをかけ，解釈法理を精緻化しようとするパンデクテン法学の試みに，自由法論の陣営から異議を唱えた一人である。彼は，パンデクテン法学が排除しようとした慣習に観察の焦点を当て，その中に「生ける法」を発見することを法社会学の重要課題として掲げ，法律学を再構成しようとした。エールリッヒは，この冒頭の一節において，社会を見る自然科学者たらんとする姿勢を如実に示している。

　啓蒙哲学にその源を有するこうした見方は，経済学にも法学にも共通の姿勢となって表れた。神による万物の創造という想定を基礎に据え，方法論的に見れば，対象を単位にまで細分化し，それらの動きを見極め，そこから今度は全体像を構想するという手法のモデルを近代物理学が示し，以後，近代科学のモデルとして先駆の役目を果たし，それまでの学問を一変する成果を上げた[46]。したがって，啓蒙思想を基礎に誕生した古典主義経済学が，ニュートン力学の影響下で展開されてきたことを驚くにはあたらない。19世紀アメリカの経済学者ソールスタイン・ヴェブレンは，そのような眼で社会を見る学者が，経済学という研究領域において，物事をどのように理解したかを次のようなタッチで述べている。

　　18世紀後半あるいは19世紀前半の経済学者たちは，「神の」秩序 a Providential order ないしは「自然」の秩序 an order of Nature の信奉者であった。どうして彼らがこうした信念を持つに到ったのか，ここでは問わない。また，彼らがこれを真実とする信念に正当な根拠があるか否かも，ここでは問わない。この神の秩序ないし自然の秩序は，それが向かう目的に向け，効果的に正しく作用すると考えられている。経済学の領域では，この客観的目的は人類の物質的幸福にある。当時この経済学が課題としたことは，そこで扱われる事実の解

第4章　実体的デュープロセス論とリバタリアニズムの伝統　　89

釈を，この自然の秩序という観点から行うことであった。人間生活を規定する物質的状況は，宇宙を支配する自然的秩序の内にあり，事物のこの普遍的枠組みの中の一員として，人間もこの自然法則のガイドの下にあってこそ，万事をうまく執り行うことができるとされた。純粋に理論的な仕事に関する限り，こうした初期の経済学者たちは，経済生活に関わる事実を……自然法則の下で考えることに勤しんだ。このため，手がけた事実が，この基本的公準と矛盾なく解釈された場合に，科学者の理論的仕事は成功裏のうちに行われたと感じられたわけである。こうした想定の指導をもくろんで形成された経済の諸法則は，その下で物事が「自然に」「規定通りに」起こる法則とみなされたので，この自然で規定に従った過程の中には，いかなる無駄や見当違いな労力などあり得ないと考えることが，いわばことのエッセンスであった[47]。

　ヴェブレンのこの一節は，経済学に関する洞察力に富んだ説明であるのみならず，およそ人の理解の何たるかについても巧みに語っている。人は，無条件的に何でも理解できるわけではなく，己の持つヴィジョンとの関係で諸々の出来事を自分の理解につなぎ留める。このため，ヴィジョンを異にすれば共通の理解を得ることは難しい。17世紀の科学革命により，それ以前の中世の自然哲学の諸観念は，パラダイムを異にする現代人には不可解なものでしかない[48]。その観念も，科学革命以前には知識人によく理解できるものであったに違いない[49]。手がけた事実が，時代の基本的公準と矛盾なく解釈されたときに，それらの事実はきちんと説明され理解できたと感じられるのは，このような意味においてである[50]。

4　古典主義のヴィジョン

　したがって，啓蒙思想のヴィジョンを受け継ぎ，ニュートン力学をモデルとして，社会も市場も法則に支配されるという見方が定着すれば，経済学においてもこの視点から出来事を説明し理解することが，ごくノーマルな知識や学のありようになる。それは，これ以外の視点から経済現象の理解を試みることの方が，むしろ多大の努力を強いられることを意味する。

　したがって，19世紀末のアメリカにおいても，レッセ・フェールを信奉する知識人は，経済に関する諸々の出来事を，市場を支配する自然法則が存在するという固い信念の下で見つめ，それらの出来事がこうした法則と矛盾な

く解釈された場合，初めて，諸々の出来事をきちんと理解したと感じたことであろう。しかも彼らが諸々の出来事をそのように理解する場合，それらの出来事は偶然にそうなったわけではなく，物事が規定通りに起きた結果とみなされたに違いない。認識にはこうしたバイアスが不可避的につきまとう以上，知識人であっても，自らの内に鎮座するヴィジョンの支配に捕らわれ，さほどフレキシブルに物事を見るわけにはゆかない[51]。

　科学たる経済学者には，市場を支配する自然法則の存在を前提に，人間の経済活動を理解し説明する姿勢を身に着けることが求められた。しかも，この法則との結びつきで，諸々の出来事を矛盾なく解釈できた場合に，経済学者は，自らの仕事を成功裏のうちに行うことができたと受け取る。経済人の本性をあくなき私益の追求にあるとみなし，各人が己の利益を第一に考えれば，あとは神の創った見えざる自然法則が働き，一国の富が増大するだけでなく，市場が富の配分装置としても見事に機能するという着想は，古典力学をモデルとし，その精神を社会の観察に応用した結果である[52]。

　　　19世紀半ばには，一連の明確な理論 a series of well-defined doctrines から成る古典主義経済学は，その大部分が演繹的に用いられるようになった。古典主義政治経済学者たちは，私益により突き動かされて富の追求に没頭する，思考の産物「合理的経済人 economic man」にその関心を集中した。若きジョン・スチュアート・ミルが明言したように，「政治経済学は，人間を，もっぱら富を手に入れ消費することだけに心を奪われたものとみなすものである。」このため，社会的産物としての人間と，配分の倫理は，ほとんど視野の外に置かれた[53]。

　たとえ仮説であっても，それを支えるヴィジョンが定着していれば，人の考え方は往々にして演繹的に傾き易くなる。「合理的経済人」なるモデルが，いかに思考の産物であれ，それに代わるものが見当たらなければ，思考の中心に居座り続ける[54]。

5　ニュートン力学の劇的勝利：海王星の発見

　18世紀後半に誕生した古典主義経済学がこのようなヴィジョンを持っていた背後には，自然界の解明に華々しき成果を上げつつあった近代科学への脅威の念と，そのような法則に支配された自然を創造し給うた神への限りな

第4章　実体的デュープロセス論とリバタリアニズムの伝統

い崇拝の念が控えていた。しかも，このヴィジョンの下で，19世紀に個別化した諸科学は目覚ましい成果を生み出した。

　啓蒙思想が示した自然神学に基づく科学の発想は，専門家をして科学の威力を痛感させることはあっても，それだけで素人までもそう思わせたとは限らない。大衆の考え方は，難解な理論や合理主義とは縁が薄くとも，日常を支配する常識やヴィジュアルなものには左右され易い。その点，19世紀半ばのヨーロッパには，科学の威信をほぼ絶対的なレベルにまで高める出来事が数多くあった。

　長いこと聖書史観が支配し，専門家でも天地創造を紀元前4004年と考えていた時代にあって，化石の発見などを通じ，ウィリアム・スミスの層位学が科学として成立し[55]，さらに地質学などの成果を通じ，有史以前の長大な先史が発見されるに到る[56]。キリスト教信者にすれば，それまで聖書に記され定説とされてきた天地創造以前に，それをはるかに上回る長大な歴史の扉が経験科学の成果により開かれ，プレヒストリーがその姿を現し始めたことは，大いなる驚きであったに違いない。そればかりではない。19世紀に入り，現代人をも虜にしている化石が次々と発掘されだし，欧米人はかつて地球上に巨大恐竜なるものが生息していたことを初めて知るに到る。19世紀半ばにロンドンで開催された万博では，この巨大恐竜の化石が押し寄せた大衆に驚きの目を以て迎えられた[57]。こうした中で，ついに人類も神により創造されたアダムの子孫ではなく，大型霊長類から進化した延長線上に位置づけられることになる。この「アダムの死」が，大方の熱心なキリスト教徒にとって極めて大きな衝撃であったことは，想像に難くない[58]。

　急激な変化の時代は，新たなものへの執拗な抵抗が現れるのが常であるが，それまで支配的であった博物学から，個別科学として古生物学，動植物学，地質学などの近代諸科学が華々しい成果を上げ自立したことにより，天地創造から聖書の記述をもとに展開されてきた聖書史観は，大きく揺らぎ始めた。その結果，聖書史観のヴィジョンに代わり，科学を基礎とする新たなヴィジョンが支配する時代に扉が開かれることになった。

　この19世紀半ば，ニュートン力学を基礎に，劇的な仕方で海王星の発見がなされたことは，専門家のみならず素人までをも巻き込んで，多くの人々を近代科学の虜にし，科学の威信を一気に高めることになった。素人にも絶大

な効果を及ぼしたのは，1846年における海王星の劇的な発見である。この発見は，フランス人ルヴェリエとイギリス人アダムスが，それぞれ別個に行った研究の成果である。天王星の公転周期のずれに疑問を抱いた二人が，ニュートン力学を下に思索を重ね，天王星の外側に新たな惑星があると仮定すれば公転周期のずれの説明がつくと考えた。こうした推測を基に彼らは別個に探求を重ね，その結果，それまで知られていなかった海王星をほぼ同時に発見するに到った[59]。この発見の基礎になったものはニュートン力学である。そこからの推測により，今まで知られていなかった新惑星が予測どおりの位置に発見された。これは，まさに近代科学の劇的な勝利をもたらす効果を持った。

> 科学は時計仕掛けの世界と呼ばれてきた強固な哲学的視点を伴って，19世紀に突入した。現実を説明し，将来の出来事を予測する（ニュートンの運動法則や気体についてのボイルの法則のような）少数の数学公式が存在すると信じられていた。およそ，そのような予測に必要なことといえば，これらの完全な公式一式と十分な精度で収集された関連した観測値の群だけだった。大衆文化がこの科学観に追いつくまでには40年以上もかかったのである。……
> 将来のすべての出来事が過去の出来事によって決定され，神の介入がなくても永遠に続く神不在の時計仕掛けの世界という考え方に，多くの人々は恐れおののいた。ある意味で，19世紀のロマン主義運動は，この推論の冷徹で厳格な使用に対する反動であった。ところが，1840年代にこの新たな科学の証明が登場すると，人々の思い描く世界はぐらついた。ニュートンの数学的法則が新たな惑星の存在を予測するのに用いられ，実際に海王星は予測どおりの場所で見つかった。時計仕掛けの世界に対する抵抗はほとんどすべて崩れ去り，この哲学的態度が大衆文化の本質的な部分となったのである[60]。

これは，19世紀における科学の大いなる威力の一例を如実に示すものである。ニュートン力学は，そのおよそ半世紀後にはアインシュタインの相対性理論により覆されることになるが，この海王星発見は，そのニュートン力学の「離れ業」とも言えるものであった[61]。

レッセ・フェールを信奉する古典主義経済学も，それを批判した革新主義経済学も，いずれも市場には自然界と同じような法則が支配するという想定の下に，科学による経済学として展開された。その中で，19世紀後半には，

第4章　実体的デュープロセス論とリバタリアニズムの伝統

こうした事例を通じ，近代科学が難解な理論とは無縁の素人までをも平伏させ，専門家のみならず大衆の間でもその威信を飛躍的に高めた。

III　アメリカにおけるリバタリアニズムの伝統

1　ニューディールのバイアス

　レッセ・フェール経済思想が持つ市場への信頼を，18世紀末からの思想的変化と，現実社会における状況の急速な変化とを背景として見れば，それを単に強者や金持の優遇というだけで説明することには困難になる。それは，レッセ・フェールが隆盛する発端となった1830年代に，この考えを支持したものが社会的弱者であったことを視野に入れれば，なおさらのことである。19世紀末以後の連邦最高裁の姿勢を指し，それを「レッセ・フェール憲法論」として批判してきたこれまでの見方には，もっぱらニューディール以後の時代の視点から過去を眺めるという，現代人の多くに見られる特有のバイアスがある。

　　　今日のリベラルな批評家たちは，革新主義Progressivesやニューディールの政策担当者が作ったメガネを通して古典主義経済学を見がちであるため，古典主義者を悪者ないしは理論的に欠点を持つ者とみなしがちである。その理由は，冷遇された者のために国が市場介入することに，彼らが反対したからである。文字通りの意味で，これは確かに事実である。だが，アメリカ人を古典主義者にさせた政治面での主張は，これとは大きく異なっていた。[1830年代]当時，古典主義者であれば，富める者や政治的強者のための国の介入に反対するのが当然であった。古典主義が合衆国で人気を博すようになったのは，ジャクソン主義という政治的動向の中においてであり，この動きを熱烈に支持したのは，社会的に冷遇された階級であった。争点は，福祉や教育助成にあったわけではなく，他者の犠牲の上に，特定のひいき筋だけにビジネス上の特権を与える，法人の特許状ないしは免許にあった。フェデラリストが市場に介入したとき，その恩恵に直に与った者は，おおむね富める者であった。そうした体制下では，国の不介入のために弁じることは，左傾であって右傾ではなかった。1830年代においては，古典主義者であることが，リベラルである条件だったわけである[62]。

古典主義経済学の市場に対する愚直なまでの信奉は，現代の批評家から，強者への露骨なひいきとして批判の的になりがちだが，政府が抑圧の恐怖を秘めた外部にある組織とみなされ，また潜在的には政治的強者の手先とされ，実際にもそうであった時代には，自由主義者は，政府の機能を最小限に抑え込むことをベストと考えていた[63]。

レッセ・フェールの経済思想がアメリカで力を持ち始めるのは，第二次米英戦争で戦果を上げ，「オールド・ヒッコリー」の愛称で知られるアンドリュー・ジャクソンが第 7 代大統領となった，1830 年頃のことである。当時は，既得権の擁護と助成金を用いる補助政策が，通常の政治のやり方として用いられていた。だが，その恩恵に与ったのは，おおむね有産者である。特許状により特定の法人にその設立を認め，それに特権を賦与するチャーター主義の法人政策は，1837 年の Charles River Bridge v. Warren Bridge 事件に対する最高裁判決を境に，それまでの規制政策から，自由設立に向けて大きく転換することになった[64]。

こうした時代には，人々は，政府が直接に人民の求めに応じるべきだとか，経済規制を実施すべきであるとは考えていなかった。むしろ，政府の役目を小さく限定し，それを財産権の保護と，私益を求めて競う人々の間の利害調整役に限定することを望んでいた。

夜警国家論やレッセ・フェールの思想においては，政府は不必要な市場干渉をしないことが歓迎される。だが，それは政府に対し，社会的な強者対してのみならず，弱者に対しても，同じように振る舞うことを求めた。かくして，いわゆる庶民の味方とされたジャクソンの時代には，政府が強者に与えた特権により不利益を被っていた社会的弱者が，レッセ・フェールのアイデアを歓迎し，政府の不介入を支持することになったわけである。

だが，その半世紀後になると，状況は一変していた。今度は社会的弱者が政府に経済面での保護を求め，デモクラシーの拡大に勢いを得て，主に州議会を通じ改革立法を成立させ始めた。ここで，規制立法の阻止に立ちはだかったのは，契約の自由を憲法上の原則とし，それに介入する改革立法を不当な干渉として退ける姿勢を示したレッセ・フェールの支持者たちである。これは，この時代に突如として表れたものではなく，すでに半世紀も前から弱者に根強い人気を博してきたものである。だが，今度は彼らが，一連の改革立

第4章　実体的デュープロセス論とリバタリアニズムの伝統

法を違憲として葬った連邦最高裁を，弱者の敵と位置づけた。レッセ・フェールの支持者たちが，必ずしも態度を豹変させたわけではなかった。彼らは，ジャクソンの時代に強者の特権要求を撥ねつけたのと同じ姿勢で，誰も特別扱いしないとするそれまでの姿勢を頑なに採り続け，改革立法に厳しい姿勢を示していた。

　社会の急速な変化をよそに，状況が大きく変わっても，それまでの原則にひたすら忠実であることが必ずしもよいわけではない。原則論的な姿勢が強いほど，変化への対応は後手になりがちである。だが，原則論への頑なな固執と誰かをえこひいきすることは，結果的にそれが似通っていても，本来，両者は区別されるべきものである。

　半世紀の時を経て，誰も特別扱いしないという点で一貫していたのは，レッセ・フェールの支持者の方であった。これに対し，かつてはそれを支持しながら，政府による保護政策を断られた側が，レッセ・フェール支持者を敵とみなし，彼らを強者や金持ちを優遇するものという批判を展開した。

　　　古典主義は政策立案の一システムであり，それが奉じる原理は(1)規制なき場合に市場は最もよく機能する，(2)国家はえこひいきをしてはならない，というものである。仮に古典主義に欠点があるにせよ，その欠点は，貧しい階級の利益を差し置き，富める者や企業化階級の利益を優先したことにあったわけではない。むしろその欠点は，市場をあまりにも無邪気に過信したこと，言い換えれば，富の配分方法とは無関係に，社会の良し悪し the quality of a society を判断しうると信じた点にある。だがここでも，古典主義は今日でも覆すことが困難な金字塔を打ち立てた。古典主義の根本前提――国家はえこひいきをしてはならない――は，ファシストであれマルキストであれ，社会主義者であれリバタリアンであれ，およそ古典主義以外のいかなる体制も学ばなかった教訓であるからだ[65]。

　自然の秩序を第一に掲げる古典主義は，特権付与や補助金政策などに代表されるような，人為的干渉は，それをゆがめるため，政府の不要な干渉を可能な限り抑えることを唱えた。このやり方が，1830年代には弱者に人気を博したが，これと同じやり方が，半世紀の時を経て，今度は批判の的となった。19世紀末においても，レッセ・フェールの信奉者は，市場を支配する法則が可能な限り良く働くよう，政府による人為的な介入を極力排する点に重点を

置いていた。その背後には，強者の優遇という意図より，むしろ人為を頼りにしない「自然の秩序」に対する信頼が控えている。

> アンドリュー・ジャクソン，若きクーリー，スティーヴン・フィールドら，1830-40年代の急進主義的な民主党員が……憲法により立法権を制約するよう求めたのは，彼らが身勝手で不平等な立法を恐れたためであった。彼らは，巨大な富と権力を持つ者たちが，そのたくらみを駆使し，そうした立法を行う脅威を感じていた。……だが，彼ら［急進主義者たち］は，貧者のためのクラス立法に対してなら，より寛大であることを決してほのめかさなかった[66]。

市場への過信はあったろうし，「クラス立法」の是非についての議論はあるにせよ，19世紀末においても，レッセ・フェールの信奉者は，誰も特別扱いしないという点で一貫した姿勢を採り続けている。彼らが，とりわけ個人の自律と対等な立場での自由競争を奨励し，弱者に対しては冷酷なまでの姿勢を貫徹する傾向を示したのも，その頑なな信念の表れであったろう。

2　レッセ・フェールの二つのルーツ

古典主義経済学は，市場の機能に全幅の信頼を置き，市場を支配する法則を阻害しないことを第一と考えるアイデアに支えられている。だがこれは，政府権力を行使するに当たり，誰かの犠牲の上に他の誰かを優遇することを禁じる，リバタリアニズムのアイデアと必ずしもイコールではない。この二つのものは，互いに関連するものではあるが，注意深く区別される必要がある。前者が，市場を支配する法則を重んじる経済学におけるアイデアであるのに対し，後者は，絶対王政からの解放を目指した，政治面での自由主義のアイデアである。ベネディクトによれば，この政治的自由主義の観念は，古典主義経済学のアイデアとは別に，長年に互り支持してきた自由の伝統から，とりわけ多くのアメリカ人に愛着があるものだという。

> 19世紀末のレッセ・フェールの原則を擁護した二つの論拠は，互いに関連はするが別個のものであるため，両者を区別する必要がある。一つは，古典主義経済学が言う経済の「法則」という概念に直結するものである。それは，これらの法則を捩じ曲げようとする政府の試みはいずれも失敗に帰する運命にある，というものである。もう一つは，古典主義経済学の原則に潜在する人間の

自由 human liberty の概念に基づくものである。これが防ごうと意図するものは，経済に対する政府のある種の干渉であって，すべての干渉ではない。この考え方は，政府権力が，他者の犠牲の上にある個人やグループを利するために行使されるとすれば，それは正当な権力行使ではあり得ないとするものである。

　［19世紀末の］レッセ・フェール憲法論の核心にあったのは，この後者の確信であり，政府による経済活動はいかなるものであれ「不変の」経済法則を破壊するという［古典主義経済学の］考えではなかった。アメリカ人が長年に亙り信じてきたこの原則は，古典主義経済学よりも広いリバタリアンの伝統に基づくものである。資本主義者が己の権利と信じるものを擁護し始めるずっと前から，裁判官たちは，これを用いて立法上の違反行為に対処してきた。レッセ・フェール憲法論が，19世紀末のアメリカにおいて人々の幅広い支持を受けたのは，それが多くの人々が信奉する経済諸原則に基づいていたからでもなければ，明らかに，それにより侵害された経済的特権を擁護できたからでもなく，それがアメリカで十分に根づき受け容れられてきた，自由の原則と合致するものだったからである[67]。

　自由の国であることを誇り，ヨーロッパとは異なって自国には封建主義の遺物はないと考えてきたほどのアメリカ人にとって[68]，経済的利益もさることながら，他者の支配に服さない自由と自律の観念は，とりわけ愛着のあるものだとベネディクトはいう。他者への依存がいずれは服従を生み，それが他者による支配に転じることを極度に恐れ，アメリカは極端なまでの個人の自律と自由，他者依存の排斥を奨励しがちになる。これが，19世紀アメリカの開拓者精神を支えるとともに，愚直なまでの独立独歩の精神を信奉する姿勢につながっていた[69]。しかもそれは，アメリカにとって空想の産物であったわけではなく，かつてはそれが現実の社会に適合し，このヴィジョンの下に，資本主義社会を開花させたものでもあった。

　レッセ・フェールを支持した法律家の中に，特定の階級のみを利する「クラス立法」に批判的な者が多かったことは，必ずしも経済学理論が彼らの心中を占めていたわけではなかったことを示唆している。

3　クラス立法への批判

　古典主義経済学においては，物やサービスは，それ自体が固有の価値を持つわけではなく，それらの価値は需要と供給の法則によって決まるとされる。

このため，政府が物やサービスの取引に干渉し，それにより財産の価値を減じれば，それは財産を奪ったことになる。したがって，政府の行為により，取引のプロセスにおいて物やサービスの価格が下落すれば，その行為は，取引当事者の一方から財産を取り上げ，それを他方当事者に与えたこととみなされる。これが，いわゆる「クラス立法」と呼ばれるものである。クラス立法は，社会で残された者の犠牲の上に，ある特定人やグループに利益を供与するものとなる。視点を変えれば，これは政府を手段として盗みをはたらく行為であり，そもそも政府が樹立された目的が個人の生命・自由・財産を守るためであったことを思い起こせば，政府にその本来の目的とは正反対の役割を果たさせることになる。ベネディクトによれば，この確信こそ，経済規制に反対したレッセ・フェール憲法論の核心にあったもので，レッセ・フェールの信奉者は，こうした信念に基づき，この種の立法には正面から異を唱えたという[70]。

　自由・平等に最大のウェイトを置き，それを実現するための個人の自律性を重んじるゆえに，結果的には強者の味方と誤解される恐れがあっても，誰も特別扱いをしないという考えを貫徹することと，諸々の現象の背後には自然法則が控えているので，政府を使いその法則を捻じ曲げようとする試みは無益であるし，不正でもあると考えることとは，そのルーツを異にする。前者は，本来的な意味でのリバタリアンのアイデアに，後者は科学として経済学を打ち立てようとする古典主義経済学のアイデアに，そのルーツを持つ。しかし，両者は親近性が高いこともあって一体となったまま，19世紀末のアメリカの労働契約に関し，雇用者の立場と労働者の立場を対等に見定め，いずれか一方の側だけに味方する法をクラス立法として，それに異議を唱える姿勢につながった。1905年のロックナー事件が，その一例である。

　19世紀末には，ますますデモクラシーがアメリカに拡大する中で，弱者救済の立法を要求する声が次第に高まり，とりわけ政府を用い富の再配分を迫る姿勢が社会に高まった。この状況の中で，社会学者のウィリアム・サムナーらが表明したものは，こうした動きに対する懸念である。だが，その後，革新主義の時代を経て，ニューディールの眼鏡越しに物事を見やることが当然視される時代になると，レッセ・フェール批判者の多くが，もっぱら強者と金持ちを優遇したという一言で片づけられることとなる。

第4章　実体的デュープロセス論とリバタリアニズムの伝統　99

　アメリカで，今日，法や知性の歴史を研究する者は，19世紀末のレッセ・フェールの代弁者に好意的ではなかった。彼ら代弁者が言うレッセ・フェールの原則は，リベラルの伝統の一部ではあったにせよ，彼らはそのエッセンスを忘れていたというのである。……だが，これらレッセ・フェールの代弁者たちの目的は，富める者の財産を貧者による略奪から護ることにあったわけではない。彼らの目的は，自由を維持することにあった。彼らは，一つの真理を疑問の余地なく確信していた。それは，政府の支配を用い権力を手にする者が，他者の犠牲の上に己の利益を確保できるような行政組織の中では，自由が生き残れるはずがないということである。それは，政府の支配を最重要事項とし，敵対と腐敗を生み出す。……ウィリアム・サムナーは，それを巧みに次のように言い表している。政府による干渉を擁護する者は，彼やその仲間が，立法上の計略を自らの手中で行うことを当然のことと考える。……一旦それがなされれば，その計略自体が闘争の獲物と化すため……唯一の重大な問いは，誰がそれをゲットするかだけとなる。資本を蓄積してきた者の犠牲の上に，多数者の利益のために立法者に圧力をかけることは，デモクラシー社会の自殺行為である……。平等社会は，クラス立法が生み出す不可避的な結果であり，これこそ，時代の新たな脅威であって，現代社会を脅かすポイントである[71]。

　当時，クラス立法を批判するレッセ・フェールの支持者たちが批判の矛先を向けたのは，労働時間制限などの，社会的弱者によるクラス立法に対してだけではなかった。彼らの批判の矛先は，富者や企業主にも向けられ，政府による鉄道会社への補助金政策にも，また業者だけを利する関税による輸入規制も批判の対象としていた。したがって，これらの批判の対象全体を視野に入れれば，レッセ・フェール支持者の考えは，政府を味方に引き入れることで己の利益を確保しようとする動きを牽制したものであって，そうした動きが自由に対する大きな脅威になることに警鐘を鳴らしていたことが浮かび上がってくる。

　つまり，19世紀末から20世紀初めにかけ，レッセ・フェール支持者とそれを批判する革新主義者との対立の焦点は，産業社会が本格化した中で，拡大する貧富の差を巡り，自由と平等のいずれを優先するかという点にあった。レッセ・フェールの支持者たちは，デモクラシーの浸透に伴って，迫りくる平等推進の波に対抗し，自由の擁護を第一に掲げていた。それが，社会的強者と金持ちの優遇という格好の政治的プロパガンダの標的となった。19世紀

末のアメリカでは，レッセ・フェールの概念はエリートを中心に広く支持されていたが，これも，誰をも特別扱いしないというクラス立法に対する彼らの敵愾心が，法や政治理論の中に生得的なものとも言えるほど深く浸透していたためであろう[72]。

4 レッセ・フェールの黄昏

　アメリカより早くレッセ・フェール批判が始まり，アメリカより早く福祉社会に転じたイギリスにおいて，伝統的な自由主義の時代が去りゆくことを懸念し，19世紀後半のイギリスの半世紀に及ぶ急速な変化を，アルバート・フォン・ダイシーは次のように描いている。

> 　ジョン・スチュアート・ミル自身は，不承不承ながらも，[『自由論』を著した] 1859年には，個人の自由を侵害するイギリスの法はほとんどないと暗々裡に認めていた。彼の攻撃の目的は，イギリスの法の暴虐さではなく，逆にイギリスの慣習および世論の暴虐と彼が称したものであった。……イギリスの経国策は，ヴィクトリア朝中期においては，一言にしていえば，常識的なレッセ・フェールに基礎を置いていた。……国家の統制を離れ，個人によって現に遂行されあるいは遂行されうる仕事に，国家は故意に干渉すべきではないと考えられていたのである。……
>
> 　……世論の趨勢は，[その後] 30年ないし40年の間に，次第により力強く団体主義 collectivism の方向に進んだため，1900年までには，レッセ・フェールの教理が，多大の真理を包容しているにもかかわらず，イギリス人に対して有していた力をやや失う結果となった。
>
> 　[19世紀後半，初等教育法を初めとし，労働者保護法，工場法などの一連の制定法は]，ベンサム主義の原則に基づき弁護されるであろうが，それらすべてを全体として観察するならば，イギリスに長らくあった国家干渉に対する警戒がその大部分を確実に失い，このように国家権威を喜んで拡張すると同時に，契約自由から無限の利益が得られるであろうという信念が，勢いの大半を失ったことを証明する。……
>
> 　この結果，当然……かの保護貿易への信仰が確認されることになる。……社会主義と保護貿易制度とは，共通の一特徴を有する。両者はともに，個々の市民の契約の自由と衝突しても，国家権力を拡張するのが有利だとする信念を基礎としている。両者はいずれも，レッセ・フェールに対する信仰を否認する。いかなる観点からみても，われわれが達する結論は……1900年までにレッセ・

第 4 章　実体的デュープロセス論とリバタリアニズムの伝統　　*101*

フェールの教理がすでにその一般に対する権威を失ったということである[73]。

　ミルによれば，19 世紀半ばのイギリスで，個人の自由を侵害する恐れがあるとして懸念されたものは，政府の規制法ではなく，世論の暴虐さである。その時点では，まだレッセ・フェールの教理が広く浸透していた。それが，その後わずか 30-40 年のうちに様相を変え，イギリスでは，レッセ・フェールの人気が目に見えて衰えた。これに伴い，国家干渉に対する警戒の念が薄れ，契約の自由が抑え込まれることと平行し，多くの規制法が栄えることになる。

　歴史を振り返れば，かつて自由に対する重大な脅威は，もっぱら政府権力を支配する力を持っていた，国王や貴族からのものであった。だが，19 世紀後半にはイギリスで，その後はアメリカで，デモクラシーが次第に浸透するに伴い，自由への脅威が以前とは全く逆の方向から生じ始める。レッセ・フェール支持者は，これに強い懸念を表明していたのである。彼らにとって，「クラス立法」の誘惑が持つ危険性は，政府を用い，社会の中におけるある特定人やグループの生活条件のみを改善すること，あるいは州を通じ，労働者と雇用主，消費者と生産者との間の相対的な取引上の立場を変えようとすることにあった[74]。

　これは，レッセ・フェールの信奉者と革新主義者が，ともに市場の機能に一定度の信頼を置いていたとしても，国家の役割に関するヴィジョンに関しては，自由から平等の優位に向けた転換点を示すものであり，自由を前提に個別的な救済を試みることをやめ，一般的福祉国家に向け政府の役割を大きく変えるものでもあった。革新主義の政治学者でシカゴ大学教授であったチャールズ・メリアムは，こう述べている。

　　　国家の目的に関する……考えが，建国の父たちの時代以来根本的に変わってしまっていることは明らかである。建国の父たちは，国家の権能を純粋に個人主義的な観点で考えたが，［当時の］思想家たちはこうした考えを放棄し，温情主義的ないし社会主義的な極端に走らず，もっと幅広い観点を採った。国家の「保護」理論は衰退しつつあり，それに代わって一般的福祉論が台頭しつつある。近代の産業と都市生活から生じた急務が，単なる個人主義的関心では明らかにし得ない多くの点への国家の介入を必要とし，古い理論は国家が一般的福祉の

ために行為するという理論に置き換えられるところとなった[75]。

アメリカでは，イギリスに遅れることほぼ半世紀を経て，1937年のいわゆる憲法革命を迎える。それからさらに半世紀の時を経た1980年代に，今度はこの一般福祉国家論による過剰な規制政策が，イギリスでもアメリカでも行き詰まりを見せることになった。そして，ロックナー事件判決からほぼ一世紀の時を経て，レッセ・フェールから反対方向に大きく振れた振り子が，いま再び，規制緩和の方向に向かい始めている。

経済思想としてのレッセ・フェールが持つ，啓蒙思想特有の楽観主義について，経済学者のテイラーは，次のように述べている。

> 17世紀の知的革命は……哲学，自然科学（主に物理学），道徳科学social-and-moral scienceの分野における今日の考え方に新たな基礎を確立したが，その後広く人気を博し……18世紀には「啓蒙主義Enlightenment」と称されるに到る。この名称を定着させたのは……19世紀の歴史学者ではあったが，Enlightenmentという言葉はすでに18世紀によく使われていた。……
>
> 18世紀知識人たちの間には，無邪気にして自己満足的で，やや度の過ぎた楽観主義が広まっていた。その原因はいくつかあった。その大きなルーツの一つは，彼らが……[自然科学，道徳科学の]あらゆる科学について，正しく健全で実効性のある方法と基礎概念をついに手に入れ，それが急速・着実な進歩を遂げつつあるだけでなく，最終的には，遠からぬ未来に，自然，人間生活，社会，歴史，真の道徳のすべてに及ぶ……完璧な知識を完成し，それがこの世界を……ほぼ完璧で幸せな社会，いわば「この世の楽園」にするにちがいない，と信じたことにあった。
>
> ……これと並行し，啓蒙思想の楽観の原因には，もう一つの度の過ぎた見方があった。それは，すべての人間には，「道徳的分別」を含め，申し分なく「合理的」に考え振舞うのに必要な，「自然の」知的・道徳的能力が潜在的に備わっているという信念である。これが，あらゆる「科学的」真実ないしは知識が完成され，それが人々の間に広まった暁には，それが人々の振舞いを抑制・指導し，すべての人間社会，制度，慣習を，「合理的な」計画に合致するよう，あるいはそれを実現するよう，創り直すはずだという信念となった。
>
> 啓蒙思想の楽観の……第三の原因は，宗教的信念によるものである。……それは，賢明にして慈悲深い神が，自然の体系ならびに……人間の本性という根本的で人間本来の性癖を「創ったdesign」という信念である[76]。

第4章　実体的デュープロセス論とリバタリアニズムの伝統　103

　これらの要因が絡んで展開された楽観的な諸前提の下で，19世紀末のアメリカにおいてもレッセ・フェールへの信奉が展開され続けたとすれば，それは，急速な時代の進展とともに，こうした楽観は度が過ぎていることが明らかになるにつれ，当初の前提の修正を余儀なくされる。科学が必ずしも万能に近い処方箋を提供できるわけではないし，また，多くの人間にはそれほどの分別が備わっていないし，また備えもできないことが明らかになってくれば，18世紀の自然神学が持っていたこれらの楽観を維持し続けることが困難になる。このため，それは成功が約束されていたわけではないにせよ，人間の知恵と工夫を駆使して，何らかの補足をすることが必要だと考えられるようになる。

　19世紀末に「レッセ・フェールの憲法論」を支持したアメリカ連邦最高裁は，こうした急速な社会の産業化に伴い，この楽観主義が綻びを示し始めたその時点で，この楽観主義を擁護する立場に回ったとすれば，それがために，とりわけ批判者から格好の標的とされる結果を招いたことになろう。

　19世紀の楽観主義の中で，国家は早晩死滅すると考えたのは，資本主義を敵視したカール・マルクスだけではない。共産主義とは正面から対峙するレッセ・フェールの最大の擁護者の一人と目されるハーバート・スペンサーも，政府を早晩消え去るものと想定している。

> 　政府は必ずや永続するに違いないと考えることは，誤っている。この政府という制度が示すことは，それが，文明の一定段階——人類の発展の特定段階——にとって自然なものだということである。それは，不可欠なもの essential ではなく，偶然的なもの incidental である。ブッシュマンの生活を見れば，政府の存在に先立つ状態を目にすることができる。したがって，いずれ政府が死滅するに違いないような事態が訪れるかもしれない。現在，すでに政府はその重要性の何がしかを失っている[77]。

　古典主義を基礎とするレッセ・フェールの考えとは異なり，スペンサーは，社会学と生物学を基礎とする，新たなレッセ・フェールに関する見解を表明した。そこでスペンサーが政府の行為の是非を判断するために持ち出した二つの原則が，「等しい自由の法則 law of equal freedom」と「最適者生存 survival of the fittest の法則」である[78]。これによれば，誰もが対等な立場にある

ことを前提に，他人の自由を侵害しない限り，その行為は各人の自由に任せられ，その結果，動物の世界でも人間の世界でも，生存闘争が不可避である以上，状況に対し適切にふるまい損なったものは，己の立場を苦しいものとするのに対し，適切にふるまったものは，他を凌いで優位を占めることが可能となる。このプロセスを通じ，成功者は，己の繁栄と進歩をより一層容易に達成しうることになる。

　これが，自然のみならず人間社会をも支配する法則の結果であるとすれば，適切にふるまえなかったものを，福祉の名において救済することは，この法則に反するものとなる。その結果，それは人類の健全な進歩を阻害する要因として，政府としてはなすべきでない行為となる。こうした見方から，スペンサーは，個人が他人の自由を侵害しないことを条件に，人々は可能な限り自由に振る舞わせることを善とするとともに，政府による不必要，不適切な干渉は，それが本来の自然なプロセスを阻害するため，極力排除されねばならない悪と考えた。

　スペンサーは，社会を人の意思を凌ぐ自然法則に支配される有機体とみなす。つまり，社会は，次第に成長を遂げ，自らにふさわしいものになってゆくものであり，先の二つの条件付きで個人に自由を認めれば，社会は自然のプロセスを通じて変化，進化してゆくものと想定する。これは，「神の見えざる手」の機能を，市場のみならず，社会の変化あるいは進化全般にまで拡大したものと言えよう[79]。

　スペンサーは，立法者が制度と社会との間の複雑な関係を知らず，法のもたらす具体的影響に関しては無知であるため，立法者には，不用意な立法で予想外の結果を引き起こすことを予知できないと批判する。また，彼は政府の存在についても，上述のように国家が永遠に続くことを疑問視し，文明が進歩すれば，人々の道徳心も進歩するため，いずれは社会の調和が達成されれば，国家は消え去ることになると予測する[80]。

　法則の支配を前提に，共産主義者とレッセ・フェール支持者のいずれもが，国家を早晩消えゆく存在とみなしていたことは，19世紀の楽観主義を考える上で興味深い。だが，自由が天からの自然な授かりものではないと考えれば，国家や政府に対するこうした見方はあまりにも楽観的なものに過ぎており，自由は，国家や政府の存在を前提にしなければ維持できないと考える方

第4章　実体的デュープロセス論とリバタリアニズムの伝統　　105

が，はるかに現実的なものとなる。

　自由は，各人自らの意思に委ねられ，また政府自らが侵害したり，あるいは他のいかなる方面からの侵害をも許さない領域であると理解される。こうした活動領域は，国家と個人の双方の繁栄と進歩にとって必要なものではある。しかし極めて重要なことは，自由とは，各人が生存している国家あるいは社会と無関係に，万人に備わった自然な権利ではないということを知ることである。逆に国家こそが個人的自由の源泉であるとすることは論理的に正しいし，また歴史によっても証明されうるところである。国家こそが自由を可能ならしめ，その領域を規定し，それを保証・保護するものである。……ゆえに，人は完全な自由のうちにはじまり，この自由のある部分を犠牲にすることによって政府を組織したのではなく，逆に政治制度を組織することによって初めて自由を得たとされるのである[81]。

度の過ぎた信頼が災いをもたらすとすれば，それは，自然法則の支配に余りにも頼りすぎ，時代の変化とともにヴィジョンと現実の軋みに不感症になる場合だけではない。人間の理性に過度の期待を寄せ，改革立法を通じて行動すれば計画通りに社会を変えられるという，レッセ・フェールの最高裁を批判した革新主義の考えも，度が過ぎれば同じような危険性をもたらす。1905年のロックナー事件判決から100年に亙る歴史の中に，そうした教訓を読み取ることができる。

[1] Michael Les Benedict, Laissez-Faire and Liberty：A Re-Evaluation of the Meaning and Origins Of Laissez-Faire Constitutionalism, 3 Law and History Review, 293 (1985). 以下，Benedict, Laissez-Faire and Liberty と略す。
[2] Benedict, Laissez-Faire and Liberty, p. 293.
[3] トマス・クーンは，これをパラダイム転換と称している。クーン/中山訳『科学革命の構造』（1971，みすず）
[4] John Dewey, The Middle Works, 1899-1924, Vol. 12, pp. 96-97（1988）. デューイ/清水訳『哲学の改造』pp. 33-34（岩波文庫）
[5] 科学は，「1500年代中頃から100年ほどの間にヨーロッパにおいて近代西欧文明の最も典型的な産物として現れた。」パオロ・ロッシ/伊藤訳『哲学者と機械：近代初期における科学・技術・哲学』p. 81（1989，学陽書房）
[6] ロバート・ハイルブローナー/八木ほか訳『入門経済思想史：世俗の思想家たち』pp. 20-21. 田中秀夫編著『啓蒙のエピステーメと経済学の生誕』（2008，京都大学出版

会)。長尾伸一『ニュートン主義とスコットランド啓蒙：不完全な機械の喩』(2001，名古屋大学)

[7] ハイルブローナー『入門経済思想史』第2章
[8] ハイルブローナー『入門経済思想史』p. 64
[9] ヴィジョンを異にする時代の諸々の説明は奇想天外なものとみなす一方で，好都合なものは捏造でも受け容れようとする傾向について，イギリスの歴史家ダレン・オルドリッジは次のように述べている。「私たちは自分の知識の大部分を他人に頼っているだけでなく，周囲の物事に対する反応も，こうして身に付けた考え方によって形作られている。現在の考え方に沿っていれば，新しい情報を受け入れやすい。この原則に当てはめると，実際に自分が目にしたことでも，新しい知識を受け入れられない場合がある。たとえば，無神論者を公言している者が幽霊屋敷と呼ばれている家で夜を過ごし，それまでに築かれていた考え方の枠組みにうまく収まらない奇妙な現象を目撃したとする。それでも，その無神論者は自分の考え方に合った言葉で，その体験を表現するのだ。しばらくは見聞きしたことを「超常現象」らしいと受け入れても，時間がたつと自然な解釈が生まれるのである。同様に，現在の考え方に合っていれば，新たな事実を受け入れやすい。1912年の「ピルトダウン人」の発見が，劇的な例である。猿人の化石が最古の人類として認められ，大学の教科書にも載りながら，1953年に稚拙な捏造だと発覚した件だ。オランウータンのあごに人間の頭骨を繋ぎ，歯を合わせたのである。後から考えれば，誰にでも偽物だとわかるような代物だった。だが，ピルトダウン人は20世紀初頭に流布していた人類の進化についての見解を立証するものだった。すなわち，脳の発達が促進力となって霊長類から人類に進化したと考えられていたのである。」ダレン・オルドリッジ／池上訳『針の上で天使は何人踊れるか：幻想と理性の中世・ルネサンス』p. 290 (2007，柏書房)
[10] スミスの考えが，農業社会を基礎としていることについては H. Hovenkamp, Enterprise and American Law, 1836-1937, p. 1. 以下 Hovenkamp, Enterprise と略す。
[11] 1895年，ニューヨークにおいてポリス・パワーを用い，製パン職人の労働時間規制法が制定された。同法違反のかどで起訴されたジョゼフ・ロックナーは，この法が合衆国憲法第十四修正の保障する契約自由の原則を侵害していると主張し，争いは連邦最高裁へと持ち込まれた。最高裁は，いわゆる実体的デュー・プロセスの法理を持ち出し，「契約の自由」を憲法上の絶対的原則とした上で，同法を違憲と判断し葬り去った。この最高裁判決は，いわゆる実体的デュープロセス論を活用し，レッセ・フェール（自由放任主義）の経済思想を合衆国憲法上の一大原則にまで引き上げたものとされ，同判決は，この原則からの演繹的推論により，ニューヨークの労働時間規制法を葬ったとされる。これに端を発し，それを批判する革新主義の法思想家たちは，法は「科学」であるがゆえに政治とは別物であり，法的推論もモラルや政治的推論とは別物だとする，最高裁の考え方を覆そうとし始める。Horwitz, The Transformation of American Law, 1890-1960. (1992, Oxford). 樋口訳『現代ア

第4章　実体的デュープロセス論とリバタリアニズムの伝統　107

メリカ法の歴史』p. 4.（1996，弘文堂）

[12] 19世紀は，国家や政府をできるだけ抑え込み，市民の自由を可能な限り確保しようとする傾向が目立つ。マルクスの思想とレッセ・フェールの思想とは，それぞれが追い求めた共産主義と資本主義の違いに示されるように，水と油のごとき敵対関係にある。だが，両者がいずれも政府を敵視し，立法を通じた漸次的改革には強い拒絶反応を示した点では共通性を持っている。その中にあって，双方の中間を行く革新主義による改革論が，一方ではロックナー事件を支えたレッセ・フェールの経済思想を批判しつつ，他方では市場への信頼をつなぎ止める形で，立法による漸次的改革を今日に伝えてきた。しかし，規制立法による改革が規制過剰による閉塞状況を生み出し，この状況を打破しようと，今度は規制緩和が唱えられるなかで，今日，ロックナー事件に対する評価にも新たな光が当てられつつある。Paul Kens, Judicial Power and Reform Politics：The Anatomy of Lochner v. New York, pp. 1-5, 74. (1990). 以下 Kens と略す。

[13] Horwitz, The Transformation of American Law, 1890-1960. 樋口訳『現代アメリカ法の歴史』p. 1. 1937年の West Coast Hotel 事件における「憲法革命」は，確かに，アメリカ合衆国における根本的なヴィジョンの転換を促した。だが，この解釈によれば，ホームズ裁判官がこの事件の審理において，スペンサーの名を上げながら多数意見に反対したことも手伝い，ロックナー事件で連邦最高裁がレッセ・フェールの経済思想を基礎としたことから，その反動が起きたことになる。

[14] Eric Forner, The Story of American Freedom, xviii. (1998, Norton). フォーナー/横山・竹田ほか訳『アメリカ/自由の物語：植民地時代から現代まで』上，xxiii (2008, 岩波書店)。以下フォーナー『自由』と略す。

[15] Kens, pp. 4-5. レッセフェールの経済思想が19世紀アメリカ合衆国の立憲主義に強い影響を及ぼした点を，その人間像という面から重視した研究として，清水潤「立憲主義・国家からの自由・徳──19世紀レッセフェール立憲主義の人間像──」『中央ロー・ジャーナル』第8巻3-4号（2011，2012）

[16] Sidney Fine, Laissez Faire and the General-Welfare State：A Study of Conflict in American Thought 1865-1901, p. 12. (1956 Michigan, 1964 Ann Arbor ed.). 以下，Fine, Laissez Faire and the General-Welfare State と略す。

[17] Forner, The Story of American Freedom, pp. 11-12. フォーナー『自由』上，pp. 14-15

[18] Theodore Sedgwick, Public and Private Economy 30-31 (1836). Hovenkamp, Enterprise, pp. 3-4. に引用あり。

[19]「自由放任のイデオロギーや新自由主義を特徴づけるのは，政治を──もっと一般的には社会生活のあらゆる次元を──まさに経済に従属させることにある。」ジル・ドスタレール/鍋島・小峯監訳『ケインズの闘い』p. 5（2008，藤原書店）

[20] こうした「ヴィジョンの魔力」を，あたかも他人事として，自分たちはこれを免れていると楽観するわけにはゆかない。これはちょうど，戦後の日本が官僚主導の経

済政策を採り，それを「ものづくり」と絡めて経済大国にのし上がったため，ソ連の崩壊後に，日本の政治・経済を取り巻く状況が一変したにも拘わらず，その後になってもなお，それまで日本を成功に導いた官僚主導とものづくりという観念から，容易に脱却できないこととよく似ている。木村英紀『ものつくり敗戦：「匠の呪縛」が日本を衰退させる』（2009，日経）

[21] Hovenkamp, Enterprise, pp. 105-06

[22] Paul Kens, ch. 6

[23] Paul Kens, ch. 6.

[24] Benedict, Laissez-Faire and Liberty, pp. 300-01.

[25] 「アメリカの古典主義者が，その経済的，法的アイデアの大半を取り入れたのは，イギリスからであった。アダム・スミスに続くイギリスの主要な古典経済学者は，マルサス，リカード，ジェームズ・ミル，そしてその息子のジョン・スチュアート・ミルである。アメリカで古典主義が始まったのは，イギリスの場合より遅かった。また，その終わりもイギリスの場合よりも遅く，革新主義がイギリスの厚生経済学に目をつけ，アメリカの立法政策をそれに合うよう再構成するまで続いた。」Hovenkamp, Enterprise, p. 1. 近代社会の進展に伴い，さまざまなものが，それまでの神による支配という観念から，人が理性を用いて左右しうるものへと見方が変わった。法による社会改革という革新主義の考えも，この動きの中で強まったもので，これが19世紀のアメリカにおいて立法改革の動きを促した。この点については，本書第6章「『鉄の馬』がもたらした統一標準時」

[26] Kens, Intro.

[27] Kens, ch. 6

[28] Kens, ch. 6

[29] 日本ではこれを一般的に「自由放任主義」と訳すことが多いが，これは自由を拘束する一切の規制に反対するかのような誤解を与えやすい。

[30] Drew McCoy, The Elusive Republic：Political Economy in Jeffersonian America, (1980)

[31] Fine, Laissez Faire and the General-Welfare State, p. 5-6

[32] Forner, The Story of American Freedim, p. 54. フォーナー『自由』上，p. 77. 18世紀末のアメリカでは，時計じかけの宇宙というアイデアに触発され，政体や統治の面でも自動機械の観念が識者たちを魅了していたことについて，Michael Lienesch, New Order of the Ages：Time, the Constitution, and the Making of Modern American Political Thought (1988, Princeton). M. O'Malley, Keeping Watch：A History of American Time, pp. 27-29. (1990). オマリー／高島訳『時計と人間』pp. 42-44 (1994, 晶文社). Michael Kammen, A Machine that Would Go Itself：The Constitution in American Culture (1994, St. Martin). レオ・マークス／榊原・明石訳『楽園と機械文明：テクノロジーと田園の理想』(1972, 研究社)。マイヤーによれば，イギリスの法学者ブラックストーンは，三権分立という観念をこうした自動機械に

第4章　実体的デュープロセス論とリバタリアニズムの伝統　　*109*

よる均衡の観念と結び付けている。オットー・マイヤー/忠平訳『時計じかけのヨーロッパ』pp. 228-29（1997, 平凡社）。ロザンヴァロンによれば，自動均衡装置としての市場という観念は，絶対王政やそれと対峙する社会契約思想とも異なり，18世紀の商業社会の発展に伴って新たな地歩を築いたもので，その代表がアダム・スミスの考えに示されるという。ピエール・ロザンヴァロン/長谷訳『ユートピア的資本主義：市場から見た近代』（1990, 国文社）

[33] ここで言う「古典的法思想 classical legal thought」とは，もとはダンカン・ケネディーによる造語とされ，アメリカでは古典主義者が持ち出し，ドイツのパンデクテン法学と同様に法理の閉じた体系を志向し，三段論法による法理の幾何学的解釈・適用を重視するやり方をいう。O・W・ホームズ・Jr が，その著作 The Common Law の冒頭で，「法の命は論理ではなく経験にある」という有名な下りで批判したものが，この考えである。

[34] Horwitz, The Transformation of American Law, 1890-1960，樋口訳『現代アメリカ法の歴史』pp. 1-2.

[35] この点で，日本では，元来，市場への信頼性がかなり薄いため，古典主義政治経済学の視点が定着しにくいと言える。小室直樹『日本人のための経済原論』p. 103（1998, 東洋経済）

[36] E・カッシーラー/中野訳『啓蒙の哲学』（1962, 紀伊国屋）。荒川『思想史の中の経済学：その思想的・形式的基盤』（1999, 中公新書）。田中秀夫編著『啓蒙のエピステーメと経済学の生誕』（2008, 京都大学学術出版会）。この意味で，日本の経済思想が儒教思想に基づき，経国済民という観念の上に成り立ったとすれば，それは，ヨーロッパにおける経済学の成立状況とは事情を異にする。

[37] カッシーラー『啓蒙思想の哲学』。長尾伸一『ニュートン主義とスコットランド啓蒙』。荒川章義『思想史の中の経済学』p. 8

[38] Benedict, Laissez-Faire and Liberty, pp. 298-99. Joseph Dorfman, The Economic Mind in American Civilization, vol. 3, 1865-1918（1959）

[39] 儒教思想を基礎とする日本では，こうしたアイデアを支える啓蒙思想の土壌は伝統的に薄弱であるという。Tessa Morris-Suzuki, A History of Japanese Economic Thought,（Routledge, 1989）。テッサ・モーリス-鈴木/藤井訳『日本の経済思想』（1991, 岩波書店）

[40] E・カッシーラー『啓蒙主義の哲学』pp. 300-301. ブラムフィットも，モンテスキューの『法の精神』は，ニュートンの手法に影響されたものとしている。J・H・ブラムフィット/清水訳『フランス啓蒙主義入門』p. 108（1985, 白水社）

[41] Peter Stein, Legal Evolution：The Story of an Idea, p. 11（1980, Cambridge）. 今野・岡嵜・長谷川訳『法進化のメタヒストリー』p. 18（1989, 文眞堂）

[42] モンテスキュー/野田・稲本・上原ほか訳『法の精神』下 p. 503（1989, 岩波文庫）

[43] モンテスキュー/野田他訳『法の精神』中 pp. 82-83（1989, 岩波文庫）。スタイン『法進化のメタヒストリー』pp. 18-19

[44] カッシーラー『啓蒙主義の哲学』pp. 300-301
[45] Eugen Erlich, Grundlegung der Soziologie des Rechts, ss. 1-2.（1913）. エールリッヒ/河上・フーブリヒト訳『法社会学の基礎理論』pp. 3-4（1984，みすず書房）
[46]「宗教と科学を有機的に統一しようとした18世紀の啓蒙の哲学こそが，重農主義の経済学や古典派経済学の成立を可能にし，さらには19世紀後半の限界革命以降の新古典派経済学の成立を可能にしたのである……言い換えれば，この18世紀の啓蒙の哲学こそが，方法論的個人主義や功利主義，合理主義といった自然を分析対象とする学問の分析方法を，社会を分析対象とする学問の分析方法にそのまま導入することを認識論的に可能にしたのである……。」荒川章義『思想史の中の経済学』p. 12
[47] Thorstein Veblen, The Place of Science in Modern Civilization, p. 280. in Collected Works of Thorstein Veblen, vol. 7.（1994）. 荒川『思想史』pp. 62-63 の引用から示唆を受けた。18世紀のヨーロッパにおける自然の観念については，バジル・ウィリー『ヨーロッパにおける自然の観念』
[48] トマス・クーン/中山訳『科学革命の構造』（1971，みすず）
[49] ダレン・オルドリッジ/池上訳『針の上で天使は何人踊れるか：幻想と理性の中世・ルネサンス』。ブロノフスキー/三田ほか訳『科学とは何か』
[50] アメリカのプラグマティスト，ジョン・デューイは，認識を絵画を鑑賞することに譬え，次のように述べている。「［伝統的哲学で］認識を考える場合，絵を描いている画家をモデルとせず，完成した絵を眺めている鑑賞者をモデルとしがちである。ここから，認識に関する一切の問題が生じている。それは，問題がすべて，一方にはひたすら眺めるだけの精神を，他方には眺められるだけの対象を想定することから生じるためである。ものを知るというプロセスには，常に，能動的な営みが含まれるのである。」ジョン・デューイ/清水訳『哲学の改造』pp. 109-110（岩波文庫）
[51]「人間の精神は，おのずから，実際に存在する以上の単純性，画一性，統一性を諸現象のうちに認めようとするものである。人間の精神は，表面的な類似を辿り，結論へ飛躍する。細部の多様性や例外の存在を見落し，完全に内部から生まれた蜘蛛の巣を織り出し，それを自然に押しつける。過去に学問と呼ばれたものは，人間が組み立てて押しつけた蜘蛛の巣から出来ている。人々は自分の精神の作品を眺めながら，自然の中の実在を見ているつもりになっていた。」デューイ『哲学の改造』。むしろ学問の伝統に忠実であるために，素人より専門家の方が，この仕組みに拘束され易い面がある。例えば19世紀初め，一介の町医者で博物学には素人でしかなかったギデオン・マンテルが恐竜の化石と見抜いたものを，恐竜の存在などあり得ないとする見解を代表していた当時の博物学の第一人者，ジョルジュ・キュヴィエが察知できなかったことに示されるように，学問におけるパラダイム転換期には，専門家より素人の方が斬新なアイデアを打ち出せることは，それを裏づけている。デニス・R・ディーン/月川訳『恐竜を発見した男：ギデオン・マンテル伝』（2000，河出書房）。ロザリンド・ウィリアムス/市場訳『地下世界：イメージの変容・表象・寓

第 4 章　実体的デュープロセス論とリバタリアニズムの伝統　　*111*

意』pp. 50-51（1992，平凡社）。ある方法を採ることにより説明可能なものと，説明できないものとが生じる。したがって，数学的手法を用いることにより，経済恐慌が起きることの説明は，初めからその視野から捨象されていたことを意味する。「近代経済学の理論の基本的枠組みは，実は 18 世紀を代表する科学の理論，解析力学の理論の意味を……そっくりそのまま経済学の理論のそれに読み替えることにより，1870 年前後に成立した枠組みに他ならなかった。」荒川章義『思想史の中の経済学』pp. 124-25．「社会科学の分析方法を古典力学の分析方法と等値する自然法思想を前提し続ける限り，恐慌の可能性のあるわれわれの経済を理論的に分析することはできない……。」同 p. 61. 経済学研究は，新古典主義経済学以後，顕著な形で数学を用いるようになっている。これは，近代科学が大きな成果を上げたことを受け，神により創造された社会の中にも，自然法則に共通するものがあると想定し，同じ学問的手法を率直に取り入れて経済現象の解明を試みた結果であり，これが新古典主義経済学のスタイルになった。

[52]「エッジワース（1845-1926）が才気あふれる学者だったことは疑問の余地がない。……しかしながらエッジワースは，経済学が世界を正当化したり，説明したり，非難したり，また，将来に対して明るい，あるいは暗い，新たな展望を開くものだったから経済学に魅せられたのではなかった。この奇妙な男は，経済学が『数量』を扱い，そして数量を扱うものはなんでも『数学』に変換できるがゆえに，経済学に魅せられたのである。……エッジワースの単純化は次のような仮定だった。すなわち，『すべての人間は快楽機械である』というものである。ジェレミー・ベンサムがすでに 19 世紀初めに，『幸福を価値基準にした計算』という紛らわしい名前でこの概念を生み出していた。それは人類に対する 1 つの哲学的見解で，多数の生きた損益計算者が，それぞれみずからの心理計算機の快楽を最大化するように，生活をせわしげに調整するというものだった。この一般的哲学に，いまやエッジワースは，一種のありうべきもっとも楽天的な世界をつくり出すために，数学的正確さを付け加えたのである。」ハイルブローナー『入門経済思想史』pp. 280-82

[53] Fine, Laissez Faire and the General-Welfare State, p. 8.

[54]「多くの経済学者は自らの学問分野の進化を，物理学をモデルとして精密科学のそれのように見ているのであり，無知と誤謬の支配する状態からますます精密かつ完璧な知識――要するに真理――に向かって連続的かつ累積的に進歩するものだと見ている。現実には，物理学者やその他の自然科学研究者は，かれら自身，こんなモノの見方など信じていない。経済学にあっては，こうした幻想は，経済は人間意思から独立した自然法則にしたがうという信念と結びついている。それゆえ知の一分科としての経済学は，いわば社会物理学だということなのだろう。」ジル・ドスタレール/鍋島・小峯監訳『ケインズの闘い』p. 2（2008，藤原書店）

[55] サイモン・ウィンチェスター/野中訳『世界を変えた地図：ウィリアム・スミスと地質学の誕生』（2004，早川書房）

[56] Glyn Daniel & Colin Renfrew, The Idea of Prehistory（1988, Edinburgh）. ヴィクト

リア時代にターナーの絵画やジュール・ヴェルヌなどの小説で，海底や地底，地下の空間イメージが多用されていることについては，ロザリンド・ウィエリアムス/市場訳『地下世界：イメージの変容・表象・寓意』(1992，平凡社)。ウィリアムスは，19世紀における地下世界の探求が求めたものは，失われた時間という謎に対する答えであり，深遠な時間の発見であったという。同 pp. 40-41.『ジュール・ヴェルヌの世紀：科学・冒険・驚異の旅』(2009)

[57] ヴィクトリア朝における地質学の成果ならびに先史の発見については，ピーター・ボウラー/岡嵜訳『進歩の発明：ヴィクトリ時代の歴史意識』(平成7年，平凡社) また，それが法学に与えた影響については，本書第5章「法の自然史」

[58] John C. Greene, The death of Adam：Evolution and its Impact on Western Thought (1959, Iowa Univ.)

[59] M. グロッサ/高田訳『海王星の発見』(1985，恒星社厚生閣)

[60] デイヴィッド・サルツブルグ/竹内・熊谷訳『統計学を拓いた異才たち』v-vi. (2006, 日経新聞社)

[61] ジュール・ヴェルヌとの関係で，19世紀のヨーロッパにおける科学の発展を描いたものとして，私市監訳『ジュール・ヴェルヌの世紀：化学・冒険・《驚異の旅》』(2009，東洋書林)。とりわけその第2-3章に，19世紀における諸科学の発展とその成果が述べられている。

[62] Hovenkamp, Enterprise, p. 4.

[63] Fine, Laissez Faire and the General-Welfare State, p. 12.

[64] この時代，古典主義経済学がもたらした法制度の中で，法人論と実体的デュープロセス論が，後のアメリカ法に大きな影響をもたらしたことについては，本書第3章「法人政策の劇的変化」

[65] Hovenkamp, Enterprise, pp. 4-5.

[66] Benedict, Laissez-Faire and Liberty, p. 319.

[67] Benedict, Laissez-Faire and Liberty, p. 298.

[68] 例えばルイス・ハーツ/有賀訳『アメリカ自由主義の伝統』(1994，講談社学術文庫)。実際にそうでなかったことが，Horwitz, Transformation of American Law, 1780-1860, Ch. 6 の中で，制度的な証拠を以て示されている。

[69] 19世紀半ば，ゴールド・ラッシュの時期には，それまで荒野であったカリフォルニアに，大勢の野心家たちが俄かに押しかけ，10日あまりのうちに自然に町ができたという。東部から駆けつけた多くの野心家の一人であり，そこで即席の治安判事の役目を果たし，無法の地に法をもたらすことに成功した人物が，実体的デュープロセス法理を編み出し，自由をアメリカ人にとって特別の価値たらしめた人物であり，後に連邦最高裁裁判官となるスティーヴン・フィールドである。彼のカリフォルニアでのこの経験が，後の思想形成に大きな影響を及ぼしたという。Paul Kens, Justice Stephen Field：Shaping Liberty from the Gold Rush to the Gilded Age. p. 18. (1997). 良し悪しはともかく，これは，因習も伝統もなきアメリカで，秩序が出来上

第 4 章　実体的デュープロセス論とリバタリアニズムの伝統　　113

がる風景の一つである。長い歴史や伝統もなければ，洗練された市場の自由もなく，無法が渦巻く荒野の中で，多数の野心家が競い合う中から，法と秩序が自然発生的に生み出される。ここでは，己のほかに頼れる者などどこにもおらず，各人が己の才能，力，努力，幸運だけを頼りに，必死で自らの人生を切り開くことを強いられよう。アメリカ人の開拓者精神は，こうした場面を通じて育まれた。

[70] Benedict, Laissez-Faire and Liberty, p. 311
[71] Benedict, Laissez-Faire and Liberty, p. 311
[72] Benedict, Laissez-Faire and Liberty, pp. 313-14. 他者の犠牲の上に，何者かの利益のみを擁護する「特別立法 special legislation」への批判は，17世紀のイギリスにまで遡るとされるが，その思想的起源については，Id., pp. 314-326.
[73] A. Venn Dicey, Lectures on the Relation between Law and Public Opinion in England during the Nineteenth Century, xxix-xxxii. (1981). A・v・ダイシー/清水他訳『法律と世論』pp. 11-13. (1985, 法律文化社)
[74] Benedict, Laissez-Faire and Liberty, p. 306
[75] チャールズ・メリアム/中谷訳『アメリカ政治思想史』Ⅰ p. 287. (1982, お茶の水書房)
[76] O.H. Taylor, A History of Economic Thought, pp. 1-2 (1960)
[77] H. Spencer, Social Statics ; or the Conditions Essential to Human Happiness Specified, and the First of them Developed, pp. 24-25. (1865ed., Michigan Historical Reprint Series). 当時，アメリカで比較的穏健な社会主義を唱え，楽観主義の代表的な視点を示したのは，エドワード・ベラミの『顧みれば Looking Backward』であろう。これは，百年後の時代から19世紀末のアメリカを見るという，ユニークな視点で描かれた文明批評の書である。『エドワード・ベラミ』中里訳 (1975, 研究社　アメリカ古典叢書7)
[78] Fine, Laissez Faire and the General-Welfare State, p. 33
[79] Fine, Laissez Faire and the General-Welfare State, pp. 34-35
[80] Fine, Laissez Faire and the General-Welfare State, pp. 35-36
[81] メリアム/中谷訳『アメリカ政治思想史』Ⅰ pp. 280-81

第5章

法の自然史
——ヘンリー・メインの歴史法学——

I　現在の中に生きる過去

　ヘンリー・メインの『古代法』は，19世紀歴史法学のモニュメントである。今もそれは，法律学の古典的名著のうちに数えられている[1]。出版されたのは，メインが38歳の初春，ドイツ歴史法学派の巨星サヴィニーがこの世を去った1861年のことであった。この力作によって，イギリス歴史法学はメインに始まると言われることになる。それは英語による書物としては，古代法について論じた最初のものであった[2]。出版されて以来，さまざまな方面に多くの論争を巻き起こしながら次々と版を重ね，著者の生前だけでも，すでに11版を数えるに及んでいた[3]。

　メインが生まれたのは，1822年である。トロヤ・ミケーネ文明の遺跡発掘で名高いドイツ人，ハインリッヒ・シュリーマンと奇しくも同じ年であった。シュリーマンは，幼いころに本で見たトロヤ炎上のさし絵がきっかけとなり，後半生をかけてみ幼年時代に心に刻み込まれたこの幻の遺跡発掘に執念を燃やし続けた情熱家であった[4]。失敗にもめげることなく，スキやクワを手に執拗に探索を続け，1871年，ついに彼はホメーロスの詩に描かれた古代トロヤ文明の遺跡発掘に成功したのであった。メインの方は，幼年期に両親の離婚という不幸には見舞われたものの，幼い頃から秀才の誉れ高く，ケンブリッジ大学を卒業した直後からローマ法の研究に専念していた[5]。シュリーマンが商売から身を起こし，独力で数多くの外国語をマスターしなければならなかったのに対し，メインの歩んだ人生は多くの点でそれとは対照的であったが，ホメーロスの詩を頼りに古代法典の起源を求め，この世に現れた最古の法概念を探るメインの姿には，古代への情熱につき動かされたシュリーマン

第 5 章　法の自然史　　115

を彷彿ときせるものがある。シュリーマシとメインの人生の中には，ともにホメーロスへのオマージュが響いていたことになる[6]。しかしメインにとって，そのことだけが『古代法』を支える時代精神ではなかった。もう一つの精神が，そこに働いている。本章では，学問的領域を越えて現れた，その時代精神の痕跡を掘り出してみる。

　メインはただの法学者ではなかった。彼は文体を持った随筆家としても知られ，作家ウィリアム・サッカレーとの親交を通じて，若いころからその名はイギリス文学界にも知られていたという[7]。1847 年に弱冠 25 五歳でケムブリッジ大学ローマ法欽定講座教授となったメインは，1852 年にはインズ・オブ・コートのミドル・テンプル講師も兼任する[8]。この頃のイギリスでは，ローマ法や一般法学という科目ははなはだ不人気であった。教授就任と同時に始まったメインの新婚生活は，彼の病弱も災いして，決して楽なものではなかったらしい[9]。古代から近代にいたる法の進化を論じた『古代法』の実質的講義がなされた時期は，彼がケムブリッジの教授に就任してからそこを去る，1847 年から 54 年までの間と考えられている。今では進化論といえばダーウィンの名を想い起こすことが常である。しかも『古代法』の二年前にダーウィンの『種の起原』が出版されていたこともあつて，メインの名著はダーウィンの影響の下に書かれたと思われがちである。だが時間の上から見れば，『古代法』がダーウィンの直接の影響を受けた形跡は否定される[10]。

　『古代法』を出版した翌年，メインは，インドにおいて総督評議会の法律委員を行うよう要請される。病弱のメインのことであった。医者からは，もしカルカッタに行けば数カ月の命と忠告され，一時は要請を辞退した。しかし，彼の代わりの赴任者が数カ月で死亡するというアクシデントがあったにもかかわらず，メインは再度の要請に応じざるをえなかったらしい。この赴任には相当の覚悟を要したに違いない。だが，その彼が，7 年間という任務を終えて帰国したときには，以前よりずっと丈夫になっていたというのだから，人生は分からない[11]。帰国後，彼はオックスフォードで比較法の講座を十年ほど受け持った。各国の法を比較検討する比較法といえば，それまでは実用本位のものであり，例えば契約とか夫婦などの部門ごとに，立法を含めた法改革を行うための比較が主な作業になっていた[12]。これに対してメインの提唱した比較法は，過去の時代における法と現在のそれとを比較することによっ

て，比較される諸々の対象の間に何らかの秩序を探り出そうとする，新たな試みであった。オックスフォードの講義録である『村落共同体論』の中で，メインは比較という作業の意味をこう述べている。

> 「比較」という言葉を，比較言語学や比較神話学と言うときと同じように用いた場合にのみ，われわれが行う研究は「比較法学」に属するものと言えるのである。そこでは，歴史的に連続する順序の中で，相互に関連付けられることを確かめるという視点から，多くの類似した現象が吟味されることになる。私が敢えて言いたいことは，すでに多くの稔り豊かな成果をもたらした比較的方法が，それを実行するに際しては，歴史的方法と区別できないことがあるという点である。今日における事実，思考，慣習を取り上げ，その過去の形態を示す歴史的記録からだけではなく，未だに世界から死に絶えておらず，なお世界の中に見出される具体例からも，これらの事実，思考，慣習の過去における形態を推測するのである……われわれは，世界と人類についての限られた考えから，事実上自らをある程度解き放つことに成功したし，人間社会に見られる現象の幅の広さと多様さについて多少なりとも正しい考えを得つつある。とりわけ地球と人類に関するわれわれの視野から，これまで漠然と「東洋」と呼んできた，巨大で未だ探究されざる領域を排除すべきでないことを学んだので，今や現在と過去とを隔てるものが取り払われたと言っても，それをあながち独断やパラドックスとは言えないのである[13]。

ここでメインが言っている比較という作業は，単に二つのものを比べることではない。それは，二つの対象を比較することによって，現在のうちに過去を発見することであり，そこに進歩という観念を見出すことであった。こうして比較という方法は，同時に歴史的な方法ともなる[14]。仮に古代社会の慣習や法を，かつての西洋世界が持っていた慣習や法に類似しているものと考えるならば，メインの時代の東洋社会は，明らかにこの西洋の古代に属する社会であった[15]。この意味でインドは，過去の西洋を今日に伝える，いわば生ける化石であった。メインが見ているインドには，西洋の過去が，眼前に突如として出現している。そこでは，メインが育ったヴィクトリア時代のイギリスつまり西洋の現在とが，時間を超えて二重写しになってあらわれてくる。

過去と現在とを結びつけるこのパースペクティヴに基づき，比較法につい

ての新たな見方を引き出すためには，それを可能とする条件が必要であった。現在と過去とを隔てる障壁が取り払われたというメインの言葉が，それを暗示している。いったいこの障壁が何であり，またそれを取り除いたものとは何であったのか。このことを，当時における諸科学の発展との関係で探ってみることにしよう。

II　聖書史観のゆらぎ

　いつの世にも固定観念がある。もちろん今日も，その例外ではない。時代を異にすればまったくおかしな考えにしか見えないことも，その時代を支配する固定観念の中では，さしたる違和感もなくきちんと収まるものである。メインの言う過去と現在とを隔ててきた障壁も，この固定観念の作用によるものであった。今からほんの150年ほど前には，自然や人類に関するものの見方が大きく異なっていた。近代地質学の開祖と目されるチャールズ・ライエルの『地質学原理』第一巻が出版されたのは，1830年のことである。この年の「エディンバラ・レビュー」誌に載った「ロンドン地質学会会報」論評からも，当時の知識がどのような状況であったか，その一端をうかがうことができるであろう。

　　地球は，太陽のまわりを回る11個の惑星の一つである。太陽とこれらの惑星の運動が，これまでどれほど長いこと続いてきたのか，われわれは知らない……人類は，6千年を越えて過去の歴史を辿ることができないのである。これは，永遠に比すれば，ほんの一時にすぎない。われわれは，かつて誰かが言ったように，太陽系がほんの6千年ほど前に生み出されたと結論すべきであろうか。それともそれは，地上に人類が現れる以前にすでに存在していたのであろうか。この難しい問いに答えようとする学問が，地質学と呼ばれるものである[16]。

　まだ海王星も冥王星も発見されていない時代の話である。今でさえ9つしかない惑星が11個とされている。これは7つの惑星に，当時知られていた小惑星の4つを加えたためであろう。後日，『種の起原』によって世界を沸かせることになる若き地質学者チャールズ・ダーウィンも，船長のフィッツロイ

とビーグル号でガラパゴスへと航海に乗り出したこの時分には、典型的な聖書の信者であった[17]。当時、地球の年齢を6000年とする固定観念が支配的であったが、地質学の影響で徐々にそれが揺らぎつつあった状況を、ここに読み取ることができる。

　地質学上、聖書にいわれる洪水は重要な論争点となった。それは、この洪水が地殻の形成に重要な役割を果たしたものと考えられたためである[18]。西洋では、聖書が歴史的な出来事を記録した最古の書物として広く受け入れられてきたこともあって[19]、世界がいかにして始まり現在に到ったかを知る上で、聖書の持つ意味は大きかった。当時、多くの知識人を支配していた考えによれば、世界は紀元前4004年に神によって創造されたのであり、その後ノアの洪水のような変化を経て、今日の地表が形成されてきたのであった[20]。それは俗に、モーゼの地質学と称される。そこでも、地表に変化が起こったことは認められていた。だがその変化は、長時間にわたって緩やかに生ずる「連続的な変化」ではなく、かなり短い時間のうちに集中的に起こる大規模な「激変」であり、しかもそれは、一定の期間をおいて繰り返し生じうるものであった。神はその度ごとに創造を繰り返したというのである。激変説（catastrophism）と名づけられたこの見方によれば、最後の激変はノアの洪水であり、それ以降今日に到るまで、地表に大きな変化はなかった。

　6000年という地球の年齢に対しては、以前から異論は唱えられてきた。しかし、この年齢が単なる憶測によってではなく、具体的な裏づけを伴って疑われ始めたのは、18世紀の末に岩石の研究を通じ、地球の誕生と人間のそれとを同時期としていた常識が疑われ出したことに端を発している[21]。それは後に、アダムの誕生に先立つもう一つの「新世界」である、先史の発見へとつながっていく[22]。「先史」という言葉がヨーロッパの語彙に加えられたのは、実に19世紀の半ばになってからのことであった[23]。この発見を、第二のコペルニクス革命とまで称するのは、時間の観念の飛躍的拡大もさることながら、それを可能としたパラダイム転換が、この時代の鍵を握るためである[24]。天地創造以前という文字どおりの意味でプレ・ヒストリーという観念は、聖書の世界と地質学のそれとを切り離し、モーゼの地質学を打ち倒す一因となった。これに伴う時間の観念の拡大は、大地を掘ってそこに発見されるものが、現に生きている人間と有意味な関係をもちうるという感覚により、いっそう

第5章　法の自然史　　119

確かな手ごたえを与えることになったのである[25]。

　モーゼの地質学に挑戦した一人が，チャールズ・ライエルであった。彼は，オックスフォード卒業の後に弁護士を志しており，地質学の研究には大いに興味を持っていたものの，必ずしも初めからその専門家であったわけではない。今日のように学問の細分化と専門化がなされていなかった時代には，素人的な趣味が高じたところから，思わぬ方向へ学問が展開を見せることもまれではなかった。ライエルの『地質学原理』は，すでに確立していた激変説と対立する斉一説（unifomitarianism）を掲げ，地質学にその基礎の再検討を促すものとなった。『地質学原理』の冒頭で，ライエルはその狙いをこう述べている。

　　地質学とは，自然界という生物と無生物の世界において，これまで起こってきた連続的な諸変化を探究する学問である。したがって地質学は，これらの諸変化の原因と，その原因が地球の表面ならびに外面的組織に変化を引き起こした影響とを，その探究の対象とする。過去の時代における地球の状態と，そこに生息していた生物を探究することによって，現在の地球の状態に関するより完全な知識と，地球上における生物ならびに無生物の産出を支配する法則についての，より包括的な見方が得られるのである[26]。

　地質学の再構成をもくろんだライエルの斉一説は，激変説の不連続的な地表の変化という見方と，正面から対立するものであった。ライエルによれば，激変説は天変地異を神の罰と見る，原始的信仰の痕跡に他ならなかった[27]。斉一説に従うと，地表の変化は今日観察されるものと同一の原因によって，過去にそれとは気づかれることなく生じてきたのであり，しかも地表は，これまで一般に想定されてきたよりもはるかに長い時間をかけて徐々に形成されてきたことになる[28]。最初の創造という問題は残るにせよ，これにより地質学を天地創造説から引き離すことが一応可能となった[29]。

　この激変説と斉一説という地質学上の対立が，正しくメインの法についての新しい見方と同時代の精神を共有するものであった。それは，単に地表の形成に関する見方の対立に尽きるものではない。法の変化に関する見方にも，ほぼそのまま当てはまった。メインは，法を過去との連続性を保ちつつ，徐々に変化するものと考えていた。法も社会も，過去から長い時間をかけ緩やか

にかつ着実に変化するというこの見方が，契約の更改によって過去との断絶をはかり，そこに革命理論としての役割を担った社会契約論との間に，鋭い対立を引き起こした。

『古代法』出版当時，イギリスは安定と繁栄を誇っていたが，フランス革命に端を発する大陸における政治的動乱の波は，海を渡ってイギリスにも容赦なく押し寄せていた。そのイギリスは，ベンサム，オースチンに代表される社会改革論の全盛時代を迎えており，国内は改革への期待と熱気で騒然としつつあった。メインはベンサムに多大の敬意を払いながらも，功利主義に基づくこの改革運動には，無条件の賛意を表わさなかった[30]。ベンサムを歴史に疎い人物と評したメインは[31]，功利主義がこの歴史という視点を欠き，そのため，時代を遡るほどその原則が当てはまらない点に執拗な批判を繰り返している。『古代法』の狙いは，この功利主義と対抗する形で，歴史的方法を法学に応用することにあった[32]。アプリオリズムや急激な政治変革志向を避けようとするメインは[33]，批判のターゲットを一方ではベンサム，オースチンに，他方ではルソーに定め，歴史という視点を欠いた激変説ばりの急進主義的改革論に対して，懸念を表明したのである[34]。

メインによれば，日常的なものであれ法的なものであれ，概念や観念は，その内容を状況の変化に合わせて徐々に変えてゆくものであった。この見方は，長い時間をかけ徐々に変化してきた地表という見方と，多くの共通する要素を持つ。この点に注目すれば，メインの歴史法学とライエルの地質学との間には，パラレルな関係が成立するのである。いや，パラレルな関係が成立するだけではなく，そこには連続性と変化に関わる 19 世紀の共通観念があった。ライエルは，後日『地質学入門』の中で，斉一説を初心者にも分かるようなやさしい言い方で述べている。

> 地球の外殻は……それが詳しく観察されるまでは……今あるままの形で今ある場所に創造されたものと考えられていた。しかし地殻は，最初から必ずしも今われわれが目にするような状態ではなかったし，瞬時のうちに生み出されたものでもなかった。……きわめて多様な環境の下で，しかも多くの時代を積み重ねることにより，地殻は徐々に今日の形態と条件を獲得するにいたったのである[35]。

第5章　法の自然史　　121

　これは激変説に対する反論である。だがこれを法思想史のレベルでは、記憶の彼方の慣習にその端を発し、今日に到るまで法の連鎖を形成し続けてきた、コモン・ローの擁護論としても読み代えることができる。メインによれば、法もはるか昔からずっと今のような状態であり続けたわけでもないし、また過去とのつながりを無視して作られるべきものでもない。それは、長い時の流れを経て、最古の法概念から徐々に変化してきたものである。それはちょうど斉一説が示す地表の形成過程に酷似する。地表も法も、自らをその過去と、過去の現在に対する関係を知ることによって理解しようと試みる点で、そこに両者に共通する観念を見出せるのである[36]。

　地質学は、自然史の一分野として、地球の歴史の探究だけにとどまるものではなく、地上の生き物の歴史まで含む巨大な研究分野とつながっていた。ライエルの『地質学原理』も、単に地表の問題に関わるだけではなく、自然における人間の地位について大きな影響を及ぼした。これらの研究が後に生物進化論へとつながったことは、種の変化を否定したライエルにとって、予想外の結果であったろう。だが当時における地質学研究は、歴史の時代と称される19世紀を演出しうる、巨大な影響力を秘めていたのである[37]。

　メインと地質学とのつながりには伏線があった。メインの母親のいとこで、後日カンタベリーの大司教になったジョン・バード・サムナーは、メインに洗礼名サムナーを付けた、ゴッドファーザーであった。彼は1816年に地質学に関する書を発表して、科学上の発見と教会の教えとの調和を試みている[38]。メインがこのサムナーを慕っていたことを考えると、当時、地球の歴史に関するさまざまな重要な研究を手がかりに法の歴史を展望する上で、メインは実に好都合な立場にあったと考えることができる。地球の歴史の解明に伴い、法の歴史も、観念に基づく単なる憶測を頼りにするだけではなく、実際にある過程をたどって今日にまで到った歴史を描き出す、格好のモデルを得ることに成功したのである。このことを念頭にメインのテクストを読み返すと、そこには、当時、経験に基づく最新の科学として脚光を浴びつつあった地質学の影響が、見事に浮かび上がってくる。一見したところでは、何の関係もないように思える古代法研究と地質学との間に、緊密な関係を見出せるばかりではなく、それがメインの歴史法学を支える重要なモチーフの一つとなっていたのである。

III 法の地質学

メインの名を一躍世に知らしめたものが，社会進歩の過程を端的に表した，あの「身分から契約へ」というモットーである。メインは，古代社会が血族関係としての家族を，他方近代社会は場所的に接近して共存する個人をそれぞれその単位とするとして，そこに二つの社会モデルを見た[39]。社会進歩は，前者から後者へと向かって着実に前進してきた。それをこの短い言葉に込めたメインは，この動向の中に斉一性を見出し，それを以下のようなタッチで描き出している。

> 進歩する社会の動向は，一つの点で斉一的（uniform）であった。この動向は，そのどの過程においても，家族への依存を徐々に解消すること，それに代えて個人の義務感を成長させることによって特徴づけられてきた。こうして個人は，市民法上の単位として，家族に着実にとって代わるのである。社会の進歩は，それぞれの社会でその速さを異にしながら，達成されてきた。確かに，全く停滞的ではないにしても，現在の状態をよほど注意深く研究しなければ，古い組織が崩壊したことを見出せないような社会もある。しかし，進歩のペースがどうであれ，この変化が逆になったり，後退するようなことはない。……人と人との結びつきを……権利・義務という形態の諸関係へと徐々に置き換えるものが……契約である。人間関係の一切が家族関係にいたるような条件を持つ社会を歴史の一端に置くとすれば，歴史はここからスタートして，これら一切の関係が個人の自由な合意から生ずるような社会秩序へ向かって，これまで着実に前進してきたように思える[40]。

地表の形成に飛躍がないことと同様に，社会の動向においても飛躍はありえない。社会は突然に誕生するものでもないし，過去とのつながりを断ち切って成立しうるものでもない。進歩的な社会は，身分関係に拘束された時代から，個人の自由意思による契約の時代へと，連続的な変化を遂げてきたのである。このくだりから，ライエルの『地質学原理』冒頭部分が連想される。

> われわれが歴史を研究する場合，今日の社会状況と過去のそれとを比較する習慣を身につけることによって，人間の本性に関するより深い洞察を得ることができる。ものごとが徐々に今あるような状態へと仕向けられてきた，長い一

連の出来事の跡を辿り，この結果をその原因と結び付けるとすれば，極めて複雑な諸関係，つまり自然の性質が持つさまざまな特徴，また道徳的，知的洗練度およびその他無数の状況の相違などを分類し，記憶にとどめることができるのである。こういったものは，もし歴史的なつながりを考えるのでなければ興味もわかないし，まともに理解することもできないような代物であろう。今日の国家の状況は，場合によってはそれが極端に古いことも，さほど古くないことも，またその変化が緩やかなことも，逆に急激で激しいこともあろう。しかしいずれにせよ，それが過去に起こった諸々の変化の結果であることと同様に，今日の自然界の状況も，長い期間にわたる連続的な出来事の結果なのである[41]。

　社会によっては，その歴史が古いこともさほど古くないこともあるし，またその変化の速さは，社会によって緩急さまざまではある。だが変化のペースいかんにかかわらず，その変化の方向が逆転することはなく，自然と同様に社会も，徐々に身分から契約へと長い時間を費やして進歩してきた。メインとライエルの考えを相互に補うならば，そこには，このような共通の認識を見出すことができる。メインの描写に，ライエルの『地質学原理』の記述を重ね合わせてみるならば，そこにはテクストの地質学とでも言うべき関係が現れてくる。

　単なるテクスト間の類似にとどまらない。身分から契約へ向かう社会の動きを描き出すメインの筆使いには，斉一説の応用にとどまらず，そこからさらに一歩踏み込んで，具体的な地層のイメージが鮮明に映し出されている。地殻がいく重にもわたる地層を着実に積み重ねてきたように，社会も家族という結びつきから，個人どうしの結びつきに向かって，着実にその歴史を積み重ねてきたのである。社会がすべて同一の地層に属しているわけではない以上，社会の進歩の程度はそれぞれに異なっているが，進歩の順序が逆になることは決してない。ここには，地層の厚さが地域によって異なっているにしても，積み重ねられた地層の相対的順序が決して逆転することはないという，層位学の規点が反映されている[42]。

　地層の研究が，地質学研究にとって持つ意味はきわめて重く，その解明は19世紀に入ってから急速に進んだ。ロンドンの地質学協会ができたのは1807年のことである[43]。そもそも，化石が古代生物の残骸として認識されるまでにも，多くの紆余曲折があった。19世紀の初めには，エジプト学の成立

にも貢献したナポレオンの敗北に伴い，ヨーロッパには一時的に平和が訪れた。これが，大陸の各国にわたる広範な地質学的研究を，いっそう安全にできる環境を与えてくれたという幸運も味方して，化石の研究は地球の歴史の解明に急速な進展をもたらした。化石の重要性は，すでにフランスの比較解剖学者ジョルジュ・キュヴィエによって指摘されていた[44]。ライエルが命名したと言われる古生物学は，これを絶滅した古代生物を究明する手がかりとして用いたのである。化石の研究が進むにつれ，出土するものの違いによって地層の区分がなされ，地層標本柱も作られた。イギリス人ウィリアム・スミスは，イギリス地層図の作成に成功し，地層の順序がただ一地方だけの特性を表すわけではなく，それがはるかに広範な広がりを持つことを示し，層位学の成立に大きく貢献した。それは 1815 年のことである[45]。一見ばらばらに見える地層の順序に規則性が見つけ出されたことにより，地層の研究は，地球の歴史解明に新たなページを付け加えることになった[46]。1821 年は，イギリスにおけるキュヴィエの後継者ウィリアム・バックランドにより，ヨーロッパ大陸とイギリスとの比較層位図が「哲学年報」に発表された，地質学上画期的な年とされる[47]。フンボルトが賞賛したというこの層位図は，その後地質研究の基礎として用いられることになる。その翌年には，巨大恐竜の化石がウィリアム・バックランドやギデオン・マンテルらによって初めて発見されている[48]。メインが産声を上げたのは，この年のことである。それは正しく，地質学の黄金期と称するにふさわしい時代であった[49]。

『古代法』の記述には，層位学の視点が隠されている。例えばその冒頭部で，各国において古代法典が出現する時期について述べたくだりがそれである。

> 古代ローマ法典は，ほとんど全ての文明国家が，そのサンプルを示すことのできる類に属するものであり，ギリシャ，ローマ世界に限って言うならば，それらは互いにさほど時代を隔てることなく，広範にわたり流布したものであった。これらの法典は，きわめて似かよった状況のもとに現れ，われわれの知る限り，きわめて似かよった原因によって作られたのである[50]。

古代法典が，きわめて似かよった状況の下に現れ，きわめて似かよった原因によって，さほど時間的な隔たりを置かずに作成された。この言い回しには，あたかも同一の地層から続々と出土する巨大恐竜の化石のイメージが

漂っている。恐竜の解明にはまだ時間を要したが，恐竜に対する世間の興味は，この生き物の異様なスタイルも手伝ってか，メインの誕生したころから高まりを見せてくる。ロンドン万国博覧会の会場となったクリスタル・パレスも，1845年にはハイド・パークからシデナムに移され，その中には恐竜の展示場まで作られていた[51]。

層位学の視点を反映した言い回しは，『古代法』の中で繰り返し用いられている。

> 慣習法の時代以後，法律学史上もう一つの明確に区分された時代が到来する。それは法典の時代であり，ローマの十二表法のような古代法典が，その最も有名な標本である。ギリシャ，イタリア，それにヘレニズム化された西アジアの沿岸地方においてはどこでも，古代法典は，その出現の時期をほとんど同じくしている。これは，時間という点での同一を意味するのではなく，それぞれの社会の相対的進歩という点での類似を意味するのである[52]。

慣習法の時代と法典の時代とは，明確な一線によって画されている。それは，いわば両者が属する地層を異にしていることを暗に示している。慣習法の地層は，法典のそれの下位に位置づけられる。また，法典出現の時期を社会の進歩における相対的同一とする言い回しからは，幾重にも重なった地層が緩やかにうねっている様子を連想できる。地表を形成する地層は地域によって異なっており，古い時代の地層が裏面に露呈している地域もあれば，逆にそれが地中に深く埋もれている地域もある。さしづめインドは，メインにとって，地表に露呈した太古の地層に属する社会であったろう。

恐竜の発見に先立つ19世紀の幕開けの前後は，地表を取り巻く岩石の生成をめぐり，水成論（Neptunists）と火成論（Vulcanists）との対立も手伝って，華々しい論争が繰り広げられた時代であった。ドイツのアブラハム・ゴットロープ・ウェルナーが代表する水成論が，地殻を構成する岩石を水中の堆積物からできたとしたのに対し，スコットランドのジェイムズ・ハットンによって唱えられた火成論は，それを地球の熱の作用によるものとした。科学としての地質学は，ここに端を発したと言われる[53]。これにより，地殻の形成時期は基本的に四つに分けられ，下から順に，化石を含まない一次岩層（Primary），化石をまばらに含む漸移岩層（Transitory），化石を含む砂岩から成る二次岩層

(Secondary)，化石を豊富に含む洪水層（Alluvial）とされた[54]。ライエルの『原理』が出版されるころには，水成論と火成論との論争は下火となり，地層の研究も進んで，より細かい分類もなされるようになる。しかし，基本的にはこの地層分類が受け継がれており，ライエルも地層の成り立ちを論じた『原理』の第三巻で，地表を形成する第三紀から始め，探究を二次岩層へと掘り下げ，最後に一次岩層に到って話を終えている[55]。

　『古代法』を読み始めるとすぐに，地質学の専門用語に行き当たる。

> 未成熟な法概念が法学者にとって持つ意味は，一次岩層（primary crusts）が地質学者にとって持つ意味に等しい。これらの概念は，潜在的に，法がその後に表す一切の形態を，すでに含んでいるのである[56]。

　ここに，メイン自身の言葉によって，法学と地質学との関係が明確に指摘されている。自然法思想や社会契約論への批判などに混じって現れるこのくだりは，当時の化石発掘の状況や地質学的な知識を念頭に置かなければ，単なる修辞的言い回しとして，うっかりすると安易に読み飛ばされてしまいかねない部分であろう。しかし，さりげなく書かれたこのくだりに，実はメインの歴史法学全体にわたる構想を見通すための，重要な鍵が秘められているのである。

　ここで言う「未成熟な法概念」とは，ホメーロスの詩に歌われたテミス，テミステスという概念を指している。これは，まだ古代慣習法にも達しない，最古の法概念のことである[57]。これが「一次岩層」，つまり地殻の最下位に横たわり化石を出土しない地層に相当する，とメインは言うのである。彼がほのめかしたのは，最古の法概念と，最下位の地層との対応関係だけである。だが，メインが歴史法学のモデルに地質学を選んだ意図を読み取るには，これだけで十分である。

　古代生物の化石によって，過去にそのような生き物がいたことが分かる。しかし，これらの生物だけが突如として生まれ，地上をにぎわし，そしてついには絶滅していったわけではない。化石が語ることは，それらが長い生物の歴史の通過点を表しているということである。これと同じように，古代法典も突如として現れたわけではなく，それまでに，長い歴史の経過をたどってきたはずである。したがって，最古の法概念を一次岩層に対応するものと

第 5 章　法の自然史　127

すれば，そのすぐ上，つまり化石をまばらに出土する漸移岩層には，最古の法概念よりいささか制度上整った，古代慣習法が対応する。そして古代法典は，今日にまでその具体的形態を伝えるいわば法の化石として，さらに漸移岩層の上に位置づけられ，古代生物の花石を含む二次岩層と対応させられる。こうして見れば，法は一次岩層，漸移岩層，二次岩層という順序に対応して，最古の法概念，古代慣習法，古代法典という順序で発展したことになり，化石に譬えられた法典とそれを出土する地層との間に，見事な相関関係が成立するのである。

　ダーウィンが『種の起原』の中で，生物種の連続的発展を世界史の本に譬えながら巧みに言い表しているくだりには，メインがその歴史法学について想定していた全体像と，相通ずる構想を読み取ることができるであろう。

　　私は地質学の記録を，多くの欠損を含み，しかも時代につれて変化する言葉で書かれた，世界史の書物であると考えている。今われわれの手元に残されているのは，この歴史書のうち，二，三の国を論じた最後の一巻だけである。しかもこの巻には，あちこちに，ほんの短い章が散見されるだけであり，さらにそのいずれのページにも，わずか数行の短いくだりしか残されていないというありさまである。これらのページに書き残された言葉は，時代につれて徐々にではあるがその形を変えるため，各章ごとを比較すれば，言葉は多少異なっている。私はこれをちょうど，生命の諸形態の変化に譬えることができるように思う。というのはこれが，連続してはいるものの，その間には長い時の流れを経た岩層の中に埋もれているために，ともすれば，生物が突然に変化したかのごとき外観を呈することと，よく似ているからである[58]。

　ダーウィンは，突然に変化したかのように見える生物の歴史の隙間を補うことによって，生物の系統的進化を想定した。これと同様にメインの歴史法学も，ともすれば突然に変化したかのように見える法の発展の隙間を補うことによって，法の歴史書を完成させることをもくろんだものであった。地質学の成果を手がかりに，法の源を求めて旅するメインの脳裏には，はるか昔から今日にいたるまで，連続的かつ着実な経過をたどってきた法の発展の形跡が，足下に横たわる地層という具体的イメージによって，鮮やかに思い描かれていたに違いない。それは，「時間とは近い将来から現在を経て近い未来へと直線的に進むだけのものではなくて，生活をささえる時間の下にはそれ

とは異質の時間の流れがある」[59]という意味で，いわば時間の再発見でもあった。あたかも生物が，幾重にも折り重なる地層の中に，化石という数々の痕跡を残しながら，人類の歴史をはるかに凌ぐ長い時の流れの中を生き抜いてきたように，メインにとって法は，最古の法概念にその端を発し，古代慣習法から古代法典を経て近代法にまで延々と連なる，独自の歴史によって支えられているものであった[60]。メインの『古代法』は，地質学をモデルとすることによって，歴史の時代と言われる19世紀に金字塔を打ち立て，イギリス歴史法学の中に確固たる地位を築くことに成功したのである。

ところで，後日『古代法』に序文を寄せたフレデリフク・ボロックは，こうしたメインの構想を「法の自然史（natural history of law）」と称した[61]。それは以下のような形で述べられている。

> メインが生み出そうとしたものは，法の自然史に他ならなかった。彼が指摘したことは，生物における属や種と同じように，法概念や法制度がこれまで実際に発展してきたということ，しかも発展の各段階で，これらの概念や制度がその段階に特有の性質を示していたということである。同時に彼は，これらの発展過程が……社会の歴史一般の中において，単なる偶然の出来事と見られてはならないことも明らかにしたのである[62]。

ヴィクトリア朝の巨人ヘンリー・メインの功績は，もちろん，単なる『古代法』の著者であったことに尽きるものではない。だが，この古典的名著の背後に隠されている謎の一つを解き明かすことによって，『古代法』の解明のみならず，19世紀という歴史の時代を生んだ遺跡の一つを掘り起こすことができる。数々の功類を残したメインが，病気療養中に南フランスのカンヌで没したのは1888年，今から百年前にあたる。ポロックによる墓碑名を添えて，ウエストミンスターの一角に葬られたのは，その2年後のことであった[63]。

[1] 『古代法』のテキストには，H. Maine, Ancient Law. 10th. ed. rep. 1970. (Peter Smith) を用いた。
[2] Law Magazine and Review, XI, 99-100. (1861). ここでは Peter Stein, Legal Evolution：The Story of an Idea, 97（1980, Cambridge）から引用した。ピーター・スタイン／今野・岡嵜・長谷川訳『法進化のメタヒストリー』（1989，文眞堂）
[3] G. Feaver, From Status to Contract：A Biography of Sir Henry Maine 1822-1888, pp.

334.（1969, Longmans).［以下 Feaver と略す。］フィーバーは，ロンドン大学のモーリス・クランストンの影響を受けた人物で，本書はメインの数少ない伝記の一つである。
[4] H・シュリーマン／村田訳『古代への情熱』p. 13（岩波文庫）
[5] Feaver, Ch. 1
[6] イギリスにおける 18 世紀後半からのギリシャへの関心の高まり，ならびにヴィクトリア時代におけるホメーロスへの関心の高さについては，Richard Jenkins, The Victorians and Ancient Greece（1980, Harvard）
[7] 当時メインは，サッカレーと親交を深めており，これによりメインは，文学上の知識を得たとも言われる。Feaver, pp. 22-23
[8] J.W. Burrow, Evolution and Society, p. 139（1966, Cambridge). インズ・オブ・コート（法曹学院）は，イギリスにおける法律専門家の養成機関であり，ミドル・テンプルとは，その中にある四つの学院の一つである。
[9] メインの生活は，1850 年代の間ずっと苦しいものであったという。そのため，彼は法律実務も経験している。また彼は，ローマ法や一般法学の重要性を強調して，法学教育カリキュラムの改革についても新たな提案を行っている。Feaver, p. 21
[10] Burrow, Evolution and Society, pp. 139-40
[11] R.H. Murray, English Social and Political Thinkers of the Nineteenth Century, vol. 2, p. 52.（1929, W. Heffer & Sons）
[12] H. Maine, Village Communities in the East and West, p. 4.（1871, John Murray）
[13] Maine, Village Communities, p. 7
[14] Maine, Village Communities, pp. 4-8. 歴史的方法と比較的方法ならびに社会進化論については，R・ニスベット／堅田訳『歴史とメタファー』（1987，紀伊国屋書店）
[15] Maine, Village Communities, p. 13
[16] 52 Edinburgh Review, p. 45（1830）
[17] N・バーロウ／八杉・江上訳『ダーウィン自伝』p. 72（1972，筑摩魯房）
[18] Rappaport, Geology and Orthdoxy：The Case of Noah's Flood in Eighteenth-Century Thought, in Alan Dundes ed. The Flood Myth, p. 383, 385（1988, California）
[19] G. Himmerfarb, Darwin and Darwinian Revolution, p. 86（1959, 1962ed, Norton）
[20] M. Rudwick, The Meaning of Fossils：Episode in the History of Paleontology, pp. 68-70（1972, Macdonald & American Elsevier Inc.). マーチン・ルドウィック／大森ほか訳『化石の意味――古生物学史挿話――』（1981，海鳴社）。ルドウィックは，当時の地球の年齢に関して聖書の影響力の大きさに否定的な見方をしているが，それは地球の年齢に関する見方が，聖書の直接的な影響によってのみ成り立ったという保守的な力の過大評価を戒めることに主眼が置かれ，聖書が全く影響力を持たなかったと言っているわけではない。あの短い地球の年齢も，当時はごく常識的に，かつ多くの証拠をもとに支持されていたのである。また，ジェイムズ・アッシャーが，天地創造を紀元前 4004 年としたと伝えられる点についても，今日のわれわれから

すれば奇妙なアッシャーの見解も，その当時のコンテクストに従えば，最新科学である比較文献学に基づいた斬新な試みであった点に注意を喚起している。

[21] Haber, Fossils and Early Cosmology, in Forerunners of Darwin, G. Glass et al eds, pp. 2, 3-6（1959, 1968 ed., Jons Hopkins）

[22] J・N・ウィルフォード/小畠郁生監訳『恐竜の謎』pp. 11-12（1987, 河出書房新社）。N. Rupke, The Great Chain of History：William Buckland and the English School of Geology, 1814-1849, p. 3（1983, Oxford）.「18 世紀の終わりから 19 世紀の初めにかけて，地質学は，地球の歴史という広大で当時はまだ聞き慣れないものに対する視野を開いた。岩と化石の研究から分かったことは，地球の歴史が人類の歴史と同一の長さであるわけではなく，人類の出現以前にはかり知れない広がりを持つものであるということであった。」

[23] D. Boorstin, The Discoverers：A History of Man's Search to Know his World and Himself, p. 603（1983, Random House, New York）. ブーアスティン/鈴木・野中訳『大発見』p. 702（1988, 集英社）.「先史」という用語が初めて用いられたのは 1851 年，ダニエル・ウィルソンによってであると言うのは，Glyn Daniel and Colin Renfrew, The Idea of Prehistory, p. 1（1988, Edibburgh）

[24] Rudwick, The Schape and Meaning of Earth History, in God and Nature, Lindberg, D.C. & Numbers R.L. eds, 296-321（1986, California）

[25] 富山太佳夫「過去の感覚——発掘，地質学，歴史小説」(上)『思想』740 号 p. 32（1986, 岩波書店）

[26] C. Lyell, Principles of Geology：An Attempt to Explain the Former Changes of the Earth Surface, vol. 1, p. 1（1830, London, 1970 J. Cramer ed.）. チャールズ・ライエル/河内訳［シコード編］『地質学原理』（上・下）（2006, 朝倉書店）。偶然の一致ではあるが，ライエルの『原理』も，メインの『古代法』と同様に，著者の生前に 11 版を重ねるにいたっている。

[27] Porter, Charles Lyell and the Principles the History of Geology, 9 Britisch Journ. Hist. Science, pp. 89, 94（1976）

[28] ルドウィックは，ライエルの『地質学原理』の持つ戦略的な意義を指鏑している。それによると，ライエルの主張は説得的な面に力点が置かれており，これは彼の若い時代の弁護士家業とも関係があるという。Rudwick, The Strategy of Lyell's Principles of Geology, 61 Isis, pp. 5, 5-8（1970）. なおルドウィックは，現在作用している以外のいかなる原因も作用しないとする見方に特に「現在主義（actualism）という名称を与えた。ライエルは，『原理』出版前に知人に宛てた書簡の中で，本書の狙いが，過去から今日にいたるまで，現在作用している以外のいかなる原因も地表の形成に作用してこなかったし，しかもその作用の大きさが常に一定のものであったという斉一脱という立場から，地質学上の「推論の原則」を確立することにあると述べている。Mrs. Lyell, ed., Life, Letters and Journals of Sir Charles Lyell, 2vols, vol. 1, p. 234（1881, John Murry）

第 5 章　法の自然史　　*131*

[29] Porter, Charles Lyell and the Principles of the History of Geology, 9 Britisch Journ. Hist. Science, p. 100. C. Lyell, Principles of Geology, vol. 1, p. 4
[30] Maine, Ancient Law, pp. 113-14
[31] Maine, Popular Government, viii（1890, John Murry）
[32] Maine, Popular Government, vi. ピーター・スタインは，メインの歴史法学への影響につき，ダルリンプル，ケイムズ，A・スミス，J・ミラーらによる 18 世紀のスコットランド法律史観と，サヴィニーの歴史法学とを比較してこう述べている。「ベンサムとオースチンの考えは，法改革を望む自由思想家たちの間で，その熱烈な支持者を魅了していた。したがってそれに反対する者たちは，それ相当の反論を見出さねばならなかった。そこで彼らは，ベンサム主義者が歴史的な要因に適切な考慮を払っていない点に批判を集中した。彼らは，スコットランド法律史観の議論を利用することもできたはずであったが，それらの議論に疑惑の眼を向けたのは，その提唱者の多くが，その中でもとりわけミラーが，フランス革命を歓迎した急進派と目されたからであった。それに比べるとサヴィニーとその歴史学派の方が，ずっと保守的であった。」Stein, Legal Evolution, p. 72. また英米では，サヴィニーがコモン・ローの擁護者と見られる傾向があったことについては Elliott, The Evolutionary Jurisprudence, 85 Colum. L. Rev., pp. 38, 45（1985）
[33] Feaver, p. 45
[34] Maine, Popular Government, p. 171
[35] C. Lyell, Elements of Geology or the Ancient Changes of the Earth and its Inhabitants as Illustrated by Geological Monuments, 6th. ed., p. 1（1838, 1865 ed. John Murry）
[36] J.G.A. Pocock, Ancient Constitution and thwe Fudal Law, vii（1957, Canbridge）
[37] 地質学と進化論の関係については，Peter Bowler, Evolution：The Story of an Idea, Ch. 2 & 5. ボウラー/鈴木ほか訳『進化思想の歴史』上（1987, 朝日選書）。またアメリカにおける地質学論争を扱ったものとして H. Hovenkamp, Science and Religion in America, 1800-1860, Ch. 7.（1978, Pennsylvania）. ライエルが種の変化に否定的であったことについては，C. Lyell, Principles of Geology, vol. 1, Introduction by Rudwick, xviii. P. Bowler, Fossil and Progress：Paleontology and the Idea of Progressive Evolution in the Nineteenth Century, p. 72（1976, New York）
[38] Feaver, p. 5. 書名は John Bird Sumner, Treatise on the Records of Creation and the Moral Attributes of the Creater（1816）と伝えられる。
[39] Maine, Ancient Law, pp. 121-28. 二つの社会を区別するこのメルクマールにメインは，kinship in blood と local contiguity という語を当てている。社会のこの二つのタイプを，古代社会と近代社会のメルクマールとしたことは，メインの功績であった。Feaver, xvii. これがその後の社会学研究に多くの影響を与えることになる。その最も顕著な例は，フェルディナント・テンニエスの『ゲマインシャフトとゲゼルシャフト』となって現れた。杉之原訳『ゲマインシャフトとゲゼルシヤフト』(上) p. 20

(1957, 岩波文庫)。古代家族制に関して父権制論を唱えたメインは，母権制論を唱えたJ・F・マクレナン，H・モーガン，J・J・バハオーフェンなどとは逆の立遇にあった。

[40] Maine, Ancient Law, p. 163

[41] C. Lyell, Principles of Geology, vol. 1, p. 1

[42] フレデリック・ポロックは『古代法』の追記の中で，法制度の発展を地層を例にこう述べている。「制度の発達は，たとえそれを一つの社会に限ってみたところで，あまりに複雑すぎて，連続する単純な時間の順序で表すことができない……近隣諸国や征服者，あるいは特定の地域の状態を模倣することにより，実質的に通常なら経過すべき発展段階を切りつめ，場合によってはそれを全く省略することもあるかもしれない。われわれが言えることといえば，その段階の順序が逆になった例がないということである。白亜層がイギリスのどこにでもあるというわけではないし，砂岩層もそうである。だが，砂岩層があるところでは，白亜層がその下になることがないことは分かっている。」Maine, Ancient Law, p. 391. Appendix by Pollock

[43] Lyell, Principles of Geology, vol. 1, p. 71

[44] Rupke, The Great Chain of History, p. 115

[45] Rupke, The Great Chain of History, p. 111

[46] Rupke, The Great Chain of History, pp. 125-26. C. Lyell, Principles of Geology, vol. 1, p. 70

[47] Rupke, The Great Chain of History, p. 124

[48] ウィルフォード『恐竜の謎』pp. 44-45

[49] Lyell, Principles of Geology, vol. 1, p. 73

[50] Maine, Ancient Law, pp. 1-2

[51] コルバート/小畠・亀山訳『恐竜の発見』p. 51（1983，早川書房）

[52] Maine, Ancient Law, p. 13

[53] C.C. Gillispie, Genesis and Geology, p. 45（1951, 1969 ed., Harvard）. T.L. Hankins, Science and Enlightenment, p. 153（1985, Cambridge）. 近代地質学の成立をイギリスの産業革命との関係で捉え，ジェイムズ・ハットン，ウィリア・スミス，チャールズ・ライエルの三者に焦点を当て論じたものとして，小林英夫『イギリス産業革命と近代地質学の成立』（1988，築地書館）がある。

[54] Rupke, The Great Chain of History, p. 112

[55] Lyell, Principles of Geology, vol. 3

[56] Maine, Ancient Law, pp. 2-3

[57] これらの概念と最古の法との関係について，メインは次のように説明している。法典に先行して慣習がある。慣習を記述するという技術が成文法を生んだ一因であったとすれば，この記述という技術が発明される以前には，もっぱら特定の階級が法的知識を管理することによって慣習法が可能となっていた。だが慣習が成立するにも，当然それなりの時間の蓄積を必要とする。慣習法の時代からさらに歴史を掘下

第 5 章　法の自然史　　*133*

げてゆけば，最も初期の時代として，慣習（custom）にもいたらない習慣（habit）しかない時代にたどり着く。ここで審判に該当するものは，神聖な力により裁定者の心に吹き込まれた宣告という形を取らざるをえず，それはそれぞれの宣告間の関連性さえ持たない，個々ばらばらの宣告であったろう。メインによれば，これがホメーロスの詩にいうテミステス（Themistes）という概念の意味である。テミステスの単数形テミス（Themis）が正義の女神を意味することになるのは，後日のもっと発展した時代になってからである。このテミス，テミステスといった概念こそ，法の萌芽と称されるべきものである。Maine, Ancient Law, pp. 4-7, 11

[58] C. Darwin, The Origin of Species, p. 452 (1902, John Murry). ダーウィン／八杉訳『種の起原』(中) pp. 174-75（岩波文庫）。なお，現在でも極めて曖昧に用いられている進化という概念の多義的な使われ方がいかにして生じたかを，生物学の歴史に即して述べたものとして Bowler, The Changing Meaning of "evolution", 36 Journ. Hist. Ideas, p. 102 (1975)

[59] 富山太佳夫「過去の感覚──発掘，地質学，歴史小説」(上), p. 39

[60] 地球の歴史に関して地質学の影響を受けながらも，メインが古代社会探究に関する歴史の射程を，当時の常識的長さから急激に拡大した様子は見られない。だがそれは，残された資料に固執するメインの姿勢と，当時における時代の制約として，やむを得ないものであったろう。メインが，実際に想定していた歴史の長さは，モーゼの地質学が想定していたものとさほど変わらないものであり，これが古代社会論をめぐり，後日，特にマクレナンの母権論との重要な対立原因となったと指摘しているのは T.R. Trautmann, Lewis Henry Morgan and Invention of Kinship, Ch. 8-9 (1987, U. of California)

[61] 自然史は，かつて動物，植物，鉱物という三つの界に関し，その自然における諸形態の記述と分類とを主たる目的としていた。Hankins, Science and Enlightenment, pp. 113-17. また，自然史は強い宗教的信念に支えられていたことが指摘されている。「リンネとビュフォンに始まりダーウィン，ウォーレス，ファーブル，シートン等に終わる約 200 年間の黄金期……のナチュラリストは世界を深検し，生物とその生息環境の謎を解明することに熱中し，やがて進化という生物における歴史哲学の大問題を手がけることになった。またその一方で彼等は，自然探究から得た叡智を神界のそれとも合一させようとする熱狂をも併せもっていた。このテオゾフィー（神智学）とパンゾフィー（汎智学）の結合をめざすヘルメス思想的叡智こそ，黄金期ナチュラル・ヒストリーが誇った最大の功績だったといえるだろう。」荒俣宏「博物学」『現代思想』vol. 13-2, pp. 55-56（1985, 青土社）

[62] Maine, Ancient Law, xiv. ポロックによる序文

[63] Feaver, From Status to Contract, pp. 259-62

第6章

「鉄の馬」がもたらした統一標準時
―― 文化から文明へ ――

I　文明的な法：立法による社会改革

　神聖にして不変の法に従うべしとする考え方を文化的な法の見方と言うとすれば，法を用いて社会を改革するという考え方は，時代の世俗化に伴って強まった，優れて文明的な法の見方に属する。今では，法を社会改革の手段と見ることに疑問は示されないが，文明の国アメリカにおいても，この見方はさほど古い歴史を持つわけではない。

　文明史家のダニエル・ブーアスティンによれば，ニューイングランドでは，神の言葉を崇めるピューリタンの伝統の下では，法についての見方も甚だリーガリスティックで，法は神聖にして文化的なものと見られていた。だが，独立後ほどなくこうした見方に変化が表れ，南北戦争時代までに，イギリスとは異なるアメリカ独自の法システムが生み出されるに到ったという。

> 　アメリカ独立革命が起きたころ，アメリカではロー・リポート（判例集）など一冊もなく，制定法は系統立てられておらず，粗末な索引が付された程度のものでしかなかった。法律専門家が読むべき書物もなければ，まともな概説書も皆無であった。弁護士は自前で勉強をし，裁判官は素人というのが通例で，ロー・スクールなどどこにも存在しなかった。だが，南北戦争の時代になると全てが変わっていた。ニューイングランドは，近代法史における前例なき創造性噴出の時期にあった。……これは，決して偶然ではない。アメリカのビジネスと製造の中心地がアメリカ法の中心地でもあったわけである[1]。

　19世紀に入ると，アメリカにおいても日常生活のさまざまな面で，人々は鉄道，通信，照明など，産業革命の生み出した利便性を享受する時代を迎え

第 6 章　「鉄の馬」がもたらした統一標準時　　135

る。こうした恩恵に浴する時代になると，技術の進歩が社会の改善に役立てられるように，法も，人が従うべき神聖で不変なものという文化的な見方から，社会の改善に役立てられるべきものという文明的な見方へと変化が見られる。

　　18世紀のアメリカにおいて，コモン・ロー・ルールは，社会を変革する手段とは考えられていなかった。一般的に法を変えるとすれば，それは立法を通じて行われるのが常であった。当時，コモン・ローは，基本的に一連の不動の法理をなすものであり，個々の訴訟事件で私人当事者に公正な結果をもたらすために適用されるものと考えられていた。その結果，19世紀に到るまで，アメリカの裁判官がコモン・ロー・ルールを機能的あるいは目的的に分析することはめったになかったし，コモン・ローが，人々のエネルギーを社会変革に向かわせる創造的手段として，意識的に用いられることもなかった。……
　　［しかし］1820年代になると，法に関するアメリカの風景は，それまでの40年間に見られたものとは，ほとんど類似点がないほどまでに変わった。使う言葉はほぼ同じであっても，思考の枠組みがドラマチックに変わり，それに伴い法理も変化した。法は，もはや慣習に示された，あるいは自然法から引き出された，一連の不変原則とは考えられなくなった。……それに代わり，裁判官はコモン・ローを，社会を統治し社会的に好ましい行為を促すため，立法府と同等の責任を負うものと考えるようになった。法を政策遂行の手段とみなすようになったことから改革が促され，裁判官は，社会に変化をもたらすため，自覚的な目標を持って法理を創るようになった。こうしてアメリカ法は，ダニエル・ブーアスティンが正にそう呼んだように，偉大な「近代法史における創造性噴出」の境界に立つに到ったわけである[2]。

近代社会は文明の進歩・発展と手を携えて進展し，多くの人々が文明の恩恵に浴してこの変化を受け容れた。しかし，その一方で，技術の進歩や利便性の向上を掲げ，世俗化を促進する文明の進歩に対しては，古くから慣れ親しんだ神聖な文化や伝統を掲げ，進歩を阻止しようとする動きが現れるのを常とする。19世紀のアメリカもその例外ではなく，次第に強まる文明化への動きに対し，日常の様々な面で賛否両論の論争が繰り広げられた。だが，19世紀の100年の間にアメリカは近代化に向け大きく歩を進める。これに伴い，それまで自然で文化的なものと考えられてきた多くのものが，人為による文明的なものへと置き換えられた[3]。

こうした文明化への動きに伴い、19世紀に大きく変化したものの一つに、公共時間の観念がある。鉄道の出現により、それまでになかった速さで人や物資が移動するようになると、既存の局地時間が並存するだけの状況は、多くの点で不都合を晒すようになる。その結果、局地時間に象徴される文化的な時間の観念は、さまざまな紆余曲折を経て、1883年、人為と便宜を基礎とし、もっぱら鉄道会社の都合を優先して定められた、統一標準時という文明的な時間に置き換えられた。アメリカは、全土に亙る時間の統一を実行に移した最初の国であり、これは14世紀に機械時計が発明されて以来、時間の歴史における最も重要な進展であったと評されている[4]。今ではこの標準時間は当然のものとみなされ、それにさしたる疑問も呈されないが、近代の文明的な公共時間も、法を社会改革の手段と見るようになったのと同じく、近代化に向かう19世紀のダイナミックなプロセスの一環として、人為的に創造されたものである。

II　息づく自然のリズム

1　アルマナックが示す文化的時間

　　おおきなのっぽの古時計　おじいさんの時計
　　いつも動いていた　ご自慢の時計さ
　　おじいさんの　生れた朝に　買ってきた時計さ
　　いまは　もう動かない　その時計……[5]

　近年、リバイバル・ソングとしてヒットした「大きな古時計」という歌は、1876年、アメリカの作曲家ヘンリー・クレイ・ワーク (1832-84) により作られたものである。ワークは、「オールド・ブラック・ジョー」や「草競馬」で知られる、アメリカの代表的作曲家スティーブン・フォスター (1826-64) と並び称される人物で、この歌のモチーフはイギリスの逸話から得たといわれる。
　ここに歌われた「のっぽの古時計」は、長身の箱型振子式置時計で、正式名称は「ロングケース・クロック」、愛称として「グランドファーザーズ・クロック」とも呼ばれた。これが普及し始めたのは1660年代で、それまでは時間を示す1本針しかなかったところ、この時分に、分を示す長針が添えられ

るようになった。だが，当時重視されたものは，時計が本来担うべき時の正確さより，そこに施された豪華な装飾の方であった[6]。イギリスのジェントリーの家に置かれたこの時計は，豪華な家具調度品の一つと目され，代々伝わる家宝でもあった。高級なものになれば素材にはマホガニーが用いられ，時計職人が腕によりをかけて工芸的な技巧を施し，ひときわ眼につく立派なものに仕上げられる。振子が長いために時を刻むテンポも遅く，祖父の代から伝わったものという意味も込め，ユーモラスに「おじいさんの時計」と呼ばれた。19世紀においても，この時計はステータス・シンボルの役目を果たし，家具の中でも最も価値あるものの一つとなっていた[7]。

　　真夜中に　ベルがなった　おじいさんの　時計
　　お別れのときがきたのを　みなにおしえたのさ
　　天国へのぼる　おじいさん　時計とも　お別れ……

　文明がまださほど高度に発達していなかった19世紀はじめ，アメリカ人の日常生活は，おおよそ村落共同体の中で，自然のリズムを基調として営まれていた[8]。大半が農民として野良仕事に明け暮れていたこの時代にあって，ベストセラーは聖書であったが，それに次ぐものがアルマナック（農事暦）である[9]。今日の形のカレンダーがアメリカに現れるのは1870年ごろで，それ以前は，アルマナックがこれに代わる役目を果たしていた[10]。当時の暦は単なるカレンダーの役目に留まらず，農事に関わる星辰の動きを手引きすることに加え，日々の生活で起きる様々な出来事を，循環する時のリズムの中で理解し，それにいかに対処すべきかの目安も与えていた。きちんと秩序立てられ，順調で調和のとれた日常生活を通じ，人々は，神秘的で自然のリズムに倣い，その中で平穏に暮らす古くからの知恵を受け継いだ。時計が普及する以前，農民たちは，このアルマナックを通じて身に着けた知識を通じ，さまざまな天体の動きなどを悟っていた[11]。

　穀物や家畜を扱うことが日課であれば，人びとの眼には，誕生，成長，繁殖，衰退，死という自然のサイクルが抗し難い偉大な神秘に映じる。疫病が流行ればそれを防ぐ手立てもなく，誕生日を迎えずしてこの世を去る子の数も相当数に上った時代には，日常生活において，死は今よりはるかに身近なものであった[12]。そこでは，人々は毎年繰り返される日々の生活サイクルを

通じ，時の流れを大自然の円環的なものとして意識していた[13]。

　始まりから終りに向け直線的な発展をイメージさせる文明的時間とは対照的に，この循環する文化的な時のサイクルは，古の伝統を重んじる形で父権主義と結びついている。今では個人主義の国とみなされるアメリカも，当時はなお，父権主義の支配が随所に色濃く見られた。家族は概ね大所帯で，現代風の小家族で構成される家はさほどなく，祖父や父親はリーダーとして家父長的な立場にあった。一家の柱を成し，成人を迎える前の子供たちに対しては，慣習的な面だけでなく法律的にも大きな力をふるい，父親の決断には大きな力が備わっていた[14]。

　こうした父権主義の支配は，職住分離が進む前の19世紀前半にあっては，もちろん家庭内だけには留まらない。仕事場における親方と職人との間柄も，近代的な労働契約の産物ではなく，古くから続くマスター・アンド・サーバントの関係，つまり主人と奉公人との関係を基礎として成り立っていた。

　先のワークの歌には，こうした去り行く日々を懐かしむ感情が込められている[15]。祖父が生まれた日に備えられた時計は，その後も休むことなく律儀に時を刻み続け，祖父が亡くなった日にぴたりと動きを止める。祖父とのお別れのときを教えたらしき古時計は，自然が示す永遠にして神秘的な時のサイクルを示唆し[16]，神という究極の父とともに，祖父が担った父権主義の伝統を息づかせている。

2　時間は神のもの

　時計が普及する以前，まだ野良仕事が労働の中心を占めていた時代には，時の流れは，もっぱら太陽の動きが示す自然のリズムの中で受け止められるのを常としていた[17]。時間単位で作業する産業社会の工場労働者とは異なり，農作業においては，繁忙期にもなれば日の出前から日没後まで，ひたすら仕事に勤しむのを常とする[18]。こうした時代には，ユダヤ・キリスト教の伝統に則り，時間は神のものとみなされていた[19]。時計に支配される社会の中で慌しく生きる現代人は，こうした過去の時代を，往々にして時の流れに急かされない悠長な時代と考えがちになる。だが当時は，神の時間を一時たりとも無駄にしないことが，神への敬意のしるしとされた時代であったとすれば，現代人のこの思い込みは必ずしも当たらない[20]。

第6章　「鉄の馬」がもたらした統一標準時　　139

　それはさておき，時計や鉄道など文明の利器が発達するのに伴い，それまで神のものとされてきた文化的な時間の観念と正面から対峙することになったものが，文明的な時間の観念である。能率という概念を正面に掲げ，分刻みで仕事を強いる近代の文明的な時間は，始めから終りに向け直線的に突き進むイメージを強く漂わせ，円環的に巡る神の文化的な時の観念とは相容れない関係にある。この両者の相克が，アメリカでは1820年代から次第に強まってくる。
　アメリカで旅客鉄道が実用化されるのは1830年代以降で，それが人々の日常生活に密着したものになるのは，南北戦争以後のことである。1820年代という時期に時間の観念が争いの対象になったのは，平均時と太陽時という原理を異にする二つの時計の示す時刻に，僅かなズレが生じ，いずれの時計が真の時を示しているのかという争いが起きたためである[21]。

　　1820年代には，明らかに，こうした［時を巡る］争いがアメリカのいたるところで起きていた。南北戦争前の時代に，時間の権威をめぐる小競り合いのあったことが知られている。時計が次第に普及し，社会を組織する道具として人気を博するようになるにつれ，アメリカ人たちは，頻繁に問いを発するようになった。時間は自然現象であって，宗教や何世紀にも亙る農耕の伝統に根ざすものなのか，それとも，時間は合理的探求の対象であって，詮索好きな科学者に支配される対象なのか。あるいは，時間は単に便宜的なものであって，ビジネスの遂行に役立つよう自由に決められる数字なのか。
　　歴史家は，南北戦争以前のアメリカにおけるある変化，つまり，「パターナリズム」とか「リパブリカニズム」などと呼ばれる，公私の関係に関する古いシステムが，権威と権力の新たな組織に道を譲ったことを記している。産業化の進展と移民の増加により，それまで慣例となっていた階級関係に，諸々の変化が生じた。新たな通信技術・輸送体制の発達により，市場のパターンと地域経済が混乱に陥った。この同じ社会的・経済的圧力により，一方では，信仰復活，理想社会論，禁酒運動などが導かれ，監獄，精神病院，学校システムの改革が唱えられた。他方では，これと同じ圧力により，労働と公共生活を支配する時間システムの再構成がもたらされた[22]。

　19世紀初期の頃には，アメリカ人は，時を知るのに宗教や自然を頼っていた。古くから伝わるアルマナックには，神の時を無駄にするなという戒めを

含め，自然で文化的な時の観念と神への敬いが満ちていた。人々の活動範囲が狭ければ，時間は狭い地域に固有のものとしていれば済み，広い地域の時を統一する必要など物理的に生じる余地がなかった。たとえ，教会の鐘や街の時計塔の音に真の時とは極くわずかなズレがあろうとも，それはさしたる問題ではなかった。産業が動力源を自然に頼り，物資の輸送も馬の速さを限度としていた時代にあっては，時間は各地域に固有なものとしていれば事足りたのである[23]。

　南北戦争後，鉄道が急速に発達するにつれ，時間に関する論争が随所で展開された。そこでは，一方における局地時間という神の時間と，他方における地域時間とが併存する不便さがあり，それを広域に及ぶ人為的な時間として統一することの是非が争点となった。そこでは，利便性の向上という欲求に基づく文明促進の意識と，それまで維持されてきた伝統や生活の平穏の堅持という文化的な意識が対立・交錯し，さまざまな論争が繰り広げられた[24]。

3　動力源は自然の恵み

　蒸気力を用いた「鉄の馬」が活用される以前は，荷を運ぶにも人が移動するにも，主役は馬であった。だが，誰もが簡単には馬を持てなかったため，人々の移動はもっぱら徒歩に頼らざるを得なかった。こうした時代にあっては，人が動ける範囲は物理的に大幅な制約を受け，夥しい数の人が「膝栗毛」で旅をしていた[25]。だが，移動性の高さは，すでに19世紀初期段階のアメリカで彼らの生活スタイルになりつつあり，1830年には，居住地の外にまで人々は頻繁に足を運ぶようになっている。

　1840年代以前は，物資を輸送する船はまだ不定期船でしかなかった。それは荷がある時にしか運行されないため，荷積みをした船がいつ入港するのかの予測も容易ではなかった。このような時代にあっては，そもそも運航計画に合わせ船の定期運航ができると考える者さえ，ほとんどいなかった[26]。

　19世紀前半のアメリカでも，近代化に向けた潜在的な動きは随所で見られる。例えば，輸送革命の一環として道路建設と並行して運河が新たに建設され，エリー運河をはじめ積極的に利用されるようになった[27]。また，世紀の半ば近くになると，マサチューセッツのローウェルでは，メリマック川の大滝の落差を利用し，かつてない規模の織物工場も運営されるようになった。だ

が，輸送手段が，あくまで風や水流などの自然の原動力を頼っていたため，その運搬量の限界により，産業や生産の規模が大きく制約されていた。このため，近代化に向けた潜在的な変革や工夫も，それだけでは産業の近代化を促進するには到っていない[28]。

> 財貨の輸送は，数世紀にわたってそうであったように，［1840年ころまでは］風力や畜力に頼っていた……。伝統的な輸送技術に依存していた結果，改善のための機会はほとんど存在しなかった。1840年まで，駅馬車，運河船，帆船の速度，あるいはこうした施設によって運搬される貨物量が，輸送手段の設計の改善によって実質的に増大するということはなかった。1840年までの蒸気力による陸上輸送といえば，まだようやく利用されはじめたばかりであった（アメリカで最初の鉄道は，ようやく1830年代に至って営業を開始したにすぎなかった）。そして蒸気船はまだ静穏な河川，湾および湖で利用されるだけで，沿岸ないし大西洋横断貿易に使用されるほど，技術的に進歩していなかった。1840年に，郵便物の配送経路のゆうに90％以上が，まだ馬に頼るものであった。新しい技術は，一定量の財貨を一定距離だけ移動するさいの速度に課せられた昔ながらの制約条件を，まだ取り除くに至ってはいなかった。こうした技術的制約が，逆に，商品の流通を扱う商業企業の活動量を制約したのである[29]。

自然頼みという技術上の制約が打破できないうちは，いくら生産現場での部分的な改善がなされたにせよ，その実質的な効果は高が知れていた。こうした時代には，アメリカ全土に亙る統一的な標準時の必要を切実に感じることも実質的になかった。

徒歩の時代から馬車の時代を経て，アメリカは19世紀半ばからは鉄道の時代に入る[30]。だが，鉄道が本格的に稼働するには，線路の敷設とともに，石炭の開発を促進しその生産量を増大させる必要があった。また，労働現場や会社の管理という面から見て，アメリカで初めて近代の特徴を備えた会社となるのが，鉄道会社である[31]。このため，全面的な近代化への動きがアメリカで本格化し始めるのは，それまでの自然頼みの輸送体制を一変させるだけでなく，それとともに他面でも近代化に向けた諸条件が整う，1840年代以降のことになる。

III 変化の兆し

1 時計の普及と時間意識の変化

　19世紀半ば，アメリカには「レキシントン」という名の凄い競争馬がいた。スミソニアン博物館に，今でもその骨格が標本として残されるほどの名馬である。この馬をめぐり，アメリカ人の時間の観念の変化を示すエピソードがある。

　レキシントンは，1855年に4マイルを7分19秒3/4で走るという世界記録を打ち立てている[32]。この際の計時に用いられたものが，今で言うストップウォッチである。これは，マサチューセッツ州ウォルサムにある「アメリカン時計会社」が初めて量産に踏み切ったもので，後に同社は「ウォルサム」と社名を改め，懐中時計の製造で名を成した[33]。

　時の感覚が秒刻みまで細かくなるには，それなりの手段が必要であろう。ヨーロッパでの公共時計の歴史は甚だ古いが，街の時計塔などの類を離れ，個人が時計を持つに到った歴史はさほど古いわけはない。もちろん，個人時計が普及し始めた当初から，秒単位で時が示されたわけでもない。このため，19世紀半ばに，競走馬のタイムをストップウォッチで測定し，秒以下の単位まで記録に残すようになったことは，時計製造技術の発展と，それに伴う時に関するアメリカ人の意識の変化を探る上で，とりわけ注目される出来事となる[34]。

　アメリカの時計作りの歴史を顧みれば，初期段階に当たる18世紀末，最も著名な人物としては，ニューイングランドの時計製造職人イーライ・テリーの名が挙げられる[35]。彼の手による小型の置時計は，歯車にまで木材を用いて製造した木製時計であった。彼は1790年代に，時計製造の初期段階から工作機械を用いた生産を試み，互換性部品を用いた時計を量産している。テリーの周囲では，年に200個も時計を作っていては，すぐに時計の需要は尽きてしまうという陰口もささやかれていた[36]。ところが，生産工程の機械化によりコストが劇的に下がったことに加え，量産した時計は行商人を使い市場での売り込みを図るという，当時にしては注目すべき新手法を活用したため，予想に反して売り上げも増大した。結局，木製時計は，真鍮時計にその座を

奪われる形で1830年代には姿を消す。だが，3年間に4000個の時計を製造し納入するという離れ技をやってのけたテリーの功績は，後の時代のアメリカにおける量産の草分け的存在とも言われる[37]。

アメリカにおける時計製造はこうした形で始まったが，後に個人時計が普及するにつれ，人々の時間感覚にも次第に変化が表れ，レキシントンの記録に示されるように，19世紀半ばになると，それまでの自然で文化的な時の観念を離れ，精密時計を用いた人為的で文明的な時の観念を次第に受け容れるようになった様子が窺える。

2　工場での労働と時間意識の変化

19世紀前半から，アメリカには労働面でも大きな変革の波が押し寄せた。1840年代以降，ヨーロッパを中心にアメリカへと流れ込んでくる大量の移民労働者があり，それと並行して，国内の各地方から都市に流入してくる労働者がいた。そこに家内の作業場から工場へという労働形態の変化と，機械化の波という要素も重なった。このため，農業社会から産業社会へ，文化から文明へという変化が労働現場にも急速に押し寄せ，この大規模な流れの中で，多くの労働者は，それまで保ち続けてきた慣習や価値観の多くを葬り，その行動や感情を新たな基準に適合させるよう，多大の苦難を強いられた[38]。

18世紀を通じ，高級職人を除く一般の職人など，特殊な熟練技能を持たない労働者は，能率が悪く労働意欲も低調で，ひとにぎりの金があれば，それがなくなるまでは働こうとはしない，怠けものと見られていた。このため，彼らには低賃銀・長時間労働を課することが彼ら自身のためであり，ひいてはそれが国家繁栄のためになるとも考えられていた[39]。だがここには，長時間に及ぶ労働時間とも絡んで，労働者の勤勉か否かを見極める上で，もう一つ別の要素が絡んでいる。

現代では，自由時間ならともかく，勤務時間中に仕事以外のことに耽っていれば，それが勤勉でないことの証になる。だがこれは，近代の労働現場で言いうることであっても，それ以前の時代には必ずしも当てはまらない。

そもそも，近代社会では，まず自由な個人を想定した上で，それが生計を立てるために労働力を時間単位で売却すると考える。それにより，労働時間と自由時間との区別が生まれる。だが，前近代社会においては，自由な個人

の存在は想定されていなかった[40]。したがって，仕事時間と自由時間の区別，言い換えれば人生と仕事の区別がなく，働くこと自体が生活の目的となっていた。徒弟であれば，起床から就寝に到るまで，すべてを奉仕に充てることが予定され，それゆえ一日を通し原則的に私的な時間，つまり自由な一個人に戻る時間はないことになる[41]。たとえに彼らに「自由時間」に似たものがあったとしても，それは自由な個人が本来的に持つ当然の権利によるものではなく，親方の温情的配慮により与えられたものに過ぎなかった。

職住分離もなく，工場での作業という新たな労働形態が定着する前の段階では，仕事時間と自由時間の区別もないまま，仕事と息抜きが同じ時間の中に混在していた。その結果，公的なはずの仕事時間の中に，私的な余暇・休憩時間として，いわば「息抜きの時」が混入する仕組みになった。かつて労働者は勤勉ではない怠け者とみなされ，低賃金と長時間労働がふさわしいとされた背景には，時間にルーズな印象を増幅する，こうした事情も絡んでいる。これが，近代化に伴って変わった。

> 19世紀のアメリカでは，産業化により社会が変わるにつれ，人々が労働時間と自由時間とはどのような関係にあるのかを考え，それを割り振りするという点で，決定的な変化が表れた。……18世紀の労働文化は，余暇時間と仕事時間とがブレンドされたものであったが，それが余暇時間と仕事時間を峻別するパターンへと道を譲ることになったからである。この峻別パターンは20世紀初めまでに確立される。例えば，18世紀の職人たちは，自分の家や作業場で1日に12時間以上も働いた。だが，その間，彼らは長いこと飲み食いやおしゃべり，あるいは仕事とは関係のないことに多大の時間を割いていた。というのは，彼らにとっては，人生と仕事は区別されず，両者が混じり合っていたからである。大きな企業では，労働者の振る舞いに対し，労働時間から仕事以外のことに割く時間を排除するよう，次第にルールを厳しく課すようになった。それにつれ，ある時が労働の終わりを告げ，それ以後は余暇時間が始まるシグナルとなった。雇主が，機械を持ち作業場を集権化することを通じ，労働時間と作業現場への支配権を手に入れる一方，賃金労働者たちは，自分が雇われている時間は，自由に振舞える時間ではないことを悟り始めたのである[42]。

現代人が，趣味に時間を費やす場合にも似て，時計も普及していなかった時代には，労働が必ずしも時間単位で意識されていたわけではない。そこで

第6章 「鉄の馬」がもたらした統一標準時　145

は，労働は，ひと仕事の区切り task-orientation とか疲労の程度などを節目として行われていた[43]。ひと仕事を区切りとするこの時間意識は，今でも全く不適切なものになったわけではない。だが，農民や職人の仕事における場合のように，これを自然な労働の区切りとして効果的に機能させるには，いくつかの前提条件が必要である。それは，職人が仕事に精を出す場合のように，これが時間単位での労働よりも，身近で納得の行くものであること，また仕事時間と余暇時間との境界が不明確で，仕事と社交を隔てる垣根がないこと，さらに時計に支配される習慣がなく，時間を浪費しがちであっても仕事を急かされないこと，などが挙げられる[44]。

　農業社会がこうした前近代的な条件を備えていたとすれば，そこから，時間単位で労働力を売買する産業社会へと向かうには，時間に関する考え方の劇的な変化なくしては，不可能であったろう。産業社会へと変化するプロセスで，最も具体的レベルでの変化が生じたのは，個人が一日の時間の中でそれを労働に割り振る際のやり方においてである。現代人は，仕事時間と余暇時間との区別を半ば当然のものとして受け容れ，仕事時間には私的なことに耽ることを避ける。だがこれは，19世紀の産業化へと向かう時代に，時計の普及に伴って定着した現象であり，それ以前から当然のようにあったものではない。このため，産業社会になると，一日の時間配分の中で，労働者にとってどこまでが仕事時間で，どこからが余暇時間かが，大きな鍵を握るものとなった[45]。労働者が己の売る時間の値をつり上げ始めると，雇主の方も仕事時間を管理する意識を強め，双方で，仕事時間と自由時間の峻別が以前より明確に意識されるようになった[46]。

3　工場システムとミル・ガールズ

　イギリスと比べればはるかに歴史の浅かったアメリカには，イギリスのようなギルドが育たず，このためこのギルドとともに育った高級職人も，さほど多くは存在しなかった。職人といっても，アメリカでは一種類の技術だけに特化せず，多種の技術をこなす者が中心であった。いち早く工作機械を用い，時計や織物などの製品の量産システム，俗に「アメリカ風製造システム American System of Manufacturing」と呼ばれる手法が発達した背景には，こうした条件が有利に働いた可能性もある。

19世紀半ばになると、ヨーロッパ人たちは「アメリカ風製造システム」というものが、自分たちのやり方とは全く違うことに気づき始めた。……だが、この製造手法は、特定のもの——例えば銃、時計、織物、書物など——を作るために磨き上げられた、高級技術から成長したものではなく、何でも作れるノウハウを示すことから出来上がったものであった。……新しい自動織機から互換性ある部品に到るまで、およそアメリカ風製造システムのいかなるものも、すでにヨーロッパ人が考えていたものである。だが、数少ないヨーロッパ人がその可能性を見出したにもかかわらず、彼らは、自分たちの社会から、そのアイデアをフェアーに試すための力を削がれ続けた。それは、あまりにも多くの者が、旧来のやり方に固執していたためである。ヨーロッパで産業社会が進歩するには、それまでのパターンを打ち壊すための、法外な勇気が求められた。……これに比すれば、アメリカの才人たちに求められたことは、発明や発見をすることより、現に考えたことを実行してみることだけであった[47]。

　アメリカが、こうした独自のシステムを生んだのは、そこそこの技術はあっても高度な職人技巧は欠いていたこと、大きな市場がある一方で労働力が希少であったこと、豊かな自然の水力には恵まれても、生の素材は貧しかったこと、などが挙げられる[48]。

　近代化に伴い、それまで家内の作業場で職人により行われていた各種商品の製造作業は、機械で商品生産を迅速・大量に行う、工場という新たな生産システムに次第に置き換えられていった。高度な専門技巧を必要とせず、素人にも比較的短期で機械の操作が習得できれば、腕一本で身を立ててきた技術職人にはこれが大きな打撃となる。このため、1840年代になると、徒弟制度や旧来の職人は過去のものとなり、多くの職場から姿を消していった[49]。

　その典型的な歴史が、織物技術の歴史に見られる。アメリカにおいては、1810年代から30年ほどの期間が、織物技術の胎生期に当たる[50]。1790年以後、アメリカではイギリスで開発された自動生産技術を採り入れ、それに更なる改良を加えて利用していた。1830年代になると、川の水を動力源とする大小の織物工場が多数生まれ、製造作業は以前よりはるかに大規模にして迅速になされるようになった[51]。この時期に、マサチューセッツ州ローウェルにいち早く作られた織物工場が、その代表例のひとつである。

　　ペンシルバニアからニューハンプシャー南部に至る地域では……「水車村」

が多くの中小規模の川のほとりに出現した。田舎の工場では，1790年代から水車を滑車とベルトにつなげて機械を動かし，綿や羊毛を紡ぎ，織り，椅子の脚や銃身に丸みをつけるなどの作業をおこなっていた。水車の動力を利用する方法は，1820年以降ますます盛んになり，この国初の工場労働者の集落が水車場のまわりに誕生した。

　1823年のローウェルは，マサチューセッツ州の，僅か数人の農民が土地を耕す辺鄙な場所に過ぎなかった。それから40年もしないうちに，メリマック川の大滝が水車の動力源として利用されるようになると，ローウェルに建ち並ぶ工場や労働者用の宿舎からは，かつてない程の規模で展開された事業の全体像と動力利用の実態がうかがえる[52]。

アメリカ産業革命の胎生期に，その中心地となったローウェルには，こうした木綿製造工場が多数作られたが，当時は工場という作業場がまだ目新しい存在であった。家内工業の時代に，徒弟として技術を身に着けた職人の場合とは異なり，工場で動く機械を操作・監視する仕事には，それほどの高度な熟練や技巧を必要とするわけではない。このため，そこでは熟練職人を必要とはしなかった。

これを端的に示す例が，ローウェルの織物工場における「ミル・ガールズ」のケースである。そこでは，さしたる技術を持たない若い女性や年少者が，寮に住み込みで働く形が採用されていた。彼女たちは，いわば工場の織物機械の見張り役であって，自らの技術が織物生産に直接求められるわけではなかった。「ミル・ガールズ」という呼称は，こうした若い女性が労働現場に登場したことに由来するもので，そうした呼称が今にまで伝わっていることは，それまでの労働現場にとって彼女たちがいかに異例のものであったかを窺わせる。

だが，職人の技術から機械による量産へと製造方法や規模が変わったからといって，それだけで近代企業が誕生するわけではない。企業の組織面に目を向ければ，工場での商品製造が定着しても，それだけで旧来の会社組織は一新されなかった。それは，資本を集中するために法人組織を作っても，経営手法そのものは伝統的なやり方を固守し，それまでのパートナーシップが用いられていたからである。工場は，概ね数人の大株主が運営し，有給で雇われた役員は仮にいたにせよ，彼らには会計に対する関心が概ね欠落してい

た。会計はあっても，それを用いて将来に向けた経営上の判断をするまでには到らず，単なる過去の取引記録という段階に留まっていた。このため，新たな工場システムにより生産規模が増大しても，経営に関しては，組織内部でトップ管理職やミドル管理職を構成するに到るには，ほど遠い状態に留まっていた[53]。

　　ボストン在住者によって所有され管理された多くの企業や他の地域の企業において，一連の管理者集団が産業企業の基本的な活動——販売，製造，購買，財務——に対して責任を負うようになるのは，南北戦争のはるか後のことである。統合された織物工場は，アメリカにおける最初の大規模工場であったという事実にもかかわらず，この新しい織物工場は，近代的な産業管理の発展にほとんど影響を与えなかった。それは，伝統的企業が伝統的な方法を変えなければならないほどの圧力を，いまだ受けていなかったことに起因するものであった[54]。

　商品生産のプロセスだけを見れば，ローウェルの織物工場の出現と発展は，それまでの家内工業における職人作業の時代とは一線を画し，近代化に向けた先駆にはなったにせよ，企業管理という面から見れば，それはほとんど伝統的なやり方の域を出ていなかった。

4　無煙炭の開発

　鉄道は，枕木の上に線路を張り巡らしただけで，アメリカ全土を走り回るまでに発展したわけではない。アメリカの鉄道が，輸送革命とまで言われる一大転換を達成するには，イギリスと比べて重要なものが欠けていた。それはエネルギー源としての石炭である。

　　あらゆる技術的制約のうちで，おそらく石炭の欠如が，合衆国における工場の普及を妨げた最大の要因であった。この制約を取り除いたのは，ペンシルベニア州東部における無煙炭田の開坑であった。……
　　19世紀の半ばまでに，石炭や鉄および機械が利用できるようになったため，［多くの］産業における生産過程もまた変貌をとげるに至った。石炭は……大規模生産にとって不可欠な熱を供給したばかりでなく，蒸気力をつくり出すための，安価で効率的な燃料ともなった。安価な石炭はまた，市場と労働供給源に近接した商業中心地に，蒸気力を利用した大規模な工場の建設を可能とした。

熱利用産業において，工場は……いち早く職人や手工業者にとってかわった。……こうして石炭は，それまで多くのアメリカ産業において基本的な生産単位であった職人，小規模な工場所有者，前貸し制度を工場に代置させることを可能とする，エネルギー源となったのである。

　南北戦争前の 15 年間に，石炭の利用可能性と石炭利用技術の導入が，生産過程に根本的な変革をもたらしたように，鉄道と電信もまた流通過程を変革しはじめていた。鉄道と電信は，仲介業者が，以前に比べはるかに大量の財貨を引き受け，分配することを可能にした。このような生産と流通における基本的な変革は相互に影響を与えながら，その効果を累積的に高めた。……ほとんど時を同じくして出現した，豊富で新しい形のエネルギーの利用可能性と，革新的な新しい交通ならびに通信手段とが，アメリカの商業と工業における近代企業の台頭をもたらしたのである[55]。

石炭の豊富な供給が鉄道のみならず，大規模な工場での生産にとっても不可欠なものであった。だが，鉄道にとっては，この石炭の開発と並んで，19 世紀の半ば，サミュエル・モールスによって発明された電信が，それと同等の重要な地位を占めた。

Ⅳ　統一標準時の導入と近代

1　電信の活用

　長年に互り，太陽の動きを通じた自然の保時が行われてきたが，19 世紀半ば近くになると，こうした自然で文化的な時の観念の維持が難しくなってゆく。その最大の要因は，鉄道の発達である[56]。それまで，短時間でこれほど長距離を移動できる手段は存在しなかった。アメリカで 1830 年代に実用化された「鉄の馬」は，とりわけ 40 年代以後になると著しい発展を遂げる。そこで問題となってくるものが運行時間の正確さである。これは，郵便事業においてもかねてから厳しく求められていたが，それは鉄道事業にとっては，初期の単線運行の安全面から死活的な重要性を持つものであった。だが，正確な時刻を路線上にある各々の駅で維持するためには，それらに正確な時刻を知らせる時報の確保が必要不可欠になる。

　伝統的な局地時間は，個人がその時点でいる場所との関係で決まるため，

どこにいるかで時刻を異にする。したがって時報など必要とはしなかったが，これでは時々刻々と居場所が変化する鉄道の運行などとてもできない。そこで鉄道会社は，運行のための時間として，あるエリア内の基準点を定めそこに共通する地域時間を用いて，エリア内での鉄道運行の用に供していた。このため，局地時間がどうであれ，エリア内のある地点を標準とし，その時刻を以てエリア全体の時刻とみなすことになった。さらに，鉄道の線路が規模を拡大すれば，標準点の時刻を報じること，つまり時報がビジネスになった。かくして，この地域標準時が，各々の狭いエリアに固有の伝統や慣習を溶かす溶剤の役目を担うものとなってゆく[57]。

このため，電信の発明は鉄道会社には画期的な意味を持っていた。鉄道が，電信とともに発展したことは，決して偶然ではない[58]。有線電信は，1844年5月，政府からの補助金を得て，アメリカのサミュエル・モールスが，ワシントン＝ボルチモア間に銅製の電線を敷設し電信業務を開始したことで実用化された。これは，それまでの郵便等とは異なり，時間・空間の障壁を越え瞬時のうちに遠隔地への時報の伝達を可能にした。このため，電信はコミュニケーション史の観点から，印刷機が世に現れて以後，最大の革命的なものに該当すると言われる[59]。電信は，遠く離れた二つの天文台間で時報をやり取りし，それにより経度を正確に算出するために用いられた。だが，遠隔地に瞬時のうちに時報が可能になったことで，二地点間での時刻の確認がはるかに確実にして容易になり，鉄道の運行においても，時間の正確さを確保する上で不可欠なものとなった。

電信網が整備されると，地域間の時間差を解消するため，電送時報を用いたより広い地域の公共時間が設定できるようになった[60]。例えば，複数の鉄道会社で構成された「ニューイングランド鉄道管理協会」は，1849年11月5日，鉄道の便宜のためという条件つきで統一時間を採用している。これは，ボストンの天文学者であったウィリアム・ボンドの指導で鉄道時間を統合し，ボストンのコングレス街26番地にあった電信会社「ウィリアム・ボンド・アンド・サン社」が通知する，真のボストン時間より2分遅れという時刻を標準として設定したものである[61]。数年内に，これが単なる鉄道時間からさらなる広がりを見せ，ローカルではあったがアメリカ初の統一時間となる。

時間の源泉はそれまで自然にあるとされてきたが，これにより地域時間が

固有の慣習を溶かす働きをし，そのおかげで鉄道時間が時間の源泉を務めることになった[62]。鉄道会社の合併等で，その数は減ったとはいえ，1883年に全米規模での統一標準時が導入される直前になっても，広大なアメリカでは各地域の鉄道時間は49もあったという[63]。

　一般人は，当時においてもさほど鉄道を利用する機会がなかったため，日常生活を送る上で，統一時間の必要性などさして感じてはいなかった。その意味で，統一標準時の必要性を肌で感じていたのは，旅客を含めてもあくまで少数派に留まっていた。だが鉄道会社は，路線の規模が拡大するにつれ，統一的な時間がない不便さを，ますます痛感するに到る。しかし1880年代当時は，鉄道会社というアメリカ初の巨大企業に対する警戒心や，独占企業への非難の声も高まり，鉄道会社にはかなり風当たりが強い時代であった。また，科学者団体や議会にも，世論を押し切ってまで統一標準時として時間を再編するメリットも感じなければ，それを実行に移す力もなかった。このため，統一標準時の導入を決行するとすれば，さまざまな批判を承知の上で，実質的にその必要性を痛感していた鉄道会社が押し切る以外に方法がないのが実情であった。

　こうした中，1883年11月18日，アメリカでは，鉄道会社の決定により，それまで49もあったローカル・タイムに代わり，新たな公共時間として，東から西に5つの統一標準時間帯が導入された[64]。これが，今日のアメリカの標準時間帯にほぼそのまま当てはまるが，これは政変にも該当することであったという。

> 　1883年，アメリカの鉄道経営者協会 an association of railroad managers により，基本的に今日使われているものと同一の標準時間帯システムが採用された。連邦法や公の要請などの手助けもないまま，これらの経営者たちは，アメリカという国の公的な保時システムを一挙に作り変えてしまった。これは，行政上の政変にも匹敵するほどの離れ業であった[65]。

　アメリカに今日風の統一標準時を導入したのは，政府ではなく鉄道会社である。これにより，鉄道はそれまで鉄道の機能を複雑にし，また収益も阻害してきた混乱に，ようやく終止符を打つことに成功した[66]。この結果，アメリカは，全土に亙りタイム・スパニングを採用した世界初の国となった[67]。この

プロセスにおいて注目すべきことは，時間帯の設定にあたり，それまでの神聖で文化的とされてきた時間の要素は見事に払拭され，もっぱら便宜に基づき鉄道会社の設定した文明的な時間が，露骨なまでに正面に押し出されている点である[68]。

2　アメリカ初の近代企業

　チャンドラーは，この文明時間の創造主でもある鉄道会社を，その組織面に注目して，アメリカ初の近代企業として位置づけている。それによれば，アメリカでは，そもそもはジェネラル・マーチャントと呼ばれ，かつては主に顔見知りの範囲内で取引を行っていた「万屋」的な個人商店に端を発し，その後のビジネスは，長年に亘り「パートナーシップ」を標準的な経営形態として行われてきた。だが，パートナーの一人が無限責任を負う形の個人企業では，その規模がいくら大きくとも，近代企業にはならない。それは，管理組織に着目すれば，例えばローウェルの織物産業にみられるように，トップ・マネージメントとミドル・マネージメントの区別もないままに，数人の大株主が会社を運営するのを常としていたことによる。

　これと比べ，アメリカの鉄道会社は，安全性の維持，施設の管理・維持，サービスの展開など，どの面をとっても，およそ個人企業が肥大した形では到底運営できないものである。近代企業の特徴として経営における管理形態に注目すれば，トップ・マネージメントとミドル・マネージメントの出現が，近代企業のメルクマールとされる[69]。この点に注目すれば，1840年代に到っても，アメリカの企業にはミドル・マネージメントは全く存在しなかった[70]。それが初めて現れるのは，1850年代に隆盛し始めた鉄道会社においてである。

> ［1842年，ボストン・アンド・ローウェル鉄道がコンコードまで延長されると］水運は直ちに敗北を喫した。……1850年代には，河船会社も，ミシシッピー河の急速に拡大しつつある取引の多くを鉄道に奪われるに至った。一つの輸送形態が，これほど急速に他の輸送形態にとってかわられたことは，いまだかつてないことであった。
>
> 水運に対する鉄道のこの迅速な勝利は，たんに技術革新だけではなく，組織革新によってももたらされたものであった。技術は高速で天候に左右されない

運行を可能としたが，しかし，蒸気機関車，鉄道車両，線路，路盤，停車場，円形機関車庫その他の設備の継続的な保全と修理はもちろん，貨物と旅客を，安全かつ定期的に高い信頼度で輸送するためには，それ相当の管理組織を創設する必要があった。……鉄道の運営上の必要から，アメリカのビジネスにおいて初めて，管理階層の創出という必要性が生じたのである。これらの企業を経営した人びとが，アメリカで最初の近代企業の管理者となった。やがて所有と経営は分離した。……

　鉄道管理者には特殊な技能と訓練が必要であり，かつ彼らは一定の管理階層に属していたために，プランテーションの監督や織物工場の責任者よりもはるかに，自らの業務を生涯の職業とみなすようになった。やがて大部分の鉄道管理者は，途中で勤務先を変えることはあったにせよ，その生涯をかけて，管理組織の階梯を上昇することに期待をもつようになった。……[71]

　鉄道が出現するまでは，大量の物資の輸送を担っていたのは，船と運河通行による運搬である。アメリカは自然の水流に恵まれていたため，随所に運河を建設することで，自然水流を物資の輸送に要領よく役立てていた。

　だが，水運の大きな欠点の一つは，河や湖が氷結する冬季には使えない点にあった。この欠点を克服したのが鉄道である。しかしチャンドラーは，鉄道の発達によって水運という輸送形態が急速に衰退した最大の原因は，鉄道のスピードもさることながら，むしろ鉄道会社が，荷主に対し信頼度の高い運行計画に則り，とりわけ冬季を通じた確かな運行を確保し，いかなる天候にも左右されない商品輸送の保証に成功したことにあったという[72]。

3　ウィリアム・サムナーの近代化論

　近代に向かうプロセスの中で，かつては神のものとされてきた時間は，限度はあるにせよ，人為的に決定されうる文明的なものに転じた。これと同じように，法も神の掟や慣習とは袂を別ち，人の手によって作られ，社会改革の手段とみなされるようになった。さらに社会関係も，共同体が持つ諸々の慣例を振り切って，個人の自由意思による合意に還元されるものとなった。

　こうした動きの中で，統一標準時が導入された1883年，イェール大学教授として，アメリカの社会学者ウィリアム・サムナーは，父権主義と旧秩序の復活を望む動きを牽制して，次のように述べている。

中世においては，人々は慣習と掟により共同体，階級，ギルドなど，さまざまな種類のコミュニティーと結びつけられていた。人々は，生涯に互りこれらの絆に縛られ続けた。その結果，社会は，その細部に到るまで，すべて身分に依存していたし，しかもその絆や束縛は，感情によるものであった。

　一方，現代社会，とりわけアメリカ合衆国では，社会の構造は契約を基礎としているため，身分はほとんど重要性を持っていない。……契約関係が基礎とするものは，十全な理性であり，慣習や掟ではない。しかも，契約関係は永遠に続くものではない。それが続くのは，理性がそれを必要とする限りにおいてである。契約を基礎とする国では，感情によるものは，いかなる公的な共同の出来事からも排除される。……

　かつて領主と家臣，親方と丁稚，教師と生徒，仲間どうしを結び付けていた，身分や感情に基づく関係の時代に戻ることなど，問題外である。現代では，ある種の優雅さや品位が失われたことは疑いようもないし，かつて人生がもっと詩的でロマンスに満ちていたことも事実である。だが……現代が計り知れぬ進歩を遂げたことを疑う余地などありはしない。……契約を基礎とする社会は，自由で自律した人々の社会であり，彼らは義務に強いられずして合意を交わし，へつらいや示し合わせなくして協同する。このため，契約に基づく社会は，個人が己を成長させるのに，また，すべての者が自己を信頼し自由人の威厳を保つのに，最大の余地とチャンスを与えてくれる[73]。

　あらゆる社会関係を合意に還元できるわけではないにせよ，レッセ・フェールの信奉者であたサムナーにとって，個人の自由意思の容認される範囲が大幅に拡大した近代社会は，その欠点を補って余りあるものであった。彼の見方に従えば，19世紀終わりに，時計の普及と手を携え，文明的な統一標準時が旧来からの神の時間を押しのけた結果，もっぱら鉄道の運行と利便性を優先した文明的な時間の観念が優位に立ったことも，近代化の一環として肯定的に捉えたことを窺わせる。

　近代化に向けた動きは，生まれた段階からすでに己の意思では左右できないものに囲まれ，それが終生に互り付きまとい続けた時代から，各人が己の意思による自由，つまり自由な選択が可能になった時代への変化を意味する。それに伴い，それまで強く働いてきた父権主義はその影響力を低下させ，個人の自由を促す個人主義の支配へと道を譲った。統一標準時は，人が便宜に基づき定めた文明的な時間である。それは，神の文化的・自然的な意味での

第 6 章 「鉄の馬」がもたらした統一標準時　　155

時間に対し，個人主義と自由意思により運営されるべき契約社会には，よりふさわしいものでもある[74]。

　近代化に向けた賛否両論が渦巻く中で，統一標準時の導入が決まると，一般市民はおおむね，この鉄道時間を自発的に受け入れた[75]。これは，抵抗感はあったにせよ，時代の急速な変化に伴い，神の威光よりも文明の発達がもたらした利便性に，大方の人々が軍配を上げたことを示唆している。

[1] Daniel Boorstin, The Americans : The National Experience, pp. 35-36（1965）. もっとも，ブーアスティンは「創造性噴出」とはいえども，ニューイングランドの法律家たちが行ったことは，大胆な発明に相当するものではなく，適応と系統立てだったため，アメリカの新たな法システムで用いられる素材も技術も，アメリカが作ったものではないという。

[2] M. Horwitz, The Transfomation of American Law 1780-1860, Ch. 1.（1977, Harvard）. イギリスの歴史学者ウィリアム・ドイルは，フランスのアンシャン・レジームについて次のように述べている。「アンシャン・レジームとは，計画的に構築された事物の秩序ではなかった。それは，慣習と慣用によってゆっくりと，行きあたりばったりに育っていった。法律は慣習法で，権利は慣行にもとづくものであった。権力，特典，特権が，かぎりなく重なりあい，衝突しあっていた。」ドイル/福井訳『アンシャン・レジーム』p. 29（2004, 岩波書店）。アンシャン・レジームに関するこの説明は，封建法とされるコモン・ロー・システムにも，ほぼそのまま当てはまるであろう。このような性格を持つコモン・ローに対し，秩序は理性を基礎として計画されるべきもので，法も慣習を排除し理性によらねばならないという視点から，ブラックストーンの見解を強く批判した人物の一人が，功利主義の生みの親であるジェレミー・ベンサムであった。ベンサム研究については，土屋恵一郎『怪物ベンサム：快楽主義者の予言した社会』（2012, 講談社学術文庫）を参照。

[3] 「身分から契約へ」というヘンリー・メインの言葉に示されるように，近代社会では，身分の支配に代わり，自由で自律した個人が結ぶ契約を社会関係の基礎に据え，一切の社会関係を個人の自由意思に還元しようとする。Sir Henry Maine, Ancient Law, Its Connection with the Early History of Society and its Relation to Modern Ideas, pp. 163-65.（1970, Peter Smith）. その結果，近代においては，それまで村落共同体を構成してきた諸々の要素は払拭され，社会は文明的な契約関係からなるゲゼルシャフトとして，遍在する富の争奪の場として再構成された。その一方で，契約関係に還元されない家族などは，ゲマインシャフトとして，人々の心の安らぎの場として，本来的な役割を果たすことが期待されるものとなった。フェルディナンド・テンニエス/杉原訳『ゲマインシャフトとゲゼルシャフト』

[4] S. Kern, The Culture of Time and Space : 1880-1918. p. 12.（1983, Harvard）浅野訳『時間の文化史』p. 14（1993, 法政大学出版）。カーンがこのように言うのは，時間

を空間に対し普遍的と見る歴史を前提にしてである。

[5] http://www.mahoroba.ne.jp/～gonbe007/hog/shouka/furudokei.html ワーク作曲/保富康午作詞「大きな古時計」

[6] E.P. Thompson, Time, Work-Discipline, and Industrial Capitalism, p. 64. 38 Past & Present, pp. 56-97 (1967)

[7] Thompson, Time, Work-Discipline, and Industrial Capitalism, p. 69. 角山栄『時計の社会史』pp. 138-39（昭和59年，中公新書）

[8] Carlene Stephens, On Time: How American Has Learned to Live by the Clock, p. 23.［以下では Stephens, On Time と略す］アメリカが合衆国になった1789年ころ，2500人以上の人口を持つコミュニティーに暮らしていた人は全体の1/20で，この時代のアメリカ人は，18世紀初めの祖先と同じ生活をしていたという。

[9] Jack Larkin, The Reshaping of Everyday Life 1790-1840 (1988, Harper & Row). ジャック・ラーキン著/杉野目訳『アメリカがまだ貧しかったころ』p. 34

[10] Stephens, On Time, pp. 18-21.

[11] マイケル・オマリー/高島訳『時計と人間』pp. 31-32.［以下ではオマリー『時計と人間』と略す］オマリーからの以下の引用については，Michael O'Mally, Keeping Watch: A History of American Time (1990) を参照し，訳書とは文章を変えた部分がある。

[12] ラーキン『アメリカがまだ貧しかったころ』pp. 100-04

[13] ラーキン『アメリカがまだ貧しかったころ』pp. 34-35.

[14] ラーキン『アメリカがまだ貧しかったころ』pp. 29-34. オマリー『時計と人間』pp. 31-32.

[15] ワークのこの歌には，産業社会に向けた時代の変化を嘆く続編もある。注5のアドレスを参照。

[16] オットー・マイヤー/忠平訳『時計じかけのヨーロッパ』p. 168（1997，平凡社）

[17] D.R. Roediger and P.S. Foner, Our Own Time: A History of American Labor and the Working Day, p. 1. (1989, Greenwood)

[18] E.P. Thompson, Time, Work-Discipline, and Industrial Capitalism, p. 60. 38 Past & Present, pp. 56-97 (1967).

[19] オマリー『時計と人間』p. 13.「ユダヤ教とキリスト教の伝統の中で，時間は常に神のものだった。」

[20] オマリー『時計と人間』p. 27. 19世紀における地質学的時間の発見と，循環史観，発展史観との関係については，ピーター・ボウラー/岡嵜訳『進歩の発明』（1995，平凡社）。また，地質学的時間の解釈についてはスティーブン・グールド/渡辺訳『時間の矢　時間の環』（1990，工作舎）

[21] オマリー『時計と人間』pp. 17-24.

[22] オマリー『時計と人間』pp. 24-25.

[23] Stephens, On Time, pp. 23-24. 時間帯に関しては，アメリカでは1820年代には局地

第6章 「鉄の馬」がもたらした統一標準時　157

時 local time の時代を迎え，その後，より広い地域を含む地域時 regional time の時代を経て，1880 年代の標準時 standard time の時代に到る。

[24] 19 世紀における鉄道の出現に際し，鉄道そのものに対する知識人たちの賛否両論が渦巻いていたことについて，オマリー『時計と人間』第 2 章，シヴェルブシュ/加藤訳『鉄道旅行の歴史』第 3 章（1982, 法政大学出版局），デレク・ハウス/橋爪訳『グリニッジ・タイム：世界の時間の始点をめぐる物語』pp. 144-54.（2007, 東洋書林）［以下ではハウス『グリニッジ・タイム』と略す］

[25] ラーキン『アメリカがまだ貧しかったころ』pp. 258-59.

[26] Stephens, On Time, p. 58. アルフレッド・チャンドラー/鳥羽・小林訳『経営者の時代』上 p. 72.（1979, 東洋経済）

[27] 「ほぼ 1815 年から 1843 年までが運河の時代といわれる。……運河時代の先駆けとなったのは，1825 年のニューヨーク州によるハドソン川とエリー湖を結ぶエリー運河の完成である。総延長 363 マイル……この中西部と北東部を結ぶ東西交通の運河の経営は，見事に成功した。当初 10 年間の純利益率は 8％と推定され，投下資金は数年で回収された。最初は荷馬車並みの 1 t 当たり 100ドルだったニューヨーク―バッファロー間の貨物運賃は，数年間で 10ドルに下がった。ターンパイクだったら 50 頭の馬が必要な重量の荷物を，運河なら（運河沿いの側道の馬が）1 頭で曳くことができた。エリー運河は，西部農業の発展に寄与するとともに，東西交通と国際交易の結節点としてのニューヨークの都市としての地位を飛躍的に高めた。エリー運河の成功により，各州が運河建設を競い合う時代となった。しかし，経営面でエリー運河のように収益を上げた例は少なかった。」秋元英一「アメリカ経済の歴史 1492-1993」pp. 65-66.（1995, 東大出版会）

[28] ラーキン『アメリカがまだ貧しかったころ』pp. 22-23.

[29] チャンドラー『経営者の時代』上 p. 59

[30] この点で，日本は，江戸幕府が馬の使用を政策的に禁じていたため，徒歩の時代から，馬車の時代を経ることなく，明治維新以後，徒歩からいきなり鉄道の時代に到った点で，欧米の場合とは異なることが指摘されている。三戸祐子『定刻発車：日本の鉄道はなぜ世界で最も正確なのか?』p. 33.（平成 17 年　新潮文庫）

[31] チャンドラー『経営者の時代』上 pp. 131-35.

[32] Stephens, On Time, p. 67.

[33] 角山『時計の社会史』pp. 220-22.（1984, 中公新書 715）

[34] Stephens, On Time, pp. 68-69.

[35] Stephens, On Time, pp. 85-86. オマリー『時計と人間』pp. 47-49. 角山『時計の社会史』pp. 216-20.

[36] Jerome, History of American Clock Business for the past Sixty Years, p. 14（2008, Biblio Bazaar）

[37] デーヴィッド・ハウンシェル著/和田他訳『アメリカン・システムから大量生産へ 1800-1932』pp. 71-77（1998, 名古屋大学出版会）。Stephens, On Time, pp. 85-86. オ

マリー『時計と人間』pp. 47-48. 森杲『アメリカ職人の仕事史：マスプロダクションへの軌跡』pp. 134-44（1996, 中公新書）

[38] アメリカでは、長期に亘り国の内外から都市へと人々が流入する現象が繰り返し起きていたアメリカでは、比較的短期のうちに近代化のプロセスを終えたイギリスの場合とは異なり、労働面では、近代化に向かう変化と、それに抗う緊張関係が一過性のものとして終わらず、20世紀前半に到るまで波状的に押し寄せ続けた。「近代化途上にあるすべての国と全く同様に、合衆国は［近代化のプロセスにおいて］文化全体を工業化するという困難な課題に直面した。しかし合衆国では、アメリカ経済の成長発展の各段階に、それぞれ異なる第一世代工場労働者が存在したために、この過程が規則的に繰り返されたのである。……アメリカでの緊張関係は、工業社会の外に生まれ、しばしば出生、皮膚の色、労働慣習、慣習的価値観、行動様式も異なる人々を工業化することに躍起になっていた社会に特有の緊張関係だった……。この過程は、1815年以降の合衆国で、たえず繰り返された。それは、アメリカの白人を含めて、前工業的諸民族の新たな集団を、アメリカが吸収し変化させようと試みた時期であった。しかし、その結果生じたのは、静態的緊張でもなく、また同種の緊張の単なる循環でもなかった。なぜなら、アメリカの労働人口の構成が変化したのと同様に、アメリカ社会自体も変化したからである。……歴史のそれぞれの時点で、工業社会への移行は、労働慣習の厳しい再構成を伴った。」H・G・ガットマン大下他訳『金ぴか時代のアメリカ』pp. 28-30.（1986, 平凡社）

[39] 大河内一男『アダム・スミス』p. 226。（「人類の知的遺産42」1979, 講談社）

[40] ロバート・ハイルブローナー/八木ほか訳『世俗の思想家たち：入門経済思想史』p. 38（2001, ちくま学芸文庫）

[41] もちろん親方にも、徒弟を預かる者として、それに対応した数々の義務は課されていた。Peter Laslett, The World We Have Lost：England Before Industrial Age (1965, 1984ed.,). ピーター・ラスレット/川北ほか訳『われら失いし世界：近代イギリス社会史』（1986, 三嶺書房）

[42] Stephens, On Time, p. 75.

[43] E.P. Thompson, Time, Work-Discipline, and Industrial Capitalism, p. 60. Roediger and Foner, Our Own Time：A History of American Labor and the Working Day, p. 1.

[44] Thompson, Id.

[45] Gray Cross ed., Worktime and Industrialization, pp. 3-4.（1988, Temple Univ.）. クロスは、このテーマがこれまで無視されてきたと述べている。

[46] Cross, Worktime and Industrialization, pp. 3-4. この時間の観念が変化するプロセスで、蒸気エンジンと肩を並べて重要な役割を果たしたのが、時計の普及である。工場や作業場だけに時計が据えられ、職人や労働者がそれ以外に時を知る術がなければ、しばしば雇主が時計の針を操作し就業時間をごまかす、一種の詐欺的な行為が多発したという。だが、こうした行為は、時計のさらなる普及により次第に難しく

第 6 章 「鉄の馬」がもたらした統一標準時　　159

なった。オマリー『時計と人間』pp. 55-57. また，1830 年代には，時計時間が工場システムを通じて労働の現場に入り始めた。しかし，当時における長時間労働との関係で，夜間労働は，照明費用が甚だ高くついた上，安全面からロウソクなどは不安があったことが指摘されている。19 世紀の照明の歴史に関しては，W. シヴェルブシュ／小川訳『闇をひらく光：19 世紀における照明の歴史』(1988, 法政大学出版)。オマリー『時計と人間』p. 54. さらに，工場や作業場に時間割が張り出され，朝の出勤時間から綿密な規定があっても，それは時間厳守を象徴するものにすぎず，実際に厳密に時が計られていたわけではない可能性もある。社会全体が時報に合わせて始動する，時計じかけの時代になる前であれば，時計も人々の時間意識も，今と比較すれば，かなり厳密性を欠いていたことは想像に難くない。

[47] Boorstin, The Americans, p. 20.
[48] Boorstin, Id. pp. 20-21.
[49] ラーキン『アメリカがまだ貧しかったころ』p. 85
[50] チャンドラー『経営者の時代』上 p. 120.
[51] ラーキン『アメリカがまだ貧しかったころ』p. 82
[52] ラーキン『アメリカがまだ貧しかったころ』pp. 22-23
[53] チャンドラー『経営者の時代』上 pp. 119-125
[54] チャンドラー『経営者の時代』上 p. 127
[55] チャンドラー『経営者の時代』上, pp. 132-35. ドイルは，アンシャン・レジームを終焉に導いたのは，鉄道であったと述べている。ドイル『アンシャン・レジーム』p. 102.
[56] アメリカ最初の鉄道会社は，1826 年 3 月 4 日に設立されたボストンの「グラナイト鉄道会社 Granite Railway Company」である。これは，ボストンの綿花輸送を行っていたミドルセックス運河が冬期には 5 ヶ月も凍結し使用できなかったため，その沿線の経営者たちが建設したものであった。Robret L. Frey ed., Encyclopedia of American Business History and Biography：Railroads in the Nineteenth Century, xiii. (1988, Bruccoli Clark Laymann)
[57] オマリー『時計と人間』pp. 88-94.
[58] Stephens, On Time, p. 59.
[59] Tom Standage, The Victorian Internet：The Remarkable Story of the Telegraph and the Nineteenth Century's On-line Pioneers, viii (1998). 星名定雄『情報と通信の文化史』p. 397 (2006, 法政大学出版)
[60] オマリー『時計と人間』pp. 80-83
[61] オマリー pp. 80-81. これはあくまで鉄道運行のための地域的な標準時制の導入である。アメリカ合衆国全土にわたる規模での鉄道時刻の標準時制導入は，大陸横断鉄道完成後の 1883 年である。
[62] オマリー『時計と人間』p. 82. もちろん，アメリカで全土に及ぶ標準時が導入されるのは，まだ 30 年以上も先の話であったため，それまで，移動が長距離に及ぶ列車の

乗客は，依然としてかなりの不便に晒され続けたことになる。例えば，1870年頃でも，ワシントンからサンフランシスコまで旅をしようとすれば，旅客は，町を通るごとに，200回以上も時計合わせを強いられたと思われる。全米では，80近い別個のローカルな鉄道時間があった時代である。S. Kern, The Culture of Time and Space：1880-1918. p. 12.（1983, Harvard）浅野訳『時間の文化史』pp. 15-16（1993, 法政大学出版）。経度差を時間に換算し，イギリスとアメリカを比較してみると，イギリスでは最大でも30分ほどのところ，アメリカではそれが3時間半にも及んだが，このことは標準時導入の直接的な要因ではなく，それはむしろ，鉄道運行や利用面での不便さの方が主要因であったという。ハウス『グリニッジ・タイム』p. 166

[63] Ian R. Bartky, Selling the True Time：Nineteenth-Century Timekeeping in America, p. 1（2000）

[64] Ian R. Bartky, Id., pp. 137-146

[65] オマリー『時計と人間』p. 115

[66] Kern, The Culture of Time and Space, 浅野訳『時間の文化史』pp. 15-16. これは，1884年10月22日には，グリニッジの子午線を初子午線として，世界の1日はグリニッジから始まることが決定される，およそ1年前の出来事である。ハウス『グリニッジ・タイム』iii-iv。1870年ころまでに，イギリスではグリニッジ時間を全土の標準時とするようになっていた。ハウスは，連合王国全土を対象にしてこう述べているが，イギリスの鉄道に関しては，1847年に鉄道広報機関が「すべての鉄道会社に対し，グリニッジ時間を採用するよう，勧告した」という。ハウス『グリニッジ・タイム』p. 124. オマリーも，1850年までにイギリスでは，グリニッジ時間を標準時で採用したとしている。そして，イギリスでも，こうした動きに対して，それは鉄道の越権行為とか，全能の神の力を奪うとかいった非難があった。ハウス『グリニッジ・タイム』pp. 144-154. オマリー『時計と人間』pp. 86-87. また，標準時導入は，近代においては軍事面からも重要な意味を持つものであった。例えばドイツの場合，列車の旅では10分おきに懐中時計を調整することが慣習として頑なに守られていた。しかし，ヘルムート・フォン・モルトケが，標準時が欠如し，ドイツには5つの時間帯があるために，軍事作戦で不利をこうむることを指摘した結果，ドイツでは，全土でベルリン時間が採用されることになったという。カーン『時間の文化史』p. 15. ハウス『グリニッジ・タイム』p. 166.

[67] Ian R. Bartky, Selling the True Time, p. 3

[68] この統一時間帯の青写真を示したチャールズ・ダウドとリチャード・アレンの例には，時間に関するいかにもドライな計算が働いており，そこには文化としての時間や，時間は神のものといった感覚は，感じられない。彼らの考え方やその手法の詳細については，ハウス『グリニッジ・タイム』pp. 166-173. オマリー『時計と人間』第3章。Stephens, On Time, pp. 112-14. など

[69] チャンドラー『経営者の時代』上，pp. 5-6

[70] チャンドラー『経営者の時代』上，p. 7

[71] チャンドラー『経営者の時代』上，pp. 159-60
[72] チャンドラー『経営者の時代』上，p. 158
[73] William Graham Sumner, What Social Classes Owe to Each Other, pp. 24-27.（1883, 1972 ed. Arno Press). オマリー『時計と人間』p. 141
[74] オマリー『時計と人間』p. 141
[75] ハウス『グリニッジ・タイム』p. 173

第7章

プラグマティズムと革新主義
―― ウィリアム・ジェイムズの生理学的心理学 ――

I　レッセ・フェールから革新主義へ

1　ブランダイス・ブリーフの意味

　20世紀のはじめ，Lochner v. New York 事件において，連邦最高裁が，契約自由の原則を楯にニューヨーク州労働時間規制法を違憲と断じてからほどなく，当時まだ弁護士であったルイス・ブランダイスは，Muller v. Oregon 事件[1]において，ある書面を最高裁に提出している[2]。これが，「ブランダイスの趣意書 Brandeis Brief」として世に知られるものである。これは，洗濯作業場での長時間労働が母体の健康に悪影響を及ぼすことを科学的に示すため，全米消費者同盟の助力により医学報告と政府報告とを入手して作成されたものである。この事件で，オレゴン州議会の作った労働時間規制法を合憲と判断した。女性の身体構造と母親になる役割を考えると，女性に対する長時間労働は，それに重大な影響を及ぼすとし，立法により女性の健康を守ることは，公的な保護とケアーの対象となりうるもので，長期的な視点から見れば，それが国益にも適うとした[3]。

　この趣意書の科学性がどれほどのものであったかについて，今では辛辣な批判もある[4]。それはともかく，このブランダイスの趣意書に象徴されることは，当時支配的であったレッセ・フェールの経済思想と対抗し，社会改革の推進に向け，エリートの専門科学者と経験的データを駆使しようとした革新主義の姿勢である。貧困や不平等を個人の不埒のゆえとせず，それを社会的な問題として位置づけ，社会科学により解決可能と考える革新主義の姿勢が，ここに示されている[5]。数年前のロックナー事件では，やはり同様の労働時間規制法に最高裁が違憲判断を下していたことを考えれば，この事件でも規制

法が違憲と断じられても不思議はなかった。もちろん，この事件で科学重視の姿勢が功を奏したと一概には言えないが，大方の予想に反し，このケースの結果はロックナー事件の場合とは対照的なものになった。

今では科学の国といわれるアメリカにおいても，こうした科学重視の姿勢はさほど昔からあったわけではない。それが始まったのは南北戦争前後のことであり，それがいっそう顕著になるのが，いわゆる革新主義の時代 Progressive Era においてである。

2　19世紀末の時代状況

南北戦争後のアメリカでは，産業社会への変貌がとりわけ急速かつ顕著な形で表れた。産業の発達に伴い鉄道会社をはじめとする大企業が次々と誕生し，電信などの通信施設も整えられ，全米が巨大なネットワークで結ばれるようになった。こうした急激な変化に伴い，それまでアメリカを支えてきた自由主義の伝統的価値観が揺らぎ始め，労使間の争いが各地で頻発するに到った。

この時期，レッセ・フェールの思想に伴い資本主義が隆盛するに到ったため，それが富裕者へのえこひいきとして非難されがちになった。だが，このレッセ・フェールの思想は，アメリカの思想では19世紀前半アンドリュー・ジャクソンの時代から，自由主義思想として民衆の間で受け継がれてきたもので，南北戦争後になっていきなり富裕者の武器と化したわけではない[6]。産業社会の到来に伴い，レッセ・フェールと対抗する形で顕在化した社会主義思想と，それに脅威を抱く保守主義者との緊張関係が，世紀末に高まった事情がその背後にはある[7]。

1880-90年代には，農民，労働者，資本家の利害対立が顕著となり，マルクス主義に加えキリスト教社会主義も資本主義に批判的な動きを見せた。資本主義社会の生み出した不平等に対し，階級闘争，労働者の組織化，産業界での労働争議が当時の社会問題となり，この問題を社会主義的な手法で解決しようとする試みが，単なる可能性の問題ではなく現実的な問題としてアメリカに初めて現れた。

この問題に対する調停役として，中産階級の中で社会の動きに批判的な見解を持つ者たちが，さまざまな議論を展開した。課税対象を土地だけに限定

しようとしたヘンリー・ジョージの単一税論や，キリスト教社会主義，エドワード・ベラミーが提唱した愛国主義的な社会主義などがその一例である。1890年代には，人民党 Populist party が農民，労働者，急進主義の中産階級を結び付け，政府の力，人民の力を活用し，アメリカから抑圧，貧困，不正義をなくそうとする計画を打ち出している。

こうした一連の動きに資本主義の擁護者が対抗策を打ち出し，自由主義社会においては，個人が自らの財産として労働力を持つという考えを基礎に，古典主義政治経済学つまりレッセ・フェールの考えを強調するようになった。アメリカがヨーロッパの国々と違うのは，誰もが富を獲得するチャンスを手にできるという点であり，これが維持される限り，平等社会に向けた特別なプログラムは必要ないと彼らは考えた。これに対し労働側は，歴史的な変革を訴え，市場の規制を求めるとともに，労働争議を合法化すべきであると主張した。

1873-77年の景気後退とストライキで，労使双方の動きは第一のピークに達する。第二のピークは，1885年の景気後退の際に現れた。自由労働を掲げる労働騎士団は急速に成長し，1886年のヘイマーケットは暴動に発展した。全米で8時間労働を達成するためのデモが展開された。だが，こうした動きに対し，世論は主に労働側に対する拒絶反応を示し，1888年には反労働運動の動きが強まってゆく。

19世紀最後のピークは90年代の半ばに訪れる。1893-97の景気後退の中で94年のプルマン・ストライキが起き，94年には計画的にインフレを起こすべしと主張したジェイコブ・コクシーに同調した「コクシー軍の行進」が大規模に行われ，さらに人民党の隆盛と96年の大統領選挙運動などを通じ，不安と緊張が高まった[8]。

3　「金ぴか時代」のビジネスマン

南北戦争後のアメリカは，「金ぴか時代 the Gilded Age」とも呼ばれる。そこには，19世紀前半のアメリカを牽引してきた南部の綿花経済に対し，北部の産業資本家がアメリカ史上初めて経済を支配する地位に立った変化を示す意味も込められている[9]。この変化に対応し，当時のビジネスマンは，自らのやり方を正当化する社会哲学を必要とした。彼らが求めたものは，現状維持

の正当化である。時代の風が自らになびいていることを背景に，レッセ・フェールの思想を支持し，政府がビジネスの規制に動くことに，さらに，特定階級の利益を生むために政府を利用する「クラス立法」に，彼らは強く反対した。その背後には個人道徳を重視する時代にあって，他人を頼って富を得ることに対する強い反発があった。そこでは，ビジネスで成功するためには，それに特有な徳と能力とを身に着けることが不可欠とされた。このため，有能にして勤勉であり，集中力と忍耐強さを併せ持つことが奨励された。成功者にはこうした特徴がみられるのに対し，失敗者はそれを欠く傾向があったため，敗者は生来的に怠惰で弱い性格に作られたものとみなされた。しかも，「天は自らを助ける者を助ける」というサミュエル・スマイルズのスローガンに象徴されるように，己の努力による以外，誰も彼らを助けられないと考えられた。社会の中で自律できる地位に就くことは，たゆまぬ努力の賜物とされた。チャンスを手にするのに必要なことは，才能，教育，生まれなどに関係なく，ただ正しく第一歩を踏み出すことだというわけである[10]。

「金ぴか時代」のアメリカでは，学者や専門家のみならず大衆をも巻き込む形で，イギリスのハーバート・スペンサーの教えが大いなる人気を集めた。自然のみならず，人間社会も含め，あらゆるものに進化の法則が当てはまるとしたスペンサーのアイデアは，現状維持を欲するビジネスマンにも人気を博し，生存闘争，自然選択という視点から，不成功者のために政府が市場に干渉することには批判が浴びせられた。資本の集中も進化の法則の必然的結果とされ，石油で財をなしたロックフェラーや鉄鋼王と呼ばれたアンドリュー・カーネギーらが率いる巨大企業の誕生に対しても，適者生存や神の法則という観念が用いられた。このように，思想家のみならず実業家も，経済法則を自然法則と受け取る傾向を示したが，これは，自然界と人間社会が同じ法則に支配されるという考えが，当時のアメリカで一般にも広く浸透していたことを示唆している[11]。

　　進化論は二つのやり方で保守的な考え方を支持するのに利用された。人間の社会生活に応用して言う際の「生存競争」とか「適者生存」といった標語は進化論の中でもっとも有名なものだが，それによると，競争状況のもとでは最強の競争者が勝ちを占め，この過程が改良の継続を可能にするようにこの自然は

できていると言う。……この考えは競争の思想に，それが自然法則であるという説得力を与えた。第二に，発展は永遠に継続するものであるという考えは，これまた保守的な政治理論の特異な考え，つまりすべて健全な発展は遅々として急がないものであるという思想に，あらためて説得力を与えることになった。……ハーバート・スペンサーのように，人類の大部分にとってこの当面の苦難がどのようなものであれ，進化は発展であって，生命の全過程ははるかに遠い，それでいて実に輝かしい完成に向っているのだと主張することもできるであろう。……進化論の第一の結論によると，社会のいろいろな過程を改革しようとするすべての試みは，改修しえないものを改修しようとする努力であり，自然の叡智を妨げるものであり，堕落をもたらすに過ぎない，というものであった[12]。

　南北戦争前から長年に亘り支持されてきたレッセ・フェールの思想と，同世紀半ばに現れたスペンサーの進化論が結びついた結果，南北戦争後は政府による弱者救済に殊のほか強い批判が向けられがちであった。
　こうした状況の中で，レッセ・フェールの隆盛を抑え社会改革に向かおうとする革新主義の動きは，社会を自然法則に委ねるのでなく，人の手により貧困や不平等を解決できるとする社会改革のための理論的基礎を築くため，スペンサー流の社会ダーウィン主義を基礎としてレッセ・フェールを擁護する，保守派の決定論に風穴を開ける必要があった。

4　大学における道徳哲学の伝統

　こうした19世紀アメリカの大規模な社会の変化は，当然のことながら知的な面にまで及び，それが大学の変革となって表れた。南北戦争後のアメリカの大学は，ヨーロッパの伝統を受け継ぐ形で，哲学における道徳哲学が支配的な地位を占めていた。

> 　　［この時期］アメリカのカレッジやユニバーシティーでは，哲学教育においては道徳哲学が広く行われていた。道徳哲学には，人文学や今では社会科学とされる多くの分野が含まれていた。通常は一人の教授が，しかも多くの場合はカレッジの学長が教えた道徳哲学は，形而上学，社会科学，宗教が絡み合い，記述的な学であるのみならず規範的な学でもあった。南北戦争前のアメリカで道徳哲学に訴えることの意義は，それにより宗教面での承認が得られ，同時に，

第 7 章　プラグマティズムと革新主義　　167

神学が果たしてきた学問の統合という役割も果たせる点にあった。だが，大学において道徳哲学が中心的役割を果たす時期は，ほどなく過ぎ去ろうとしていた[13]。

　今日では，科学研究が怪しげな目で見られることはなくなっている。だが，伝統的な道徳哲学が支配していた時代には，事情は今とは全く異なっていた。イギリスでは，19 世紀初めにベンサム派の功利主義が科学を駆使して社会改革を目指していたが，アメリカで革新主義が科学を社会改革に向け活用したのは，イギリスのこの功利主義の動きに倣ったものである。
　もちろん，大学のカリキュラム構成が，道徳哲学から科学に向けてすんなりと移行したわけではない[14]。アメリカで道徳哲学から科学へのウェイトの置き換えが始まったのは，1846 年頃からほぼ一世代の期間に亙る[15]。それまで，科学的な研究は，素人的な営みとして展開されがちであったが，南北戦争後，研究者は次第に専門科学者へと変貌してゆき，大学においてフルタイムで働く科学者として活動するようになった。これに伴いカリキュラムは一新され，知的雰囲気にも大きな変化がもたらされた。
　この変革の先頭に立った人物が，ハーバード大学学長に就任した化学者チャールズ・ウィリアム・エリオットである。ハーバードは，元来，信仰面で保守的な雰囲気を強く匂わせていたところで，教授のルイ・アガシが白眼視されがちであったのも，そのカトリック信仰が理由であった[16]。エリオットは，ダーウィンの『種の起源』出版から 10 年後の 1869 年，弱冠 36 歳で学長に就任している。彼は，アメリカで進化論の擁護論者を代表する一人であったジョン・フィスクにハーバードでの講演を依頼するなど，宗教と科学をめぐる思想面での緊張緩和も手がけている。このエリオットが学長になった時期のハーバードにおいて，後にプラグマティズムの哲学講義を行うことになるウィリアム・ジェイムズが，生理学の新知識を武器に学者としてのキャリアをスタートさせている。これは，時代の変化を如実に物語る一例である。こうした動きの中で，目的論に染まった道徳哲学の支配から，学問の中心は，次第に科学へと置き換えられてゆく[17]。だが，この時期に新人が科学研究で大学のポジションを得ることは，決して容易なことではなかった。
　　1860 年から 80 年の 20 年間が，［アメリカにおいて］哲学と思想が変化する

重要な時代である。チョンシー・ライト，チャールズ・パース，そしてウィリアム・ジェイムズは，哲学者になり，科学に関する彼らの考え方を示し，哲学に対する関係を定着させようと努力する中で，死活的に重要な役割を果たし，アメリカの哲学にその後の新たなパターンを生みだすことになった。彼らは，たとえ高等教育機関において安定した地位を得られなかったときでも，そのキャリアは，思想と実行面で新たな方向づけをし始めていた。これら三人のキャリアに示されたことは，神学に基礎づけられた道徳哲学を，専門家によるアカデミックな哲学に移行させることであった。19世紀末には，アメリカの大学で哲学が神学と袂を分かち始めた。この動きは，すでにそれ以前から起きていたが，1870年代から80年代初めになると，ジョンズ・ホプキンスやハーバードが，ジェイムズやパースらに哲学のポジション獲得を認めたように，十分オープンなものになった。就任を認める基準として，科学的思考のトレーニング度合いが，宗教的オーソドクシーを凌ぐようになった。だが往々にして，小さいクラブ形式で行われるカレッジでの専門教育のため，それまでの典型的なスタイルから離脱することは容易ではなかった[18]。

元来は画家志望であったジェイムズが，無念の思いを持ちながらそれを断念した後，心の病に陥りながらもそれを克服し，ハーバード大学において生理学，心理学，哲学という順序でキャリアを重ねている。哲学の抽象的議論を嫌い，プラグマティズムという考えに達したのも，ドイツ留学を通じて得た生理学の知識からスタートし，当時の最新知識と思われる大脳の科学研究を応用する形で心理学を探求する中で，ジェイムズが到ったヴィジョンであったろう。経験科学の知識を基礎に社会改革を目指した革新主義も，こうした動きの延長線上に位置づけられる。

II　メディカル・ドクターの心理学

1　ジェイムズのスペンサー批判

自然界も人間の社会も自然法則の厳然たる支配を受けると主張して譲らなかったレッセ・フェールの思想と対抗し，そこに何らかの変革の余地を見出すとすれば，まずその姿勢のどこかに風穴を開けることが不可欠となる。若き日にスペンサー主義に傾倒していたジェイムズは，エリオットが学長に就任した1869年，ハーバード大学でメディカル・ドクターの学位を得ている。

第7章　プラグマティズムと革新主義　169

彼は，スペンサーが心理学面で残した功績を重んじる一方で，早くからスペンサーの思想に対する批判を展開し，その決定論と目的論の支配を崩す道を探っている[19]。

　ジェイムズのスペンサー批判の矛先は，スペンサーが展開した心理学への攻撃に向けられている。進化思想を展開する中で，スペンサーは，人の精神は周囲の状況に対し全く受け身的なものと想定していたが，ジェイムズはこの点に着眼した。

　　私の考えでは……認識者は，どこにも足場を持たず単に漂うだけの鏡のごとき存在ではない。認識者は一人の役者のようなもので，一方で真理を生む手助け役を演じながら，他方では，自分が生む手助けをした真理の登録機も演じる。心の関心，仮説，公理が人が行動する基礎であり，その行動でかなりの程度まで世界が変わる以上，これらのものは，自らがそう宣言する真理を「作る」役も演じる。換言すれば，心には，それが誕生してからこの方，自発性つまり選択 vote が属している。心は，このゲームの中にあるのであって，単なる一傍観者であるわけではない[20]。

　スペンサーによれば，自然を支配する法則に従い，環境の変化に順応しつつ，単純なものから複雑なものに向け，生き物は進化してきた。この場合，生き物には，自らが環境に主体的に働きかけ，自然法則の支配を変えることはもちろん，それを逃れるような余地もない。あくまで，生き物は法則支配の決定論の中に置かれ，環境の変化に順応しうるか否かという二者択一の反応しかなしえないとされる。順応したものは優れたもの，できなかったものは劣ったものとなる。このため，いかなる生き物も，あくまで環境から一方的にテストされる受験者のごとき立場に置かれ，生き物の命運は，それに巧く応じられたか否かだけで決まる。

　ジェイムズは，スペンサーのこうした想定に疑問を投げかけた。もし，生き物の側の主体的な働きかけを認める余地があれば，法則支配もそれを基礎とする決定論も揺らぎ始める。生き物は環境に対する単なる受け身の傍観者ではないし，心も，自然をそのまま反映する鏡のごときものではない。あくまで己の側からも自然に何らかの働きかけをし，自然との間に作用・反作用という関係を築きながら，生き物は環境に順応しようとするし，実際そうし

てきた。ジェイムズはこうした考えから，自らの医学的知識を基礎に据え，スペンサーの進化思想に対する批判を展開する。

  心がどのように応じるべきかを命じる目的論の要素が，［スペンサーの思想の］到るところに存在することに，科学者は不気味を感じる。……生き残りへの関心 interest of survival が意味するものは……身体的・医学的な視点から見れば，（起きるとすれば）実際に起きる事実として，将来に客観的な反応が起きるということだけである。もし，動物の脳が運よく正しい仕方で働けば，それは生き残る……。したがって，生き残りへの関与は，いかなる意味でも知的行動が先行したり，それに条件づけられたりするものではない。生き残ったという事実が，単に付随的な結果として知的行動と結び付けられるだけであるので，それは知性を生む手段というより，機会なのである[21]。

ジェイムズは，進化論的な見方を批判しているわけではない。「すべての知識を，一つの組織だったシステムに統合しようというスペンサー氏の仕事は，聖トマスやデカルト以来，何にもまして野心的なものである[22]。」ジェイムズが，スペンサーに対する批判のターゲットに据えたものは，その目的論と決定論であった。ジェイムズから見ればスペンサーの考えには一種のトリックが施されており，生き残りという付随的あるいは偶発的要素の強いものが，あたかもそうした余地を全く持たない必然と映じる。それが，スペンサーの思想全体を包み込み，壮大な彼の進化思想を決定論的に展開するエネルギーを醸し出している。

 だが，冷静に考えれば，生き残りや環境への順応は，最初から巧く行く手順が整っているわけではなく，結果として成功と失敗が分かるだけである。生き残ったという事実は，あくまで試行錯誤の結果に過ぎない。それなのに，結果があらかじめ決まっていたかの如く描くとすれば，そこに到るまでの選択の余地が覆い隠されている。要するに，明日になって初めて分かることを，すでに昨日のうちから分かっていたとする点に，スペンサー流決定論の正体が見えるというのである。

 ジェイムズは，基本的に，人の心はアクティブなもので，各人が持つ関心に左右されると考える。これは，スペンサーが人の心を環境の影響を一方的に受けるだけのものとしたこととは対極に位置する。もちろん，人間にも動

物の延長線上に位置づけられる条件反射機能はあるが、人の心は眼前にあるものに応じるだけのものではなく、理想、美、ウィット、モラル、論理など、広範なものと広範な関わりを持っているという。

　ジェイムズのスペンサー批判は、その心理学批判に留まるものではなく、スペンサーの一元論、決定論に対する批判でもある。ジェイムズは、多元的にして休まることのない宇宙 a pluralistic, restless universe という観点から、社会ダーウィン主義の決定論的世界観を批判した[23]。「プラグマティズム」という観念は、ジェイムズの心の中には以前から潜在的にあったが、それが哲学上の動きとして表面化したのは、1898年8月にジェイムズがカリフォルニア大学で講演をしてからのことである。それが哲学上の動きとして本格化するのは、1907年に彼の主著『プラグマティズム』が公にされてからであった[24]。

　プラグマティズムは、レッセ・フェール思想に対抗して革新主義を支える哲学面での基礎を提供したが、豊かで個人主義を基調とする家に生まれたジェイムズにはそれが自由をもたらしたのに対し、彼より20歳ほど若いジョン・デューイには道具主義と社会改革の視点をもたらした[25]。

　ジェイムズは、社会ダーウィン主義の決定論は批判したが、スペンサーが称える古来からのイギリスの個人主義の精神には同調していた。ジェイムズは、政治学のエドウィン・ゴドキンや共和党のマグワンプ派の熱愛者であったが、社会改革には比較的関心が薄かったためか、革新主義を支える一般福祉国家の建設に向けた提言などは、さほど行っていない[26]。

　ジェイムズがハーバードで行ったプラグマティズムの講義は、ややもすればその軽妙な語り口に惑わされ、軽い哲学談義のごとく思われかねないが、その背後には、長年の生理学と心理学の研究を通じて得た確たる医学知識が控えている。

2　反射、準反射、有意的動作

　ジェイムズは、ドイツ留学中にはひどい心の病に苛まれ、ウィルヘルム・ブントの講義にもろくに出席できなかったという。その間、孤独な読書を通じて精神の闇を脱し、生理学に関する多くの知識をアメリカに持ち帰った。彼の『心理学』を覗いてみれば、生理学者としてのジェイムズの顔がそこに

くっきりと浮かび上がる。

　もし私がいま一本の樹の根元の所を切り始めても，その枝はそれによって動かされることはなく，その葉もこれまで通り平和にさらさらと風にそよいでいる。これに反して，もし私が他人の足を傷つけるならば，彼は直ちに全身でこの攻撃に対して驚愕あるいは防御の運動でもって反応する。この違いはなぜかと言うと，人には神経系統があるが樹にはそれがないからである。そして神経系統の機能は，身体各部分の調和的協同動作を行なわせることにある。

　求心性神経……が何らかの物理的刺激物によって興奮させられた時には……すべて神経中枢に興奮を伝達する。中枢に起こった興奮はそこに止まらず，動物によって，また刺激物の種類によって異なるが，遠心性神経を通して運動を引き起こす。これらの反応動作は……有害刺激を排除し，有益な刺激を持続させる。……

　ありふれた例をあげると，私が停車場に入ったときに車掌が，「発車します。皆さんご乗車下さい！」と叫ぶのを聞くと，まず心臓が止まり，次に動悸が強くなる，そして脚は歩を速めて私の鼓膜に落ちる空気の波動（車掌の声）に反応する。［列車に向かい］走っているときにつまずくと，倒れそうな感覚が，倒れる方向へ手を出す運動を引き起こす。その効果は，倒れたときの急激なショックから身を守ることである。もし煤が目に入ると，瞼は強く閉じて涙が多量に流れ，これを洗い去ろうとする[27]。

　ジェイムズの心理学講義は，ユーモアを交えながら，当時の新たな医学知識を基礎に展開したものであろう。旧来の道徳哲学講義であれば，このような論調は到底期待できなかった。その語り口は専門家だけを意識したものではなく，聴衆を厭きさせない工夫が随所に見られる。その背後にも，人の緊張感はそう長続きしないという生理学の知識があったかもしれない。ここでジェイムズは，人の行動の多くが脳からの指令によることを悟らせようとしている。

　だが，人の行動がすべて脳からの指令によるわけではない。中には，熱いやかんに触れた場合の反射行為のように，脳の指令によらないものもある。これらを含め，行動は便宜的に反射，準反射，優位的動作の三種類に分類される。

　眼を閉じることと涙を流すことはまったく無意的である。心臓の動悸も同様

である。このような無意的反応を「反射」運動と言う。転倒のショックを和らげるための腕の運動も意識的に意図されたものとしては速すぎるので，これも反射と言うことができる。しかし少なくとも前のものほど自動的ではない。というのは人は意識的努力によってこれをより巧く行なうことを学習したり，これを完全に抑えることさえできるからである。本能と意志が等分に含まれているこの種の動作は「準反射」と呼ばれてきた。これに反して列車の方に走って行く運動には，何ら本能的要素はない。まったく教育の結果であり，達すべき目的の意識，および明らかな意志の命令に先行されている。それは「有意的動作」である[28]。

　生理学的に，人の行動はこの三種類の行動に区別される。「反射」では，生体が皮膚刺激を与えられると，脳に因らずとも驚くほど的確に，まるで操り人形のごとく，無意識的・防御的に反応する。そこから，意思の作用がやや高まると，「準反射」的動作として分類され，さらに意思の占める比率が高まれば「有意的動作」となる。つまり，無意識のうちに起きる動作から，自分の努力で習得し，習熟しうる動作に向け，行動は三種類に分けられる。
　もちろん，こうした行動の区分は，その間に確実な一線が引けるというものではなく，人の行為も法則に支配されていることを大前提とした，自然科学としての生理学，心理学にとって，生き物の動作を説明するための便宜的な区分であるに過ぎない。
　これらの行動区分で，行為が有意的なものになるほど，自由意志の作用する余地は大きくなり，その分，自然法則の支配が低下することになる。ジェイムズは，これを，新たな刺激が与えられると，脳は容易に自らのうちに消すことの難しい新たな回路を作る器官であるという，脳の神経組織の持つ可塑性との関係で見ている。

3　物の「本当の形」

　四角い机の表面を眺め，われわれはそれにいわば「本当の形」があり，それがたまたま目に映った一つのヴァリエーションとして眼前に表れているだけだと考える。無数のヴァリエーションのうちのたった一つでしかないにも拘わらず，方形を机の「本当の形」と信じて疑わず，どの形にも同じ資格があるとは思わない。こうした特権を付与するのは常識であるが，その背後に

は，われわれがセンスデータを受け取る際に，受ける側が暗黙のうちにそれを序列化している仕組みがあるという。

> 外的世界は無数の混沌とした運動から成っていると物理学は教えるが，その中から各感覚器官はある範囲内の速度のものだけを取り上げる。そしてそれには反応するが，それ以外のものはあたかも存在していないかのように完全に見逃してしまう……ことによって，対比，明瞭な強弱，急激な変化，鮮やかな明暗に満ちた世界をつくり出すのである。……われわれが注目する感覚は，実際的あるいは美的にわれわれに興味を起こさせる事物のサインとなるものであり，したがってそれに対してわれわれは実体的な名称を与え，このような独立と威厳をそなえた独特の高い地位を与えているのである。……
> 心はいくつかの感覚の中から，その事物を最も真実に表すものを選択し，その他のものをその時々の状態によって変化する見かけの姿と考える。したがってテーブルの天板は方形と言われるが，それは網膜上に生ずる無数の感覚の中のただ一つに過ぎない……。しかし……四隅が直角のものをテーブルの真実の形であると言って，美的理由から方形という属性をテーブルの本質としている[29]。

ジェイムズは，単にものを眺める場合でさえ，それを何の選択行為もない全く受動的なものとは言えないことを示唆している[30]。実際，われわれは可視光線と呼ばれる一定の範囲内の波長のものしか眼で捉えられないし，聴覚で捉える音についても同様な限界がある。それにも拘らず，見えるもの，聞こえるものだけを世界のすべてと安直に思い込む。ジェイムズが「外的世界は無数の混沌とした運動から成っている」カオスであるというのは，こうした限界は外界が持つものではなく，われわれに属するものであって，認識は人がそれを世界に押し付けた結果だと考えるからである。

またジェイムズは構成心理学を批判し，センスデータの受容を，その最も基本となる最小単位にまで分解し，そこから今度はそれらを組合わせて経験を説明するやり方も，人為的抽象によるものとして拒否する。例えばレモネードの味を，砂糖とレモンの合成されたものとは考えず，あくまでそれはレモネードの味だという[31]。こうした例を通し，ジェイムズは決定論の主張を覆そうと試みる。

動作が意識的な道徳的判断の段階になれば，選択の余地はさらに拡大する。

倫理の水準に達すると,そこでは選択が断然君臨している。ある動作は,それが多くのこれと同様に可能なものの中から選択されたものでなければ,まったく倫理的性質をもたない。正道のための議論を支持し常にこれを守ること,より華やかな道への憧れを抑えること,困難な道を躊躇せずに歩み続けることなどは,すべて特徴的な倫理的エネルギーである。
　しかしこれだけではない。……この罪を犯そうか,あの職業を選ぼうか,あの役を引き受けようか,この資産家と結婚しようかなどと迷っているとき,この人は実際将来どれにでもなり得るいくつかの身分の間での選択点に立っているのである。将来彼が何になるかは,この瞬間の彼の行為によって決まるのである。……決定論を力説したショーペンハウエルは,このような倫理的にみて決定的瞬間において意識的に問題になっているよう思えるものは,その人自身の心構えであることを忘れている。その人についての問題は……どのような人間になることを彼がいま選択するかということである。……[32]

　決定論に立ち,いかなる行為にも選択の余地はないと仮定すれば,自由と責任の理論的基礎が築けない。そこでは,人が努力を積み重ね,幸福な人生を切り開くことに成功しようが,悪い誘惑に抗し切れず破滅の人生を歩もうが,すべて当人とは無関係のところで物事が決定される。これでは,克己研鑽を唱え,立身出世の重要性を力説しようとも,己の責任で努力することを生かす余地がない。
　ジェイムズは,スペンサーが旧来の道徳哲学の権威を科学により葬った面では,彼の功績を高く評価しながら,その決定論の強さには反発する。ジェイムズが,自然科学としての心理学を,断固として法則支配の決定論の世界を前提として行うと言うのも,自由意志の問題を心理学には答えられない,哲学に委ねられた最大の問題と位置づけるからである。

4　本質論は目的論

　ジェイムズは,外界からの刺激の受容が,全く受動的に行われているように見えながら,決してそうではないことを,数々の実例を挙げながら示した。だがこれは,刺激の受容段階だけに留まらない。そこから歩を進め,ものを思索する段階に到っても,同じように,そこに無意識のうちに何かカラクリがあると考える。

例えば，事物には純粋にかつ絶対的・独占的に「本質」があると想定することが，その一例である。暗黙のうちに展開されてきたこの本質論，つまり「ある物事の本質がその物をその物たらしめる」という議論は，何を本質とするかが恣意に左右されるため，その時々で本質を「偶有性」と区別する形で，目的論への奉仕に終始してきたと言う。

　例えば，物事に付された名称はその本質を表すかのように思われがちだが，ジェイムズは，それを神聖にして侵すべからざる特権的なものとは考えない。物に名称があるのは，われわれが必要に駆られたためで，必要なき物は，今なお名もなきまま放置されるばかりでなく，認識すらされない場合がある。したがって，物の名称は，物の性質や本質を表すわけではなく，「われわれの性質を示すもの」である。それにも拘らず，人は偏見に満ち，物事に付された名とそれが指示するものとの間に，何か永続する特別な関係があるかのごとく思い込み，それに独占的・特権的な地位を与えてしまう。ジェイムズは，ジョン・ロックはこの誤った考えを覆したものの，彼の後継者は誰もこの誤りを免れなかったという。

　　重要な特質は人により，また時により絶えず変化する。したがって同一事物に対してさまざまな呼称や概念がある。しかし多くの日常使用する物——紙，インキ，バター，オーバーコートのようなもの——はきわめて恒常不変的な重要性をもち，また非常に固定した名称をもっているので，ついにわれわれは［名とそれが指示するものとの間には特別な関係があると］理解することが唯一の真実な理解の仕方であると信ずるようになる。しかしこのような理解の仕方が他に比べて真実に近い理解の仕方ではない。それらはただ，われわれに役に立つことが多いというに過ぎない。……

　　本質の唯一の意味は目的論的であり，分類と概念は，純粋に目的的な心の武器である……。ある事物の本質とは，その物の諸特質中の一つであって……私の興味にとって重要なもののことである。私はそれを，この重要な特質をもつ他の事物の中に分類し，この特質に従って命名し，この特質を備えるものとしてそれを理解する。そしてこのように分類，命名，理解する間は，これに関する他のすべての真理は，私にとっては無いも同然のものである[33]。

　ものには「本当の形」があると考えることだけでなく，物の名はその本質を表すとみなすこと，言い換えれば，名とそれが指示する物との間には「本

質」を介在した特別な関係があると考えることを，ジェイムズは思考におけるトリックの一つとみなす。

例えば化学者は，事物の分子構造を，その事物の絶対的な意味で本質とみなし，水が H-O-H であることは，それが砂糖を溶かすもの，あるいは喉の渇きを癒してくれるものという以上に，そこにさらに深い真実があると考える傾向があるという。だがジェイムズは，「水は同じ真実性をもってこれらのすべてである」と断じる。化学者の序列が，特権的な地位を占めるわけではない。それは，化学者が実験室で分析をする場合，その目的のために留意すべき重要な側面を示しているというに留まる。だが，この化学者が炎天下を歩き回り，喉の渇きを癒したいと思えば，水が H-O-H であることにさしたる重要性はなくなり，それより喉を潤すための水の方が圧倒的に重要なものとなる。このように，何がその「本質」かは，その時々により変化し，同一人物にとってさえ同一のままとは限らない。

人は素直にありのままの世界を受け取っているわけではないし，ありのままに世界を分類し，思考しているわけでもない。カオスである外界から，感覚器官が刺激を受容する段階で暗黙の選別をしコスモスを形成するのと同じように，自ら作り上げた本質論という暗黙のカラクリを，思考においても自然の前提とみなす誤りを人は犯している，とジェイムズは考える。

外界を認識する段階で，われわれは否応なしに世界を序列化し，それによりコスモスを形成する。それは意識に上ることもあれば，無意識のうちに行われることもある。われわれは，必要に応じて外界を序列化しておきながら，それを逆に世界の秩序だと思い込んでいる。ジェイムズはそれを「分類と概念は，純粋に目的的な心の武器である」と表現した。

刺激の受容から思考に到るまで，ジェイムズは，生理学的知識の裏づけを武器に，暗黙のうちに認識に潜むカラクリをあぶり出そうとする。

III　習慣の効罪

1　習慣：自由のパラドックス

悪い習慣を改めるには大変な努力を要する一方で，良い習慣はなかなか身に着かない。また，自由であることは好ましいこととはいえ，持てあますほ

ど自由であることは、誰にとっても必ずしも居心地のいいものではない。ここには、自由に関するパラドックスがある。ジェイムズによれば、これには立派な生理学的根拠がある。自由を重んじるジェイムズの習慣論では、個人の自己決定の問題にも、社会における秩序の形成や治安の維持にも通じる、生理学的基礎が示されている。

> 獲得された習慣は、生理学的見地から見れば脳内に形成された神経発射の新通路に他ならず、それによってそれ以後入ってくる刺激が流れ出ようとするのである。……観念の連合、知覚、記憶、推理、意志の教育なども、正にそのような発射通路が新たに形成された結果として理解するのが最もよい。……
> 自然の法則とは、物質のさまざまな要素が相互に作用、反作用する際に従う不変の習慣に他ならない。しかしながら有機体の世界では習慣はこれよりも変動的である。本能でさえも同一種族内の個体によって異なり、また同一個体内でも……その時の必要に応じて変化する。原子論の原理によれば、物質の要素的粒子の習慣は変化し得ない。なぜなら、粒子それ自体が変化し得ないからである。しかし物質の複合構成されたものの習慣は変化し得る。なぜなら、その習慣は結局は複合構成されたものの構造によって定まるのであって、外部からの力と内部の緊張は時々刻々これに作用して、その構造を以前とは違ったものに変えるからである。すなわち、その物体が可塑性に富んでいてその統一性を保つことができ、その構造を曲げても折れてしまわないならば、習慣は変化し得るのである[34]。

人体の仕組みも物理学的に眺めるメディカル・ドクターの観点から、ジェイムズは、物質界における作用と反作用の法則を習慣と見る。物質界では、自然を構成する単位である粒子そのものが変化し得ないため、自然法則の不変性が文字通りの形で表れる。だが、有機体つまり生き物が習慣を獲得する仕方は、刺激に対し脳内に新通路を形成するという特徴を持つため、物質界の場合と比較すれば、脳の神経組織が可塑的であるだけ、より変動的になる。

例えば、一旦折り曲げた紙は、それ以後、折り曲げた箇所で容易に折れ曲がるようになる。こうした性質は、大脳に新通路ができる状況と似ており、ある行動を意図的に繰り返すことで、脳に「折れ目」を刻むことも可能である。だが、それだけなら、一旦できた「折れ目」を変えることはできず、己の努力で習慣を変えることもできなくなる。だが、生き物の習慣は、必ずし

第7章　プラグマティズムと革新主義　　179

も自然法則により完全に支配されるものではなく，本人の努力によりそれを左右できる面を持つという。

　もちろん，いかなる変化でも可能と言えないのは，脳の可塑性にも限度があるからである。ジェイムズはこれを，脳が「外界の影響に屈するほどの弱さと，即座に屈してしまわないほどの強さ」を持つと言い，とりわけ脳の神経組織にはこの特徴が顕著であるという。このように，「生物における習慣の現象は，その身体を構成する有機物質の可塑性によって生ずるもの」であり，これは，衣服が真新しい場合より，しばらく着た後の方が体になじむことにも似ている[35]。

　　大脳半球の皮質が特別に感じやすいのは，感覚神経を通して入ってくる非常に弱い刺激流に対してである。一度入った刺激流は出口を見いださなければならない。出て行くときに刺激流はその通った路に痕跡を残す。要するに刺激流のなし得ることは，旧い通路を深くするか，新しい通路を作ることしかない。したがって脳の可塑性は次の言葉をもって言い尽くされる。すなわち脳は，容易に消失しない通路を，感覚器官から入ってくる刺激流によって，きわめて簡単にその中に作ってしまう器官である。……
　　構造上の変化の発達が，無生物におけるよりも生物において速い［のは］……生物は不断の栄養的新陳代謝が行なわれる場所であるから，過去の印象によってできた元の組織の構造を再現することによって変化に抵抗するよりは，その不断の栄養的新陳代謝によって外界からの印象により生じた変化を強め，固定しようとする傾向があるからである。したがってわれわれが筋肉や脳を新しい方法で働かすことを練習したとき，その時には到底できなくても，一日二日休んだ後に訓練を再開すると，その技術が驚くほど上達していることがよくある[36]。

　ここで展開されているものは，「本質論」といった曖昧な議論ではなく，習慣獲得に関する生理学的解明である。脳は可塑性が高いため，新たな刺激を受けると神経組織に容易にその痕跡を作り，それは容易なことでは消失しない。同じ刺激が繰り返し加えられれば，その度に脳の痕跡はますます深くなる。脳がこのような特徴を持つなら，われわれにとっては，これと敢えて対峙するのではなく，逆にそれを味方に着けることが肝要である。しかしこれは，一旦悪い習慣を身につければ，時が経つほどそれを改めることが容易で

なくなる理由も示している。これは諸刃の剣であるが，脳の可塑性のなせる業に他ならない。ジェイムズは，脳のこの特徴を基礎に，人が努力することを通じ良い習慣を身に着けることの重要性を説く。これが，自らの努力を通じて自分自身を変え，ひいては，個人のみならず社会をも変える重要な要素になる。

その一方で，習慣を身に着けない全くの自由は，逆にエネルギーの無駄な消費につながるという。したがって，自由が好ましいとはいえ，自らの努力を通じ良い習慣を身に着け，それによりこのエネルギーの無駄な消費を抑えることが，高度な思考のために充分な余地を残せるという意味でも大事であるとジェイムズは説く。

つまり，習慣は己の努力により形成すべきものであって，それは可能でもある。習慣が身に着くことは，有為的動作を減らすことになるが，これは自由であることと矛盾しない。それどころか，つまらぬことにエネルギーを浪費することを抑え，結果的に自由であることが高まるという。したがって，己の努力による良い習慣の獲得が，その人物にいっそう良質な自由を与えることになる。

> 第一に，習慣はわれわれの運動を単純化し，これを正確にし，かつ疲労を減少させる。人は生来，その神経中枢中に予め備わった装置によってできること以上のことをしようとする傾向をもっている。他の動物の動作の多くは自動的である。しかし人間においては動作の数は膨大であって，その多くは苦痛を伴う努力の成果とならざるを得ない。もし練習の効果がなく，習慣が神経と筋肉のエネルギー消費を節約しなかったならば，人間は気の毒な状態に陥るであろう。……第二に，習慣はわれわれの動作を遂行するのに必要な意識的注意を減じる[37]。

思考経済という言葉にも似て，動作経済とでもいうべきものが，習慣の形成によって可能になる。それにより，神経と筋肉のエネルギー消費が節約され，余計な苦痛を味わわずに済む。それだけでなく，余計な神経をすり減らすことも逃れる。ジェイムズは，習慣を第二の天性とし，悪い習慣が身に着くことを，伝染病に罹患するのと同じように恐れる必要があると説く[38]。

脳の神経組織に備わったこうした機能は，外界の刺激に反応し，リスクを

排し自らの安全を確保しようとする，生物進化の産物とみなされる。進化論が普及する以前においては，こうした視点がなく，生き物の行動を大脳神経組織の医学的・生理学的な構造変化との関連で捉えてこなかった。内的関係に当たる霊魂・精神・心は，外界からの刺激との関連で考察されず，神々しい内面を外界とは切り離し，別個の検討対象としてきた。

　もちろん，こうした刺激に反応するだけの操り人形のごとき人間の見方は，人間に対する冒瀆として批判されもする。だが，19世紀の医学，生理学研究により，この新たな視点からもたらされた知識は，一つの仮説として，人間を含めた生物像を想定するのに大きな足がかりを提供した。ジェイムズは，決して唯物論の賞賛者ではなかった。

2　習慣は社会のはずみ車

　習慣に関するジェイムズの考えは，単に個人向けの訓話として捉えられてはおらず，法の遵守とも絡む，社会の中における人間行動と直結している。

> 習慣は社会の偉大なはずみ車であり，最も貴重な旧守力を社会の中で果している。習慣によってのみ，われわれは制度の拘束の中に留まることができ，裕福な家に育った者を貧者の羨望と蜂起から守ることができる。習慣によってのみ，最も困難で厭わしい人生の行路も，この路を歩まされてきた人によって見捨てられることはない。習慣こそ漁師や水夫を寒中でも海にとどまらせ，鉱夫を暗闇の中に居らせ，田舎の人を何ヶ月も雪の中の丸太小屋とさびしい田園に固着させ，砂漠や寒冷地の原住民がわれわれの所へ侵入してくることを防いでいる。習慣こそ，われわれすべてをその教養と，初めの選択の線に沿って最後まで人生の奮闘をするように運命づけ，自分に合わない仕事であっても，その他に適当なものがなく，新しく始めるには遅すぎるために，これに最善を尽くさせるものである。習慣が社会の各階級の混合を防いでいる。25歳ともなれば，若い商人，若い医師，若い牧師，若い弁護士として職業的色彩が定まり，その性格，思想の傾向，先入観，「仕事」ぶりに隔たりができて，あたかも上着の袖についた折り目を急に変えることができないように，次第にこの傾向から逃れられないようになる。概して逃れないのが最もよい。われわれ多くの者においては，30歳までに性格が漆喰のように固定して，再び軟らかくならない方が世間のためによい[39]。

これを以って，ジェイムズの非情さ，社会に対する関心の薄さを批判する向きもあるが[40]，これは彼の気紛れな考えによるものではなく，その基礎は，依然として生理学的知識に支えられている。
　人が同じ習慣を長年に互り繰り返せば，その性格や振舞いの習慣が変えようがないほどに固定化するのは，大脳の神経組織の可塑性と絡む特徴があるからである。ジェイムズは，脳の可塑性をさほど大きなものとは考えていない。人の心がタブラ・ラサではないのと同じように，個人の境遇がどうであれ，獲得した習慣の痕跡を後になって消すにも，当然，限度がある。
　決定論の世界では，すべてが予め決まっており，事後にそれを変える余地はない。逆に，個人の資質や努力をよそに，悪いことはすべて社会という環境のなせる業とみなせば，社会上の難点さえ除去されれば，個人にはいかなる変化も可能だということになる。これは，いわば決定論を裏返しただけのものであるため，いずれの立場に立っても，個人の努力が評価される余地は，予め奪われてしまっている。
　このため，自由な選択を通じ自己を高めてゆく努力が，誰にとっても重要であるという見方を重視するジェイムズは，これらのいずれの陣営にも与さず，大脳神経組織の生理学的研究から，決定論が言うほど脳に可塑性がないとは言えず，また，逆の立場で考えるほど，脳に可塑性があるとも考えなかった。したがって，いかにも冷淡極まりなく見える彼の主張も，脳の神経組織がほぼ固定化され，以後の改善を望める時期を過ぎれば，それに劇的な変化を期待しなかっただけの話である。
　近代社会の到来により封建的身分の支配は崩れたとはいえ，スペンサーのように，環境への一方的な順応ですべてが決するというのであれば，依然として運命論の支配から脱することはできない。ジェイムズが，生理学的知識を基礎に，人間の習慣がその個人の脳の特性によって形成されるものであるとしたことにより，予め決まった不変法則により，すべてが決定されてしまう運命論の支配を排し，とりわけ人間の行うべき行動に対し，個人の持つべき自らの責任という観念を理論的に位置づけることが，理論的に可能になる。

　　ジェイムズの主要な関心は……スペンサー流社会進化の圧倒的因果網から自
　発性と不確定性を救出することであったと思われる。自発性がなかったら，ま

た個人が何らかの方法で歴史の流れを変えうる可能性というものがなかったら，いかなる種類の改善の機会もなく，勝利か敗北かのいずれかがつきまとう闘争のロマンスもすべてなくなる[41]。

各人を取り巻く状況の良し悪しがあることは避け難いとしても，人が成功に向けて努力することを実質的に意味あるものにするためには，予め環境への適応・不適応によりすべてが決まるという決定論的な視点から，己の意思によって自らを改善し，それを通じ社会の中で自らの人生を切り開いて行けるだけの余地を，理論的に残しておかねばならない。

ジェイムズは，習慣の獲得を基礎に，その教育上の重要性を次のように述べている。

> すべての教育において大切なことは，われわれの神経系統を敵にまわすのではなく，味方につけることである。それはわれわれの所得を基本金とし，資本として，その利息によって楽に暮らすことである。したがって，われわれはできるだけ早い時期に，できるだけ多くの有用な動作を自動的，習慣的なものとし，われわれに不利と見える習慣に陥ることに対しては，あたかも伝染病に対するかのように警戒しなければならない。われわれの日常生活の些細なことを努力の要らない自動動作に任せることができるほど，高等な心の力をそれ自身に適した仕事のために自由にしておくことができるのである。何事も習慣化されておらず，絶えず不決断に悩まされる人ほど惨めなものはない。そのような人にとっては，一本の葉巻に火を点けることも，一杯のお茶を飲むことも，毎日起きたり寝たりする時間も，ちょっとした仕事を始めることも，すべてにはっきりとした意志的配慮が必要である。このような人は，まったく意識を用いなくてもよい位に自分の中にしみ込んでいるはずの事柄について，いちいち決心したり悔やんだりすることにその大半の時間をとってしまう。読者の中にこのような日常の義務がしみ込んでいない人がいるならば，いますぐにこれを正された方がよい。……要するにあなたの決心を，知り得る限りの補助手段で囲んでしまうことである。このようにするとあなたの新しい出発に弾みがつき，これがなければあるいは負けてしまうかも知れない誘惑に負けないようになり，負けることが一日先に延びるたびに，それだけまったく起こらなくなる機会が加わるのである[42]。

ジェイムズの習慣論から見ると，彼が思想的基礎を築いた革新主義との間

には，かなりの溝があることも分かる。革新主義の動きは，レッセ・フェールを支持する最高裁の決定論的姿勢を批判する中で本格化したとも言われ[43]，社会改革を求める勢力の支持の高まりを受け，議会による改革立法を通じて社会を変えようと試みた。1905年にロックナー事件で違憲の判断を受けたニューヨーク州労働法をはじめ，各種の社会改革立法の制定の背後には，革新主義の動きが絡んでいる。

　だが，この革新主義の動きと，習慣を社会の偉大なはずみ車とするジェイムズの考えとは，必ずしも巧くマッチしない。ジェイムズは脳組織の可塑性を唱え，決定論の支配に風穴を開けようと試みるが，その可塑性に過大な期待を寄せたわけではない。これはジェイムズの保守性のゆえというより，脳が生理学的特徴として持つ保守性のゆえである。

　ジェイムズは，法に関してさほど多くを語っていないが，法に関する彼の考えは，言葉や真理と同じように，いつとはなしに成長してくると述べた次の個所に，かなり明確に示されている。

　　　法律そのもの……ラテン語そのものという言葉……が判決とか単語や措辞法とかに先だって存在していて，これらのものを厳密に規定しそれに従うことを要求するような本体を意味するものであることを聴者に考えさせようとする。しかしほんの少しでも反省をはたらかせてみると，法律もラテン語もそのような種類の原理などではなく，むしろ結果なのだということがわかるのである。行為が適法であるか違法であるかの区別も，話し方が正確であるか不正確であるかの区別も，人々が具体的な個々の経験を取り交している間にいつとはなしに出来上ったものであって，信念における真と偽との区別にしても全く同じようにして成長してくるのである。真理は以前の真理に接木され，それを修正してゆく。それは慣用句が以前の慣用句に接木され，法律が以前の法律に接木されるのと全く同じである。以前の法律と新しい事件が与えられると，裁判官は両者を撚り合わして新しい法律を作り上げる[44]。

　通常，法学においては，予め原理のごときものとして法の本体が先にあり，それが個々の事件に適用されるだけだと説明される。だが，ジェイムズはこの考えを採らない。脳には既存の神経組織があるだけで，そこに新たな経験が加わると，既存の組織の経路がさらに深く掘られるか，あるいは新たな経路が作られる形で組織が変化する。この生理学的アイデアが，法についても

第7章　プラグマティズムと革新主義

モデルとしてジェイムズの考えの基礎に横たわっている。したがって，既存の法が新たな紛争に直面すれば，裁判官が両者を見据えて新たな判断を下し，それが法として既存のものになってゆくという。

イギリスの歴史法学者ヘンリー・メインは，コモン・ロー裁判所の裁判官は，表向きには法は決して変化しないと言い張りながら，新たな事情を盛り込んで判決を下しつつ，かなり後になって既存の法が変化したことを人々に気づかせるやり方で，新たな事態に対処してきたと述べている[45]。ジェイムズの友人であったO・W・ホームズは，イギリスにメインを訪ねているが，メインとジェイムズの間には，直接の接触はない。だが，ここでジェイムズが述べている法に関する説明は，メインが言うコモン・ローの発展に関する説明と軌を一にしている。

法が既存の法に接ぎ木するような形で成長するというジェイムズのこの説明は，社会を有機体として見た場合の，脳の生理学的特徴に当たる。ジェイムズは，法があれば人はそれを遵守するものだという法実証主義的な考えには与しない。あくまで人が法を遵守する意識は習慣によることが重要だと考えており，この点で，ジェイムズはエールリッヒが唱えた「生ける法」の観念に近い視点を示したものと言えよう。

こうした点で，ジェイムズと革新主義との間には，考え方の上でいささか距離がある。立法を通じた社会変革という考えは，往々にして急進主義的になりがちであるし，ジェイムズの習慣に関する考えは，社会改革を重視する革新主義にとっては，やや不都合な面がある。したがって，革新主義が理性にかなり大きなウェイトを置き，生理学的に見れば社会の可塑性に過大とも言える期待を寄せた面があるとすれば，それはジェイムズの考えとは必ずしもマッチしないであろう。人が己の考えを変える際の頑固さを述べた点からも，そのことが察せられる。

> 人はそれぞれ既にさまざまな旧い意見のストックをもち合わせている。ところがこれらの旧い意見を動揺させるような新しい経験に出会う。……［すると］彼の心がそれまで経験したことのない内的な苦悶が生ずる，そしてこの苦悶をのがれるためにこれまで抱いていた一群の意見を修正しようとする。しかしこの修正はできるだけしないですませようとする，なぜかというに，この信念の問題となると，われわれはすべて極端な保守主義者であるからである。そこで

彼はまずこの意見を変え，それから次にあの意見をという風に進んで行く……が，そのうちいつか旧い意見のストックに加えてもそれをかき乱すことが一番少いような或る新しい観念，すなわち旧い意見のストックと新しい経験とをとりもって，両者を互いにこの上なくしっくりとつきまぜ，少しも不都合を感じさせないような観念が浮び出てくる。するとこの新しい観念が真なるものとして採用される。この観念は旧い真理に最小限の修正を施しただけで，つまり辛うじて新しさが認められるところまで拡張しはするが，この新しさをもできるだけ在来の慣れ親しんでいる方法で考えるという風にして，旧のまま保存している。われわれの抱いている先入見をことごとく破壊するような極端な説明を与えることは，新しさというものを真に説明するものとは決して認められないであろう[46]。

革新主義が，過去との連続性を一挙に断ち切る考えに同調したわけではないが，可塑性のレンジに関しては，革新主義とジェイムズとの間にはかなりの違いが読み取れる。己の考えを改める際のこうした頑固な姿勢も，生理学的根拠に基づく大脳神経組織に備わった特徴であるとすれば，法による社会変革の可能性についても，ジェイムズは革新主義者ほど楽観的にはなれなかったであろう。

Ⅳ　『プラグマティズム』の科学的基礎

1　模写説批判：真理は有用な道具

ジェイムズの名を有名にしたものが，生理学から心理学を経て，ハーバードで最後に哲学教授として講義した『プラグマティズム』である。その軽妙な語り口は，彼独自の言い回しであるとしても，その背後には生理学，心理学の知識が横たわっており，「意識の流れ」といった言い回しにも，単なる比喩の域を超え，脳内の微電流の流れを想い描いていた様子さえ窺える。

ジェイムズは，真理というものを，観念と実在との一致に求める伝統的な模写説を批判し，プラグマティズム独自の真理論を展開する。ジェイムズが，真理は観念と実在との一致であると言っても，旧来の哲学では，真理が不動の絶対的なものと考えられてきたのに対し，プラグマティズムの真理観では，それを刻々と変化する可能性を含んだものと考える点で，両者の言う「一致」

第 7 章 プラグマティズムと革新主義

の間には、大きな違いがある。

> 真理とはわれわれの或る観念の性質である。虚偽が観念と実在との不一致を意味するように、真理は観念と「実在」との「一致」を意味している。プラグマティストと主知主義者とはどちらもこの定義を自明のこととして承認する。ただ、「一致」という名辞が正確には何を意味するか、そして実在がそれにわれわれの観念の一致すべきものといわれるとき、この「実在」という名辞は何を意味するのか、ということについて問題が提起されると、両者の論争がはじまるのである。……
>
> 一般には、真の観念はその実在を模写しなければならぬ、と考えられている。他の一般の見解と同じく、この考えももっともふつうな経験の類推に従っている。感覚的な事物についてのわれわれの真の観念はまさしくその事物を模写している。……[47]

真理を実在との一致、実在のコピーとみなす考えは、一般に「模写説」として知られる。ジェイムズは、いったいなぜ真理は実在の模写と考えられ続けてきたのかに目を向けながら、観念論者はあくまで模写説を固守し、観念は絶対者の永遠のアイデアの模写に接づくほど真理の度を増すと考えてきたという。

> 主知主義者の大きい仮定となっているのは、真理は本質的に不活動な静的な関係を意味する、ということである。そこでもし諸君が何ものかについて真の観念をえてしまったとすると、それでもうおしまいなのである。諸君は真理を所有している。諸君は認識している。諸君は諸君の思惟するという運命を成就してしまったのである[48]。

ジェイムズによれば、これまで真理の観念は、無条件にスタティックなもので、永遠にして不動のものと想定されてきた。だが、これは日々の経験において、われわれが日常的に真理としている観念とはうまく折り合わない。日ごろの経験を省みれば、大文字のTで始まる不動の真理は取り敢えず除外し、それをもっと日常的なレベルにまで引き下げてみれば、真理といえども、役立たなくなれば無常にも次々と打ち捨ててきたことが分かる。永遠に不動であるどころか、下手をすれば明日にも捨てられる運命にある真理は、潜在的に見れば非常に数多くに上る。実際に、人々はそのように振舞ってお

きながら，真理とは何かという難しい話になると，永遠に不動の神々しき一者へと，一挙に飛躍するが，これが悪癖であるという。

こうした反省に立てば，真理は一つでも不動でもなく，実に数多くあって，しかもそれが日常的に役に立ったことを根拠として，われわれがそれを暫定的に「真理」と称してきた姿が浮かび上がってくる。まさに真理も，名と物事の関係と同じように，物事の性質というより，「われわれの性質を示すもの」である。ジェイムズが真理の効力化・有効化と称するのは，このことに直結している。

> ひとつの観念の真理とは，その観念に内属する動かぬ性質などではない。真理は観念に起こってくるのである。それは真となるのである。出来事によって真となされるのである。真理の真理性は，事実において，ひとつの出来事，ひとつの過程たるにある，すなわち，真理が自己みずからを真理となして行く過程，真理の真理化の過程たるにある。真理の効力とは真理の効力化の過程なのである。……
> 真の思想を所有するということは，いついかなる揚合でも，行為のための貴重な道具を所有していることである。さらに，真理を獲得するというわれわれの義務は，碧空から降る空白な命令とかわれわれの知性が好んで演ずる「妙技」とかなどではさらになく，すぐれた実際的な理由によって説明されうる……[49]。

生理学者・心理学者として，ジェイムズは，心の活動を脳にインプットされた自己保存活動と結び付けて考えている。もちろん，高等な生き物の場合はそれがすべてではないにせよ，人間もこの段階で適応にしくじれば，生き物として大きなリスクを背負い込む恐れがある[50]。知識を活用し，生存に役立つようリスクを軽減できれば，より安全な日々を送れる。この意味で，知識は生存に役立つ有用な道具であって，この知識観を前提に改めて真理というものを見直してみれば，真理は，永遠に不動のものなどではなく，日々変化する環境に適応する道具という意味でダイナミックなものであり，昨日まで真理としてきたものも，今日はそれを虚偽とする準備を求められるものである。

ジェイムズが，真理を獲得する理由を，すぐれて実際的な理由としているのは，生き物レベルにおける自己保存に奉仕する有用性に他ならない。

第7章　プラグマティズムと革新主義　189

　われわれは限りなく有用とも限りなく有害ともなりうる諸実在の世界に生きている。それらの実在のいずれに望みを託すべきかをわれわれに告げてくれる観念が、これら第一義的な真理化の領域においては、真の観念と見なされ、そしてかかる観念を追求するのが第一義的な人間の義務なのである。真理を所有するということは、この場合それ自身で目的であるどころか、他の必須な満足を得るための予備的な手段であるに過ぎない。もし私が森のなかで道を見失って餓死しようとしているとき、牝牛の通った小路らしいものを発見したとすれば、その道を辿って行けばそのはずれに人間の住み家があるに違いないと考えるのは、きわめて重大なことである。なぜならば、私がそう考えてその道に従って行けば私はわが身を救うことになるからである。このばあい真の思考が有用であるのは、その思考の対象である家が有用だからである[51]。

　伝統を重んじる立場からは、真の観念とは同化・有効化であり、確認・験証できる観念だという説明には、大いなる批判が浴びせられる[52]。それほど、プラグマティズムの真理観は奇異なものと受け取られた[53]。だが、プラグマティズムの真理観は、極めて常識的な視点に立って観念の有用性を言ったまでのものであり、永遠にして不動の真理とは対極に位置するものである。

　　独立な真理、われわれがただ発見するだけの真理、もはや人間の要求に応じない真理、一言でいえば、矯正のできない真理——そういう真理はほんとうにありあまるほど存在している——あるいは、存在しているものと、合理論的な心の思想家たちによって想像されている。しかしそういう真理はつまり生きている木の死んでいる心という意味しかもってはいない。それが存在しているということは、真理にもまたそれなりの古生物学があり、またそれなりの「時効」があって、永い年月にわたって旧びるまで使役していると、真理もついにはこわばってきて、人々の心で化石化しまったくの古物になりきってしまうものであることを意味するにすぎない[54]。

　真理は大部分が以前の諸真理から作られるというジェイムズの主張が、合理論の立場から到底受け入れられないのは、合理論者にとって、真理は「作られる」ものではなく、発見されるべくそこに断固として存在するものだからであり、日々変化するわけではなく、永遠に不動の一者とみなしてきたからである。だが、この合理論の想い描く真理観と対抗し、ジェイムズが展開するプラグマティズムの真理観は、そうした不動の真理を想定するものでは

なく,もっと手軽なもの,手元にあれば便利な道具とされる。

プラグマティズムを誕生させたメタフィジカル・クラブのメンバーであり,ジェイムズの友人でもあったO・W・ホームズが,これから弁護士になる学生を相手にボストン・ロー・スクールで法について講演した際に,法について述べた次の下りは,まさにジェイムズのこの真理観,つまり知識は有用な道具という見方と,軌を一にするものである。

> 法を研究する場合,われわれが学ぶものは専門技術であって秘伝奥伝などではない。それは,裁判官の面前に現われた場合に必要なもの,あるいは裁判所の世話にならずに済ませる方法をアドバイスする場合に必要なものである。人々が法律家に金を払ってまで相談するのは,こうした社会では,一定の条件下で裁判官に公権力を発動することが委ねられており,必要とあらば,判決を実行に移すため,国家の全権力が発揮されるからである。この権力に,いつ,どこまで直面するリスクに晒されるか,人々はそれを知りたがっている。したがって,法を研究する一つの目的はそのリスクを予見すること,つまり,裁判所という手段を通じ,いつ公権力が発動されるかを予測することにある[55]。

持っていれば危ない目に遭うことも避けられるという意味で有用な法律知識,これこそ,ホームズがここで言わんとしているものである。実用法学においては比較的容易に理解されるこの考えは,ジェイムズが真理として示したものと軌を一にしている。

2 ジェイムズの科学論

ジェイムズが,ハーバード大学でプラグマティズムの講義をしていた時代は,決定論と目的論が君臨していた時代から,徐々に不確実性と偶然論が力を持ち始めた時代に当たる。20世紀に入ると相対性理論や不確定性の原理も唱えられ,ニュートンの古典力学は,その足元が揺らぎ始める。この変化は,今日の視点から次のように描かれている。

> 古典科学が誕生したのは,神の秩序と自然の秩序とのちょうど中間に位置する人間と,人間が自分と同じ姿をしていると考えた……建築家,すなわち合理的で知性的な立法者である神との盟約によって支配された文化の中においてであった。哲学者と神学者に,科学に関与する資格を与え,一方,科学者に創世

時に働いた神の知恵と力とを解明し，これについて意見を述べる資格を与えた文化的調和のあった時代を古典科学は生き抜いた。……

今では，ラプラスの科学は，多くの点で科学の古典的観念でしかないが，観測者は外部におり，記述自体が原理的には世界の外部にある視点からなされるという風に客観的である。すなわち，神に似せて作られた人間の心が，最初から手に入れることができた神の視点からの記述である。……

［だが］古典科学が今やその限界に到達した……。この変化の側面の一つは，「あるがまま」の世界を知ることは可能であるとする古典的概念の限界が発見されたことである。……しかし，乱雑性，複雑性，不可逆性など［の観念］が，実証的知識の対象として物理学の中へ入ってくるに従って，世界そのものと，われわれの行う世界の記述との直接の関係を，これまでのようにかなり素朴に仮定することができなくなった。理論物理学における客観性が，より微妙な意味をもつようになったのである[56]。

南北戦争後にスペンサーの思想が大いにもてはやされたことが示すように，アメリカでは必ずしも信仰と科学が犬猿の仲にあったわけではない。ジョン・フィスクなどの思想家が，双方の考えを正面から対立させぬよう緩和策を示していたこともあり，進化思想は保守主義の思想とさほど相性が悪い状態ではなかった[57]。

時代の世俗化に伴い，人間も動物の延長線上に位置づけられるようになると，神に似せて作られた特別な名誉ある座から人間が滑り落ちるのに伴い，それまで神の高みに座って宇宙の外から出来事を描いてきた視点も，理論的にそれを維持することが困難になった。スペンサー流の決定論との格闘を通じ，ジェイムズは合理主義哲学の批判的な再検討を行い，そこから生理学・心理学の新知識を武器に，プラグマティズムというアメリカ独自の哲学を打ち出すに到った。

ジェイムズは，それまで圧倒的な支配力を発揮してきた古典力学のモデルが次第に揺らぎ始めた時期に，その知識を生理学，心理学においては積極的に活用し，自然科学としての心理学を唱えたが，同時に，彼はその限界も見据えていた。

　　数学や論理学や自然界における斉一性の関係，すなわち法則がはじめて発見されたとき，そのあまりの明瞭さ，美しさ，単純さに魅了されて，ために人々

は全能なる神の永遠の思想を誤りなく判読しえたものと信じた。神の心もまた三段論法の形をとって鳴動し、反響するのであった。神もまた円錐曲線や平方根や比例をもって思考し、ユークリッドと同じ幾何学の原理を用いるのであった。ケプラーの法則も遊星のこれに従うように神の造り給うたものであった。落下する物体の速度を時間に比例して増加するように定めたのも、光線が屈折すると正弦の法則に従うようにしたのも神であった。神は動物や植物の綱、目、種、属を設け、これらの間に距離を定めた。神はあらゆる事物の原型を考え、その変異形をも工夫しておいたのである。だからこれら神の驚嘆すべき設定物のどれか一つでも発見すると、われわれは神の御心のうちにあるまことの意図そのものを知ることになると考えられたのであった。

しかし科学が更に進歩を遂げるにつれて、われわれの有する法則の大部分は、否おそらくは全部が、単に近似的なものであるに過ぎないという考えが有力になってきた。のみならず、法則そのものも数えきれないほど多数となり、また科学のすべての部門においていくたの相対立する諸説がとなえられているので、研究者は、どの学説も絶対に実在を写したものではなく、ただ或る見地からみれば有用でありうるに過ぎない、と考えるようになってきた[58]。

古典力学の学問的威力を広く知らしめた科学が、19世紀を通じ、自然科学の領域のみならず、他のさまざまな分野のモデルにもなると、一方ではその権威を否が応でも増すと同時に、他方では科学そのものの妥当性を再吟味する機会も増える。そこから、科学の前提に対する疑問も示されるようになる。ジェイムズは、旧来の心の研究のありようを批判し、『心理学』の冒頭でこう述べている。

> 過去の合理的心理学の大きな誤りは、霊魂を、固有の諸能力をもつ絶対的精神的実体として設定し、記憶、想像、推理、意志などの諸活動を、これらの諸活動が扱う外的世界の諸特質とほとんど関係なく、霊魂に固有の諸能力として説明したことであった。……[59]

物には本当の形があると考え、真理を不動のものとする模写説を奉じてきたそれまでの視点に立ち、心理学的な思考においても、まず絶対的な精神的実体から思考を始める。このため、合理主義者は、霊魂が思考の対象にはなっても、それが置かれた環境の影響あるいは環境との作用・反作用という関係は一切捨象され、霊魂固有の能力を瞑想することに終始してきたとジェイム

第7章　プラグマティズムと革新主義　193

ズはいう。この環境と断絶された絶対の存在とする旧来の見方を覆したものが、スペンサーの心理学研究である。決定論の上に築かれた目的論の性格を色濃く漂わせていたにせよ、スペンサーは、生き物の逃れ難い宿命として、己の置かれた環境の中で、周囲からもたらされる種々のリスクをかいくぐる形で、身体も心も環境に適応し続けた結果、下等なものから高等なものへと多様化・複雑化し、進化してきたと考える。このように、進化は、生き物の形態である外的側面に影響するだけに留まるものではなく、当然、その内的側面に関しても同じ効果をもたらすものである。人とは違い、動物は自動機械のレベルに留まったとしても、進化という観念を基礎に据えれば、人間の霊魂なるものも、周囲を取り巻く外的環境と全く無関係な神々しい存在であり得るはずがなく、種々のリスクを回避するよう暗黙のうちに仕組まれた機能を駆使しつつ、進化してきたものに他ならない。

　スペンサーのこの進化思想は、ジェイムズにとって、旧来の心の考え方からパラダイム転換をもたらす上で、強力な足がかりを与えるものであった。自由意志の存在を希求するジェイムズが、決定論と目的論のチャンピオン的存在であるスペンサーの評価を忘れないのは、この思考転換により、心理学研究に新風を吹き込んだゆえである。

　　われわれの内的諸能力は……世界の真っ只中にあって、われわれの安全と繁栄を確保するように順応しているのである。新しい習慣を形成し、順序を記憶し、事物から一般的性質を抽象して、これとその当然の結果とを結びつける能力、すなわち、この混沌と整然が混じりあった世界の中で、われわれの方向を定めるのに必要な諸能力のみでなく、情動や本能もこのような世界のきわめて特殊な諸相に順応しているのである。……心と世界は一緒になって進化してきたのであり、したがって相互に適合してきたものなのである。……このような新しい見解の主要な結果として、心的生活は元来有目的的であるという信念が次第に高まった。……われわれのさまざまな感じ方、考え方は、それがわれわれの外的世界に対する反応を形作る上で役立つから現在のようなものになったのである。近年の学説の中で、心的生活と身体的生活の本質は一つである、すなわち「内的関係の外的関係に対する調節」である、というスペンサー一派の学説ほど心理学に貢献したものはあまり多くはない[60]。

　スペンサーは、「精神とは周囲の事物の作用を通じて周囲の事物に合うよ

う形成される」と述べている[61]。この新たな見方により，カオスの世界をコスモスとしてわれわれが把握するプロセスは，「内的関係の外的関係に対する調節」作用，言い換えれば「われわれの安全と繁栄を確保するように順応」する作用として再認識される。この進化論的な視点に向け，知識のための知識を重視してきた旧来の立場から，パラダイム転換をもたらしたことを，ジェイムズはスペンサーの心理学への偉大な功績とする[62]。

だが，こうしたヴィジョンの転換のために，不可避的に心の機能は，環境に順応するためのものとして，目的論的に考えられざるを得ない方向へと押しやられた。このため，スペンサーの考えは，一方では旧来の道徳哲学的な見方を離れ，心理学研究に新たな視点を吹き込む功績を残したが，同時に他方では心理学研究をもっぱら目的論の枠内に押し込める結果ももたらした。

このため，ジェイムズのスペンサーに対するイメージは，かなり複雑である。スペンサーの死に際し，ジェイムズは一文を残し，彼の功績を讃えながらも，その思想的矛盾に関しては，次のように述べている。

> 社会主義や国家による広範な干渉に対し，スペンサー氏が個人主義を擁護する勇ましき姿を見ると，外見的な矛盾があまりにも顕著なので，氏の思想が二つの別個の源から始まり，そのいずれの理想にも忠実たらんとしてきたのではないかと思わざるを得ない。第一のものは，個人の自由に関するイギリス古来の理想であり，これはレッセ・フェールの思想においてその頂点に達する。1851年に出版された『社会静態学 Social Statics』で，氏はこれを絶賛している。第二のものは普遍的進化の理論であり，先の書の出版から十年のうちに，氏はこの考えを抱くに到ったように思える[63]。……［だがこれでは］個々の事実の運命は，全体集合のそれに飲み込まれてしまう。（私の記憶に間違いがなければ）これこそ，スペンサー氏が社会の中で個人を扱う際に，われわれが絶えず氏から受ける印象なのである。……氏は，当然，自由意志の存在を否定するし，英雄崇拝を軽蔑する。また，社会の変化を個人の独創力のゆえではなく，「一般条件」のゆえとする嫌いがある。かくして，あらゆる点で，具体的で個別的な人々の役割を最小限に押し留めてしまう。……スペンサー氏が個人に絶大な信頼を置く政治関連の著作を見れば，これとは正反対の姿勢を目にする。優れた研究者なら，氏のシステムの中に，この二つの思想の統合点を見出せるのかもしれないが，私の目では，矛盾とまでは言わずとも，少なくとも両者は結びつきはしない[64]。

第 7 章　プラグマティズムと革新主義　　195

スペンサーは，彼が奉じる進化の法則について，それを信じる「ア・プリオリな理由がある」と述べている[65]。スペンサーは，究極的なところは「知られざるもの Unknowable」として，決定論的な論調を薄めようとするが，彼の著作に満ちる不変・必然の法則による支配という印象は，その程度の「言い訳」ではとても薄め切れなかった。決定論に基礎を置くこの必然法則と，『個人対国家』に示されるレッセ・フェールと個人主義の礼賛とが，いずれも，スペンサーの著作に堂々と顔を出すことに，ジェイムズは困惑を抑え切れなかったのであろう。

3　哲学と科学

ジェイムズは，『心理学』の冒頭において，心理学を一自然科学として扱うことを明言した上で，それにつき一言の説明が必要であると述べている。ここに，ジェイムズが，生理学，心理学だけに限定せず，科学一般を，哲学との関係でいかなるものと見ていたかが示されている。

ジェイムズは，さまざまな諸科学を根底においてはただ一つのものと想定し，すべてが知り尽くされるまで何一つ完全に知ることはできない，と考えることを拒否する。それは，科学が，各々の場所でそれぞれの便宜的理由から発達してきたものであるがゆえ，それらの間の互いに関連性のない知識を，「諸科学 sciences」として別個に研究すればよいと考えるからである。しかも，諸科学は，自らの問題のみに固執し，他の問題は徒に視野に入れるべきではないとも言う。その上で，諸科学の探求した知識を一つに統合し，その真偽の吟味は哲学に任せるべき仕事とした[66]。

つまり，各分野の実際的な理由から発展してきた科学は，それぞれの法則に従い，他を気にせずその分野だけの範囲で知識を，決定論を前提として探求すればよく，それらの知識の全体を統合する力もなければ，その必要もないというのである。なぜなら，それは科学が自らに課した課題でもなければ，科学が良くこなしうる仕事でもない，とジェイムズは考えるからである。

> 有意的生活 voluntary life の全場面は，相争う運動性の観念に注がれる注意の量がごくわずか多いか少ないかによって決まる……。しかしながらすべての現実感，有意生活のすべての刺激と興奮を左右するものは……物事がその時々

に実際に決められつつあるという感じである。……この感じは……幻想ではないであろう。努力はあるオリジナルな力であって単なる結果ではないであろうし，その量も定まっていないものかも知れない。[それが分からないのは]この力があまりにも微妙で，細かく測定できないからである。しかし，心理学は「科学」であろうとする以上，他の諸科学と同じように，その諸事実に関して完全な決定論を要請しなければならない。その結果，たとえ自由意志のような力があるにせよ，心理学は自由意志の効果と袂を別たねばならない。私も，他の諸心理学者と同じように，ここでは自由意志を棄てよう。但し，こうしたやり方は，事実を単に「科学的」形式に配列しようとする学問的必要性から是認される方法上の工夫であって，自由意志の問題に関する究極的真理については何も解決しないことを承知した上でのことである[67]。

科学は，自然法則に支配される対象を，決定論を前提として探求する学問の一方法であって，それ以上でも以下でもない。したがって，心理学としての科学は，意識状態の因果的解明が課題となり，「心的活動は常に脳の活動の完全な関数であって，脳の活動の変化に伴って変化し，脳の活動に対しては原因に対して結果の関係にあたる，単純で徹底した考え方」[68]を採る。したがって，自由意志の有無という問題は心理学には解けないし，また心理学はそれを解く義務も課されない。

こうした前提条件を付した上で，ジェイムズは，科学としての心理学の知識を，暫定的に最大限に活用する。それは，科学的探究の限界を見据えた上で，知識が，生命体の自己保存という第一義的な目的にとって有用であることを重視する姿勢から生じる[69]。

> 私は，出発点において躊躇することなく，脳の状態と心の状態との間に一定の相関関係が存在するのは自然の法則であると仮定する。……ある読者にはこのような仮定は最も道理にあわない先験的唯物論のように見えるかも知れない。ある意味においてこれは確かに唯物論である。……[だが]生理学の「作業仮説」によると，脳の活動の法則は根本においては機械的法則であるから決して考えの本質まで機械的法則によるとは説明しないのである。この後半の意味においてわれわれの主張は唯物論ではない。……[70]

真理を不動のものとは考えないジェイムズは，科学の知識に誤る危険性が付きまとうことに，とりわけ驚きもしない。仮にそこに行き過ぎがあったと

しても，科学の進歩には常にこうしたリスクはつきものだと考え，その進展はいつもジグザグに行われてきたという。したがって，心理学も唯物論の方向に思い切り進ませ，後の研究の中でそれを修正すれば事足りると考える。そうした後に，心理学的知識が哲学の全体系の中に取り込まれるようになった暁には，それが非常に異なった意味をもつようになるという[71]。

科学を役に立つ仮説とみなすドライな感覚を基礎に，それを究極まで追求する中から，哲学が関与する余地が表れてくる。こうした視点に立ち，ジェイムズは，それまで支配的であった道徳哲学に代わり，科学を知識の中心に据えるとともに，決定論的な科学的知識を安直に絶対とみなすことを拒み，自由の探究のための余地を確保せんとした。

4　ジェイムズと革新主義

20世紀初めのアメリカが，レッセ・フェールから福祉国家への境目になるとして，福祉社会を目指した革新主義の特徴は，次のようにいうことができよう。

　　レッセ・フェールの批判者たちは……国家が一般的福祉を最もよく促進し得るのは，国家が持つ権力を肯定的なやり方で発揮する場合であると考えた。彼らは，民主的国家を邪悪な力とは考えなかった。彼らは民主的国家を，人々が共通する利益を増やし，自分たちがその下で生活し働くための条件を改善し，自分たちの健康と安全を守り，ある程度まで自分たちの社会的・経済的安定を確保するために活用が可能であり，また活用せねばならない道具とみなした。彼らは，政府の権力は，悪を抑制する消極的意味においても，善を促進する積極的意味においても考えられるとし，政府の抑圧的な役割は，時の経過とともに次第に縮小し，それに応じて肯定的で改良主義的な役割が増大すると考える傾向を示した。彼らは自らの時代に向け個々の改革も提唱したが，概して彼らは，一般的福祉国家をあれこれの役割によっては考えず，国家は，自らの行為で福祉全般が増大すると考える場合はいつでも行動しなければならないとする立場をとった。

　　レッセ・フェールの支持者とは異なり，一般福祉国家の提唱者たちは，自分たちが生きる産業社会においては，自由を実際に確保するためには国家の行為が不可欠であると考えた。南北戦争以前のアメリカの自由主義者たち liberals が，自由の消極的な面に関心を有していたのに対し，一般福祉国家の提唱者た

ちは，自由主義の信念の積極的な面を強調した[72]。

ジェイムズは，後の革新主義者ほど社会改革にさほど熱心ではなかったにせよ，革新主義に向け理論的基礎を築いた人物の一人である。彼の基本姿勢は，哲学者は巣穴にこもる野生動物のごとくあるべしという信念に端的に示されている。個人の意識的努力に大きな意味を持たせる習慣論が示すものは，彼があくまで個人主義を重視し，パターナリズムは好まなかったことを暗に物語っている。このため，社会の大規模な改革に向けた革新主義の議論は，デューイらの手に委ねられることになる。

[1] 1903年，オレゴン州議会は，工場や洗濯場での女性の労働時間を1日10時間を上限とする規制法を制定した。それに違反したポートランドのある洗濯工場主が訴えられた事件である。N. Woloch, Muller v. Oregon：A Brief History with Dopcuments, p. 3.（1996, Bedford）

[2] 208 U.S. 412（1908）. クリーニング業で働く女性の最長労働時間の上限を1日10時間に定めた，オレゴン州法が争点になった事件。連邦最高裁が，Lochner v. New York事件（1905）で，ニューヨーク州労働法に違憲判断を下してほどなく，オレゴン州ポートランドにあるカート・ミュラー・ランドリーが，州の10時間労働法に違反したかどで有罪とされ，罰金10ドルが言い渡された。1906年，オレゴン州最高裁は同法を合憲と認定し，翌年，連邦最高裁でこの事件が争われた。連邦最高裁は，オレゴン州の労働時間制限法を合憲とした。

[3] Woloch, Muller v. Oregon, pp. 28-33（1996, Bedford）. この趣意書に関し，裁判所には，裁判所が議会のごとく振舞うべきではなく，権限を逸脱しているとする非難が寄せられた。ベネディクト/常本訳『アメリカ憲法史』pp. 136-37（1994）. この点は，裁判所にいかなる権限があるのかとの関係において今なお議論の対象となる，革新主義が抱える問題点の一つである。

[4] この趣意書の科学性に関して，ホーヴェンカンプは次のように批判している。「Muller v. Oregon（1908）事件では，当時は弁護士であったルイス・ブランダイスが，女性の労働は，男性労働者には適用されない類の外部効果に服するものであることを，最高裁に認めさせた。この弁論により，女性の10時間労働規制法は，3年前のロックナー事件に照らし，ほぼ確実に違憲と目されていた状況から救われることになった。Muller事件で有名になった『ブランダイスの趣意書』は，法と雇用に関する女性の立場を社会科学のデータで裏づけたものとされる。だがこれは，同法を制定したことが理に適っていることを最高裁に納得させる点に狙いを定めたものであって，趣意書そのものは，華々しいレトリックを装ってはいても，内容は奇妙な情報のごった煮に過ぎない。」Hovenkamp, Enterprise and American Law, p. 202

第 7 章　プラグマティズムと革新主義　*199*

[5] L. Fink, Progressive Intellectuals and the Dilemmas of Democratic Commitment, p. 13.（1997, Harvard）
[6] Eric Forner, The story of American freedom.（1998, Norton）. エリック・フォーナー／横山ほか訳『アメリカ自由の物語：植民地時代から現代まで』上 pp. 14-15.（2008, 岩波書店）
[7] Dorothy Ross, The Origins of American Science, ch. 4.（1991, Cambridge）. Robert Green McCloskey, American Conservatism in the Age of Enterprise, 1865-1910
[8] Dorothy Ross, The Origins of American Social Science, pp. 99-101
[9] Sidney Fine, Laissez Faire and the General Welfare State, pp. 96-97（1964, Arbor Paperback）. ガットマン／大下ほか訳『金ぴか時代のアメリカ』（1986, 平凡社）。ベットマン『金ぴか時代の民衆生活』（1999, 倍風館）
[10] Fine, Laissez Faire and the General Welfare State, pp. 98-99
[11] Fine, Laissez Faire and the General Welfare State, pp. 100-02
[12] Richard Hofstadter, Social Darwinism in American thought（1969, New York）. ホフスタッター／後藤訳『アメリカの社会進化思想』p. 7（1973, 研究社）。ニューディーラーであるホフスタッターは，当然，レッセ・フェールの支持者には批判的であるが，ウィリアム・サムナーに関しては，次のように述べ，必ずしも金持ちの支持者として描けないことを示唆している。「サムナーと同じような考えの人たちは，たとえ人間の不幸を，冷淡に，どう仕様もないほど徹底した独断的な確信を持って考えているように見えるとしても，高度の鍛錬に対する専念が必要な場合には，自己に対しても厳しい教師になる傾向を持っているということも，同時に認められなければならない。この意味では，かれらは言行一致の美徳を持っていた。サムナーはイェール大学での自分の地位を三度まで危険にさらしながら，論争における少数者の立場を頑強に主張し通した――その一はスペンサーの著作を教材として使用したこと，その二は保護関税に反対したこと，その三は米西戦争を非難したこと，である。そして，この人たちの思想の実際上の結論がつねに財閥の喜ぶところとなったにしても，こうした思想傾向の人たちは単なる財閥弁護論者ではなかった。またかれらにとってもっとも大切な価値が，財閥の価値と同じものだということもできない。」『アメリカの社会進化思想』p. 13
[13] Daniel J. Wilson, Science, Community, and the Transformation of American Philosophy, 1860-1930, pp. 2-3（1990, Chicago）
[14] 19世紀前半のイギリスにおいて，科学が改革の武器として用いられたことについては A. Desmond, Politics of Evolution：Morphology, Medicine, and Reform in Radical London（1989, Chicago）
[15] R. Bruce, The Launching of Modern Science 1846-1876（1987, Cornell）
[16] Bruce, the Launching of Modern Science, pp. 29-30
[17] Wilson, Science, Community, and the Transformation of American Philosophy, p. 2. アメリカでは，この時期に社会諸科学が次々と独立した。20世紀になって哲学の領

¹⁸ 域を支配するものが，論理実証主義と分析哲学となる。他に Edward A. Purcell, Jr., The Crisis of Democratic Theory : Scientific Naturalism & the Problem of Value, chs. 1-5, (1973, Kentucky)
¹⁸ Wilson, Science, Community, and the Transformation of American Philosophy, p. 38
¹⁹ Fine, Laissez Faire and the General Welfare State, p. 280. ジェイムズは，1860年代にはハーバート・スペンサーの称賛者であったが，チャールズ・パースがスペンサーの『第一原理』を批判したことに影響を受け，1872年にバードで講義を始める時点では，スペンサー批判に転じていた。彼は，当時，講義に用いることに批判もあったスペンサーをハーバードでのテクストを用いているが，それは哲学上の誤りを示すための反面教師としてであった。ジェイムズは，個人的にはスペンサー・ブランドの個人主義に魅力を覚えつつ，スペンサーの宇宙規模の運命論に従いたいとは思わなかった。Fine, Id., 280-81.
²⁰ William James, 'Remarks on Spencer's Definition of Mind as Correspondence' in The Works of William James : Essays in Philosophy, p. 21.（1978, Harvard）
²¹ William James, The Works of William James : Essays in Philosophy, pp. 18-19
²² James, Herbert Spencer, in The Works of William James : Essays in Philosophy, p. 108
²³ Fine, Laissez Faire and the General Welfare State, p. 282. 社会ダーウィン主義は，ダーウィンの発案であるかのような言い回しが用いられるが，ダーウィンの『種の起源』が出版される1859年以前に，すでにスペンサーなどの著作で表明されているもので，必ずしもダーウィンの考えに基づくものではない。
²⁴ Fine, Id., p. 283
²⁵ Fine, Id., p. 281
²⁶ Fine, Id., pp. 283-84
²⁷ William James, Principles of Psychology, Briefer Course, (Dover). ジェイムズ/今田訳『心理学』上 pp. 136-37.（1993, 岩波文庫）。ジェイムズの心理学には，記述面でスペンサーの影響と思しきものが見られる。「ショッキングな物音や光景に接すると，感覚器官や神経は影響を受ける。飛び上がり，悲鳴を上げ，顔が歪み，筋肉全体の弛緩から震えが生じ，激しく発汗し，心臓の鼓動が激しくなり，あるいは逆上して心臓の鼓動が止まったり卒倒を起こしたりする。もし身体が弱ければ，気分が悪くなり，多くの複雑な症状が現われて来る。」H・スペンサー/清水訳「進歩について――その法則と原因」（1857年）『世界の名著46：コント・スペンサー』p. 429（中央公論社）
²⁸ ジェイムズ『心理学』上 pp. 136-37. このような脳の研究は，19世紀前半におけるフランスのポール・ブローカによる失語症の研究に，その多くを負っているとジェイムズは述べている。無意識が発見される歴史については，アンリ・エレンベルガー/木村・中井監訳『無意識の発見』（上下）（昭和55年，弘文堂）
²⁹ ジェイムズ『心理学』上 pp. 240-41

第 7 章　プラグマティズムと革新主義　　201

[30] John Dewey, The Middle Works, 1899-1924, vol. 12. デューイ/清水訳『哲学の改造』pp. 109-110. （岩波文庫）。「[伝統的哲学で]認識を考える場合、絵を描いている画家をモデルとせず、完成した絵を眺めている鑑賞者をモデルとしがちである。ここから、認識に関する一切の問題が生じている。それは、問題がすべて、一方にはひたすら眺めるだけの精神を、他方には眺められるだけの対象を想定することから生じるためである。ものを知るというプロセスには、常に、能動的な営みが含まれるのである。」

[31] 心をその「構成単位」から「構築する」ことには、説明上の優雅さという利点はあり、それによって整然と整理された目次をつくることはできるけれども、この利点はしばしば現実と真実を犠牲にして獲得できるものである。……意識を細分した「要素」を死後解剖的に研究するよりも、われわれに与えられたままの具体性をもって意識状態全体にできる限りの注意を払うことによって、実際には心をより生きた状態で理解できるものと考えるのである。この細分された要素の死後研究は、人為的抽象による研究であって、自然事物の研究ではない。ジェイムズ『心理学』上 pp. 6-7. これは、パースによるデカルト批判と同じ視点を示している。C. Peirce, Fixation of Belief, in Collective Papers of Charles Sanders Peirce, vol. 5. 365

[32] ジェイムズ『心理学』上 pp. 242-43

[33] ジェイムズ『心理学』下 pp. 178-81. ここでは引用の順序を一部で逆にした。

[34] ジェイムズ『心理学』上 pp. 188-89

[35] ジェイムズ『心理学』上 pp. 189-200

[36] ジェイムズ『心理学』上 pp. 191-92

[37] ジェイムズ『心理学』上 pp. 192-94

[38] ジェイムズ『心理学』上 p. 199

[39] ジェイムズ『心理学』上 pp. 200-01

[40] ホフスタター/後藤訳『アメリカの社会進化思想』p. 165.「ジェイムズは、プラグマティズムの伝統をさらに受け継いだデューイとちがって、組織的ないし集産主義的社会改革にほとんど関心を示さないという過ちを犯した。ジェイムズの基本的個人主義の特徴の一つは、時たま時事的な問題に関心を持ちはした──反帝国主義者、ドレフュス支持者、批判的超自然主義者として──けれども、そういう主義を奉ずる者として、持続した関心を社会理論に持ち続けなかったことである。ジェイムズはつねに個人との関係で哲学上の問題を論じた。」

[41] ホフスタター『アメリカの社会進化思想』p. 165

[42] ジェイムズ『心理学』上 pp. 202-03

[43] M・ホーウィッツ/樋口訳『現代アメリカ法の歴史』p. 4. （1996, 弘文堂）

[44] William James, Pragmatism (1975, Harvard). ジェイムズ/枡田訳『プラグマティズム』p. 176 (1957, 岩波文庫)

[45] 「われわれイングランド人は、理論上、現行法を一字一句たりとも変えることのできない機構を用いながら、法が拡張され、修正され、改良されることに慣れている。

この事実上の立法はこっそりと行われるために，ほとんど人に気づかれない……。われわれは，目下係争中のケースの事実をカバーする既存の法的ルールは必ずどこかにあるという考えを，当然のものと考えている。このため，たとえそのようなルールが見つからなくとも，それは単に，そうしたものを見つけるために必要な忍耐力，知識，洞察力を欠いているとしか考えない。だが，判決が下され書き記された瞬間から，われわれは，無意識的にあるいは否応なしに，新しい言葉や新たな考えへと導かれるようになってゆく。そして，その後になって，ようやく，この新たな判決が法を変えたことに気づくことになる。」Maine, Ancient Law, p. 30.（1861, 1970ed, Peter Smith）

[46] ジェイムズ　枡田訳『プラグマティズム』pp. 49-50
[47] ジェイムズ/枡田訳『プラグマティズム』pp. 145-46. 西洋哲学のこの伝統を，彼は壁に掛かる時計の例を用い，批判的に検討している。眼を閉じ壁にかかる時計を想えば，文字盤の真の像ないし模写が思い浮かぶ。時計内部の「仕掛け」でも，まだ模写説で間に合わせることができる。だが，時計の「時間測定作用」やゼンマイの「弾力性」となれば，模写といっても，何を模写しうるか正確に知ることは困難になる。
[48] ジェイムズ/枡田訳『プラグマティズム』pp. 145-46
[49] ジェイムズ/枡田訳『プラグマティズム』pp. 147-48
[50] ジェイムズ/今田訳『心理学』上 p. 26
[51] ジェイムズ/枡田訳『プラグマティズム』p. 148
[52] かつてこうした真理の説明をしたF・C・S・シラーが，合理論の擁護者から「まるでぶんなぐられてよい生意気な生徒」のごとき扱いを受けた，とジェイムズは述べている。ジェイムズ/枡田訳『プラグマティズム』p. 55
[53] 真理は，その圧倒的多数に自らの験証を経ていないものであるにも拘わらず，われわれはそれを頼りに生きていることを見れば，真理は一種の信用組合のごとき様相を呈しているという。ジェイムズ/舛田訳『プラグマティズム』pp. 151-52
[54] ジェイムズ/枡田訳『プラグマティズム』p. 53
[55] O.W. Holmes, The Path of the Law, 10 Harvard Law Review, 457（1897）.「メタフィジカル・クラブ」については，数少ない貴重な研究書としてルイス・メナンド/野口ほか訳『メタフィジカル・クラブ』（2011，みすず）を参照。
[56] プリゴジン&スタンジェール/伏見ほか訳『混沌からの秩序』pp. 95-99（1987，みすず）
[57] ホフスタター『アメリカの社会進化思想』pp. 22-23
[58] ジェイムズ/舛田訳『プラグマティズム』p. 47
[59] ジェイムズ/今田訳『心理学』上 p. 24
[60] ジェイムズ『心理学』上 pp. 24-25
[61] H・スペンサー/清水訳「科学の起源」『世界の名著 46：コント・スペンサー』p. 346
[62] James, 'Remarks on Spencer's Definition of Mind as Correspondence', in The Works of William James：Essays in Philosophy, pp. 7-22

第7章 プラグマティズムと革新主義

[63] 「今日あらゆる事象に見られる結果の増大は古くから行なわれて来たもので、宇宙の最も重要な現象に関しても最も些細な現象に関しても、等しく当てはまる。事物が絶えず複雑さを増して来たことは、能動的な力はすべて一つ以上の変化を生ずるという法則から必然的に帰結する。原因はすべて一つ以上の結果を生ずるという根本的事実から出発するならば、同質から異質への不断の変化が天地万物を通じて行なわれて来たこと、今もなお行なわれていることは容易にわかる。」スペンサー/清水訳「進歩について──その法則と原因」『世界の名著46：コント・スペンサー』p. 422. これらのスペンサーの著作は、いずれもダーウィンの『種の起原』（1859年）に先立って出版されたもので、しかも、ジェイムズが言うように、ダーウィンの影響力は大衆にまで及ばなかったのに対し、スペンサーは、大衆に到るまで直接的な影響を及ぼしている。James, 'Herbert Spencer Dead', in The Works of William James: Essays in Philosophy, p. 96.（1978, Harvard）

[64] James, 'Herbert Spencer Dead', The Works of William James: Essays in Philosophy, p. 99（1978, Harvard）

[65] スペンサー/清水訳「進歩について──その法則と原因」『世界の名著46：コント・スペンサー』p. 431

[66] ジェイムズ/今田訳『心理学』上 p. 22

[67] ジェイムズ/今田訳『心理学』上 pp. 330-31. 一部訳文を変えた

[68] ジェイムズ/今田訳『心理学』上 p. 27

[69] ジェイムズ/今田訳『心理学』上 p. 26

[70] ジェイムズ/今田訳『心理学』上 p. 28

[71] ジェイムズ/今田訳『心理学』上 pp. 24-29

[72] Fine, Laissez Faire and the General Welfare State, pp. 167-68

第8章

ロスコー・パウンドのプラグマティズム法学
――植物学から法学へ――

I 新植物学の黎明期：分類学から生態学へ

1 パウンド研究の「ミッシング・リンク」

　20世紀アメリカの法学者として名を馳せたロスコー・パウンドは，南北戦争後のアメリカが急速に産業社会へと向かう変化の中にあって，革新主義の立場から法学におけるプラグマティズムを唱えた人物として知られる。後に，彼はハーバード・ロー・スクールの学長を務め，晩年には5巻からなる大著『法学 Jurisprudence』を著すなど，数多くの功績を残したアメリカの代表的な法学者の一人である。

　19世紀末，アメリカ独自の哲学と言われるプラグマティズムを提唱した一人であるウィリアム・ジェイムズは，チャールズ・ダーウィンの進化論思想の影響を受け，西洋哲学の伝統的な知識観に反旗を翻し，独自の知識論を展開した。ジェイムズによれば，プラグマティズムは知識のための知識を崇めることはしない。真理は，それ自体崇められるべきものではなく，生存闘争を生き抜く上で役立ってこそ意味あるものとなり，それゆえに暫定的な「真理」として，特別な地位が与えられてきたに過ぎない。

　パウンドは，アメリカに独立当初から根強くあった自然法思想をアプリオリズムによるものとして批判し，「真理＝有用性」と見るプラグマティズムの知識観を法学の中に持ち込んだ。彼は，真理が生存のための有用な手段であるのと同じように，法も，それ自体が目的とされるべきものではなく，より良き社会を実現するための手段とする見方を展開した。この見解をパウンドが明確に示したのが，1908年38歳のときに「コロンビア・ロー・レヴュー」に発表した「機械論的法学 Mechanical Jurisprudence」である。翌年，パウン

ドは「イェール・ロー・ジャーナル」に「契約の自由 Liberty of Contract」と題する論文を書き，合衆国最高裁が Lochner v. New York 事件において，合衆国憲法第14修正を楯に「契約自由の原則」に基づく「実体的デュープロセス論」を採用したことへの批判を展開している。

　このパウンドは，今日，もっぱら法学者としてその名を知られている。だが彼は，法学研究を行う前，ネブラスカ大学の学生時代から，当時における最新の植物学研究を精力的に行っていた。彼の新植物学研究は，それまで博物学の中で行われていたものから，ダーウィンの進化論の影響を受けた結果，生物学の一環として独立科学へと転じ始めたばかりのもので，その研究内容はおよそ趣味の範囲に留まるようなものではなかった。

　だが，この植物学研究を行っていた時代のパウンドについては，今なおほとんど研究がない状態にある。人生の初期に並はずれた熱を入れて研究したことが，その後の法学研究に影響を及ぼさなかったとすれば，その方がよほど不思議というべきであろう。したがって，パウンドの植物学研究は，パウンド研究の中で，いわば「ミッシング・リンク」とも言うべきものに該当する。

　パウンドが，法学研究においてドイツの影響を強く受けたことは事実である。だが，その最初の影響がオスカー・ドルードの植物学研究を通じてであったことは，ほとんど知られていない。しかもドルードの影響は，当時の最新の科学研究のモデルを示したことによるものであり，これは抽象思考を好むドイツ法学とはさほど接点がない。

　これまでほとんど知られていなかったパウンドの植物学研究を垣間見れば，後の社会学的法学との繋がりが浮かび上がり，彼の社会学的法学の基本的構想には植物学研究と類似点のあることが明確に見られる。本章では，この新植物学研究が19世紀後半に生物学の一分野として独立するに到った状況を概観し，ネブラスカ大学において学生であったパウンドが植物学者チャールズ・ベッシーとの出会いを通じて行った新植物学研究と，後にパウンドが行った社会学的法学研究との繋がりに，新たな視点から光を当てることにする。

2　大衆の博物学熱と新植物学

　ヴィクトリア朝時代のイギリスでは，大衆の間に博物学熱が殊のほか高揚

していた。物を集めるという性癖は,好事家の間では病的なまでに高まるケースもしばしば見られるが,もちろん,大衆の博物学熱がさほど学問的な動機に裏づけられていたわけではなく,時代の流行に乗って人びとの間に広く浸透したものでしかなかった。

ルネサンス以後,ヨーロッパでは探検航海が盛んに行われるようになり,「大航海時代」とも呼ばれる時期には,新たな種や珍奇なものの収集熱が高まった。それは,世界に乗り出したヨーロッパ人たちが,それまでヨーロッパでは知られていなかった珍品を世界各地から持ち帰り,珍奇なものの一大収集が流行するようになったためである。時代を下り19世紀になると,これが暇のできた一部のリッチな大衆にまで及ぶものとなり,彼らの間で一種の熱病のごとき様相を呈して流行し,それが一種の理に適った高級娯楽とも目されるようになったという。

　　　［ヴィクトリア朝時代のイギリスにおける］大衆の博物学趣味ほど帰趨見極めがたいものはなかった。ある年に地衣類に夢中になるかと思えば,次の年にはもうイシサンゴに狂奔している。1845年からの十年間に人々の興味は海藻からシダへ,シダからイソギンチャクへと転々とした。次の十年間にそれは唐突に海蛇へ,ゴリラへ,そして滲滴虫へと移っていった。これらすべて一国民規模の熱狂であったが……こうしたいかにも短命な趣味や熱狂の底流には,1820年代から1860年代にかけて年々歳々,そのあらゆる部門にわたっていやましに度を増していき……それこそあらゆる社会階層を魅了したもっと根深く,もっと息長く不易の,博物学への熱狂というものがあったのである。ヴィクトリア朝の娘はだれしもシダやキノコの名の20くらいはすらすらと言うことができた風だし,聖職者たちはみな『セルボーンの博物誌』のギルバート・ホワイトのひそみに倣って自分の教区の博物誌を一冊の本に纏めて出版したいという秘かな思いを抱いていた[1]。

識字率がさほど高くなかったこの時代には,視覚への訴えが大きな効果をもたらす。ヴィクトリア時代の博物学書では,カラー写真のごとき見事な色刷りの挿絵が流行した[2]。19世紀には,この種の博物学関連書が次々と出版されたことも,大衆の間に博物学への関心を引き立てる一因であった[3]。

同時代のアメリカに目を転じれば,ヨーロッパと比べ,学問的にも後進国の地位に甘んじていた。このアメリカにおいて,当時,著名な博物学者とし

て名を鳴らした人物がルイ・アガシ (1835-73) である。彼は，アメリカの科学の名声を高めるべく，ヨーロッパからハーバード大学に著名大物教授として招かれた人物で，派手な言動で物議も醸しがちであったが，『分類論』[4]を著し，その研究領域は地質学から比較解剖学までをカバーしていた。ダーウィンの進化論の批判者としても知られる彼がアメリカに渡ったのは1846年，この年を以てアメリカ科学界が成人式を迎えたと言われる。それは，それまでアメリカの研究書がヨーロッパでほとんど出版されず，ヨーロッパの博物学者との間の交流もないという惨憺たる状況であったためである。アガシーは，自らがハーバード大学内に見事な比較解剖学博物館を創設し，アメリカ科学界の声を代弁する形で大いに貢献した。これにより，アメリカもヨーロッパの知的ネットワークにようやく組み込まれるようになった。

だが19世紀半ばには，大衆の博物学熱をよそに，アメリカでもイギリスでも，博物学専門家の動向は，それまでとは別の方向へと進みつつあった。当時の英米では，多くの学問分野において旧来の神学の伝統が根強く，博物学も神による天地創造という聖書の記述を背景として捉えられがちであったが，ほどなく博物学から生物学が新たな科学として独立し，植物学も生物学の一部門として新たな研究手法の下で展開され始めた。パウンドが学部時代に学んだ新植物学は，この動きの先端にあった。

キリスト教信仰の下では，聖書の『創世記』に描かれているように，神が天地をはじめ万物を創造したとされる。このため，ヨーロッパの大航海時代以後，盛んに行われるようになった新種や珍品の収集も，単なる好事家の趣味によるものではなく，世界の隅々から万物を集め，天地創造の際に神が創り給うた万物のカタログを作ろうという，信仰に直結する動機が息づいていた。18世紀以後，博物学，植物学の領域で名声を博したスウェーデンのカール・リンネの植物分類も，その典型である。リンネは，『自然の体系』において，その後の分類学のモデルとなる植物分類法を示し，その後，この分類法はリンネの名とともに一世を風靡するに到った。彼が植物に関して行った分類法の影響は，植物学の域に限られることなく多くの方面に影響を及ぼした。

　動物・植物・鉱物の三界を通じて，自然物のそれぞれのランクのすべてにきちんと命名し，かつそれらを整然と配列して，ピラミッドのように秩序だった

ヒエラルキーに体系づけること——これがリンネの野心だった。しかも，それを世界中のすべての動植鉱物に及ぼし，全地球的な規模で展開すること——それが彼の目標となった。まさに大事業と称すべきだろう。しかも彼はそれをおのれ一人の力でやろうとしたのであった。世界の自然の解明がようやく緒についたばかりの時代，そして，学問がまだあまり細分化されていなかった当時にあっても，これは超人的な力業といわねばなるまい。彼のその大目標とそれへ向けてのたゆまぬ努力を支えていたのは，純粋に学問的な関心・意図ばかりではなかった。世俗的な名誉心，そしてなによりも熱烈な宗教心から発した彼の強固な意志ないし敬虔な信念にもとづくものであった……[5]。

リンネは，三界をすべて視野に入れ，神による創造のカタログを作ることに力点を置いたが，彼の考案した植物の分類と命名の仕方が大いに人気を博したのは，その壮大な構想とは裏腹に，それが素人にとっても簡便であったためである。リンネが植物分類で行ったものは二命名法と呼ばれるもので，「属」と「種」の組み合わせをラテン語で表記することを以て植物名とするやり方であった。これは，専門家でなくとも命名が容易にできたし，場合によっては自らの名を新種の名に込めることもできた。こうした簡便さが，リンネの分類法を通じ，19世紀の大衆博物学の人気につながった理由の一つである。

　　　［リンネの植物分類体系は］雄しべと雌しべの数と配置に注目して植物を分類し，体系づける。数ある分類形質のなかから雄しべと雌しべだけをとり出し，しかもその数をかぞえるのみで綱と目とを一義的に判定するというのだから……はるかに機械的であり，簡単である。そして……高度に人為的な分類体系だった。だが，余計なことは考えなくてもよい機械的で単純な方法であるがゆえに，それは植物のことをなにも知らない初心者にも容易に使いこなせる体系だったのである。……リンネの新しい植物体系の学説が短期日のうちに，それも一般大衆をも巻き込むかたちで広く受け入れられるにいたった理由は，まずもって，だれもが使いこなせるというこの簡便性にあったことは，疑いないところだろう[6]。

分かり易いということは，素人にとっても理解する上で都合がよいということに他ならず，したがって，それが必ずしも学問的な正確さや厳密さに寄与するものであるとは限らない。しかも，リンネの分類法は，子葉の数や花

冠の形などには目を向けることなく，ひたすら雄しべと雌しべの数と配置にだけ眼を向けていた。このため，それよりずっと複雑な自然的分類システムとは対照的に，リンネの分類法は，機械的で簡便であるだけでなく，高度に作為的で人為的な性格を持つ分類システムになった。このような，他の要素を排除して一要素だけに注目する分類法は，専門家の間から，とりわけ自然的分類システムを重視する博物学者の間から，リンネの分類法に対する批判が強まる結果を招いた。

いったいリンネは，なぜかくも雄しべと雌しべだけに執着したのであろうか。それは，当時，それに注目する相応の理由があったからだという。

> 17世紀の終わりから18世紀のはじめにかけて，それまで機能のよくわからなかった花の雄しべと雌しべ——もちろん，当時はこれらが生殖に関係する構造であるという認識はまったくなかった——が，じつは，植物の雄性および雌性の生殖器官にほかならぬことが明らかにされ，予想もされなかった新発見として博物学者たちに大きな衝撃を与えた……。この発見によって，植物にも動物と同じような受精の現象があること，有性生殖をおこなって子孫を残すという点では植物も動物もまったく変わりはないことが，はじめて判明したのだった。……ここから彼［リンネ］はストレートに考えを展開させて，この受精に関与する雄しべ・雌しべの構造こそ，植物の分類にさいして第一に重要視すべき形質であるとの結論を得たのであった[7]。

現在では，動物にはもちろん，植物にも雌雄の両性があり，それぞれが有性生殖を通じて繁殖・増殖することは，生物学上の知識として半ば常識の部類に属するものになっている。だが，リンネの時代には決してそうではなかっただけに，この発見が博物学者には大きなショックを与えた。だが，この有性生殖という観点に立てば，ことさら動物と植物とを区別する必要はなく，そのいずれも共通する機能を見出したことになる。このような背景の下に生殖・増殖という一点に注目しながら，そのための器官を通じて植物を分類するという発想を実際に展開してみせたのがリンネである。

しかも，リンネの分類に関する発想の根本には，産めよ増えよ地に満ちよという聖書の教えが絡んでいる。神はこれを実行するために，動物・植物を問わず，いずれにも共通の増殖機能をお与えになった。動機がどうであれ，リンネは，こうして素人にも分かり易い斬新な植物分類法を編み出した。そ

の後，この分類法に対しては，専門家の間でその人為的な性格への批判が高まってゆくが，これとは対照的に，素人の間にはその親しみやすさ簡便さのゆえに，リンネの分類法を基礎とする博物学が大いにもてはやされることとなり，19世紀の大衆博物学熱を支える原動力にもなった。

リンネの人為的植物分類に対し，専門家の間で次第に批判が高まった背景には，学問の動向における時代の要請として，18世紀末から実証主義的精神が強まり，事実の詳細な観察を通じた裏づけが求められるようになったことが絡んでいる。

> 18世紀の70-80年代には……［リンネの〈性体系〉のような］大理論をもてあそぶ時代はすでに終わった，大理論よりももっと確実な事実の発見と解明に力をつくすべきであるという風潮が学界に次第に定着しつつあった。つまり，現代までその影響が及んでいるところの科学の実証主義＝いわゆる"近代科学化"が着々とその橋頭堡を築きつつあったのである[8]。

18世紀末にこの動きが顕著になった背景には，フランス革命に促され，この時期のフランスで，とりわけ博物学の分野で，全ヨーロッパをリードするような活発な動きが展開されていたことがある。フランス博物学の黄金時代と称されるこの時期を経て，博物学はそれまでのものとは研究スタイルを変え，次第に近代的で実証主義的な生物学へと発展して行くことになる。そこには，それまで近代科学が隆盛する中で，その発展の原動力でもあり，それに大いに寄与してきたエリート的存在のニュートン力学と，それに対抗しながら，いわば日蔭の存在ともされてきた博物学との間に見られる軋轢があったという。

> ［フランス革命下で，］博物学という学問に対して当時の人々が抱いたある奇妙な観念も関与していたことを見落としてはなるまい。……旧体制下のフランスの学界で特権的な羽振りをきかせていたのは，ニュートン科学——その中核をなすのは数学と力学——だった。数学と力学にくらべると，博物学は当時はまだ——少なくとも学問の世界においては——影響力が弱く，周辺的な学問といってよかった。それが，リンネの出現，そしてビュフォンの活躍によって博物学は社会に対して次第に重きをなすようになり，18世紀の後半にはその立場が逆転しかねない有様にまでなっていく。そして，革命の時代に突入するや，

第8章　ロスコー・パウンドのプラグマティズム法学　211

数学や力学は非大衆的，エリート的＝貴族主義的学問であり，一方，博物学こそ平民的＝平等主義的学問の代表であるという考えが，民衆，とりわけ革命家たちのあいだに一挙に広まっていったのである[9]。

フランス革命の余波により，学問に対してもこのような貴族対平民という対立図式の影響が及び，後の大衆博物学熱につながる下地が準備される中で，専門家の間では実証主義的な研究に向け，その道が整えられた[10]。

3　師チャールズ・ベッシーの新植物学

こうしたヨーロッパの状況は，アメリカにも及んだ。南北戦争後のアメリカで，新植物学研究に向けた道を切り開いた人物の一人が，ネブラスカ大学でロスコー・パウンドに植物学を教えた，チャールズ・エドウィン・ベッシー (Charles Edwin Bessey, 1845-1915) である。ハーバードのエーサ・グレイの下でも研鑽を積んだ彼は，19世紀末のアメリカにおいて植物研究の第一人者になった。「アメリカ植物学会 Botanical Society of America」のホームページには，彼の名を冠して「エドウィン・ベッシー教育賞 The Charles Edwin Bessey Teaching Award」が掲げられているだけでなく[11]，彼がネブラスカ大学に移ってきた1884年から没年の1915年までは，「ベッシー時代」とも呼ばれている。

チャールズ・ベッシーは，1845年オハイオ州ミルトンに生まれ，北東オハイオの農場で幼少時を過ごした。彼がミシガン農業大学を卒業したのは，ダーウィンの『種の起源』が出版された10年後の1869年。1872年には同大学で科学修士号 M.S. を取得すると，その後数年間，ベッシーは，ハーバード大学において当時のアメリカにおける植物学研究の第一人者であったエーサ・グレイの下で研鑽を積み，1884年までアイオワ農業大学で植物学教授を務めている[12]。

当時のアメリカにおいては，大学教育がそれまでの神学中心から，新たな科学研究へと向かう変革期にあり，1884年にネブラスカ大学の学長に就任した改革派のアーヴィング・マナットは，ネブラスカ大学を豊かな科学研究の場とすることを狙い，全米から有能な科学者を引き抜いた。その中に名を連ねていた人物が，植物学教授としてアイオワ大学から招かれたベッシーで

あった。移籍後の彼は、アメリカの植物学研究が大きく変化・発展する中で多大の貢献をし、「アメリカ植物学会（BSA）」創設メンバーの一人として初代会長を務め、後には「アメリカ科学振興協会（AAAS）」の会長にも就任している。

ロスコー・パウンドが弱冠14歳にしてネブラスカ大学に入学したのが1884年、ベッシーがネブラスカ大学に招かれたまさにその年である。パウンドは、この時以来、ベッシーの下で植物学研究に励み続け、二人の結びつきは年を重ねるごとに強まり、ベッシーはパウンドの生涯において最も大きくかつ永続的な影響を与える人物となったとされる[13]。

南北戦争の直後、ベッシーが植物学研究を始めた時代のアメリカで、圧倒的な支配力を誇っていたものは、もちろんリンネの植物学であった。時代のこの雰囲気の中で、ベッシーはリンネ流の分類一辺倒の研究に対しては、大きな抵抗感を抱いていた。

> ベッシーが植物学者になった時代は、植物研究が未だ観察の段階にあり、分類学があらゆる研究の至高の目標になっていた。その中で、ベッシーと彼の同僚は、分類にばかり没頭することに批判的で、実験に基づく科学として植物学を打ち立てることに熱を入れていた。植物の外部構造への関心を超えたところには、植物生理学 physiological botany と植物病理学 plant pathology という未踏の分野が広がっていた。この「新植物学」に含まれるものは、植物を成長と発展の能力を備える生きた対象として捉える見方である。これは、それまでの静的な科学や科学的探究の観念を、動的な観念に置き換えるものであった。
>
> この新植物学は、ダーウィンの仮説が生み出した広範な知的革命と軌を一にしていた。進化という理論に啓発された植物学者は、植物を集め、既存の枠に嵌め込んで分類することでは満足しようとしなかった。ベッシーは、ダーウィンから強い影響を受け……抽象的な諸原理の探求を行うより、植物の生態に潜む社会的効用を研究する方を好んだ[14]。

植物を収集・観察し、それらを既存の枠内に分類するという作業は、博物学が最も得意としてきたものであり、リンネの人為的分類体系が、南北戦争後のアメリカでも大きな影響力を持っていた。当時のアメリカで植物学の第一人者として名高かったのはエーサ・グレイであるが[15]、彼の植物学研究にも、この時代の傾向が反映され、経験より思索の方が重視されていた。ベッ

シーは、グレイの研究の下で育ちながら経験主義が重要であるという考えを抱き続け、後には植物学研究で顕微鏡を用いたアメリカ初の実験室を作る。だが、同僚にはそれが化学をまねたやり方として、甚だ不評であったという[16]。この当時は、ヨーロッパでも新植物研究が始まったばかりの時期で、植物をスライスし顕微鏡を用いその細胞をつぶさに観察するという斬新なやり方は、まだ神学的な動機が色濃く残っていた時代には、容易には受け容れられなかったことを物語っている[17]。

> ダーウィン以後の時代なら、自然な体系は系統発生、即ち生物の進化の歴史を反映するものともなったわけだが、もちろんリンネの同時代にはこんな発想はなかった。……リンネと彼の同時代人たちはアリストテレスやトマス神学を基礎に、自然の中には或る大構想が存在するのだという発想に立っていて、それが彼らの分類学に反映されることを願っていたのである。自然の全生命は、むろん頂点に人間を仰ぐ、最下等生物から最高等生物へと昇っていく一本の梯子、「自然の階段」もしくは「存在の大いなる連鎖」を構成している。生物の外形にはその生物の「本質」が——神がそれをお創りになった時、脳裡にあったその生物の完全無欠の原型のイデア——が示されているはずなのだ。……［リンネは］特殊創造説と種の不変を堅く信じていた……[18]。

分類に勤しむ一方で、神々しい世界の詳細な記述を通じ、そこに神が込めたメッセージを読み取ろうとすることに研究の大きなウェイトが置かれていた時代には、実験やフィールドワークなどの研究スタイルは、いわば邪道のやり方とみなされた。エピステーメは経験に訴えない瞑想を通じてこそ得られるものであり、経験を頼りにするやり方では、浅はかなドクサしか得ることはできない。したがって、研究スタイルは、観察を通じデータを集積する点では経験科学のやり方に似ていながらも、神学的発想においては、データの集積を通じ未来に向けて発展的に知識を拡大してゆくことを狙うという考えは馴染まない。リンネ流のスタティックな植物学研究は、あくまで閉じた体系に基礎づけられる無風の論理空間を想定したものであって、未来に向けて発展し続ける開かれたダイナミックな世界を想い描くものではなかった。それは本質論と存在の連鎖という観念の延長線上にあり[19]、ダーウィンの進化思想の影響を受けたベッシーの新植物学とは大きな隔たりを持つものであった。この当時、学問的な意味での野外研究なるものを重視する発想は、

ヨーロッパにもほとんどなかったという。

　　ダーウィンの進化論の出現まで、野外研究を是としてくれるような理論などひとつもなかったのである。19世紀前半の生物学はあげて種の命名、特定、分類に精魂を傾けていたのだが、これは完全に室内派の得手とする世界だった。生きている動植物など面倒の原因になるだけだったし……それ自体の娯しみのため、また一般大衆を娯しませつつ教えようとする本を書こうとして、生きた動植物を観察しようとした好事家、啓蒙書の著述家は決して少なくはなかったのに、これは「まともな」科学ではないのだという感じがいつの間にか深く根づいていた。たしかに博物学を大衆的なものにするのに[19世紀初め『セルボーンの博物誌』を書いた]ギルバート・ホワイトの果たした功績は大きい。しかし、もう一人、もっと遥かに強い影響力を揮った人物がいたのである。それがリンネだ。19世紀前半全体を通して博物学のとるパターンを決定づけたのは、ホワイトではなく、リンネであった[20]。

　室内派にして瞑想を重んじるリンネ植物学には、そもそもフィールドワークは不要なものであった。ダーウィンの進化論の影響を受け、生物進化にとって生存闘争における環境への順応・適応の重要性が認識されるようになり、その結果、動植物に関する研究領域が内なる瞑想や思索から外的環境との関連性に向けて拡大され、もっぱらそれを研究する生態学の意義が認められるようになって初めて、フィールドワークが研究の枠内に採り入れられるようになった。室内派のグレイの下で研鑽を積みながら、植物学研究のラボを作ったベッシーの研究手法に、これが示されている。

　ベッシーは、ダーウィンの影響を強く受けて新植物学の研究に向かったが、彼は決して植物の分類を疎んじていたわけではない。1893年、彼が「進化と分類」と題した講演において述べているところでは、「植物学的知識は、すべて、最終的にはある種の分類においてその頂点に達する」としている[21]。

　これは、彼が旧来の博物学的な研究方法を、そのまま踏襲することを意味するわけではない。それは、植物を単体として眺め、標本作りに相応しいものとして扱うのではなく、ダーウィンの影響の下で植物群を生態学的な視点から捉え、植物とそれを取り巻く周囲の状況との関係において研究することを視野の中心に据えている。

第8章　ロスコー・パウンドのプラグマティズム法学　　215

　[生物の組織構造を研究する]組織学 histology, 形態学，生理学に関する諸々の事実は，きわめて生物学の重要性を持つものであるが，これら生物学的事実の中で最も重要なものは，世界が生き物によって占められているという事実にある。われわれは，植物学の組織学的事実を，一連の秩序だったものにグループ分けし配列する。形態学者が発見した事実についても，同じようなことをするし，既知の生理学的事実も分類を行う。だが，これらのことを超え，一切のものに関してなされる最大のグループ分けは，生き物それ自体を秩序だった系とすることにある。われわれが学ぶものは，この系の組織学であり，形態学であり，生理学である[22]。

　進化し続けてきた植物を，系統のもとに秩序づけることを目指すベッシーの植物研究は，生殖器官の特徴に注目し，植物の人為的分類体系を確立したリンネとは，視点を大きく異にしている。ベッシーは，新植物学において，植物を標本ではなく生き物として位置づけ，環境の中でそれに左右されながら生きるものという視点に立ち，生態学，生理学，病理学，地質学，気象学，地理学までも研究領域に入れた，ダイナミックな植物学を樹立しようとしていた。それは，単に旧来の博物学とは研究方法が違うというだけに留まらず，その学問的視点を根本的に異にするものである。その結果，新植物学研究では，植物は原野，草原，湿地，砂漠，荒野などの地目に群生し，地表を覆い尽くす生ける対象として把握されるものに大きく変化することになった。

　　ベッシーは，いわゆる新植物学研究の先頭に位置していた。この「新たな」植物学者たちは，繰り返し次のように主張した。……植物学は，もはや周囲にある植物名を当てるような安易な娯楽であったり，死せる植物を押花や標本として台紙に貼り付けるだけのものであってはならない。植物学の発展は，今や実験という研究方法に基づくものにならねばならない。また，この新植物学は，研究を分類することに限定してきたそれまでの偏狭な姿勢を打破しようとした。ベッシーは……高等植物の研究を，もっぱら外部形態を観察し，種の確認と命名に限るような，伝統的手法を拒否した。……ベッシーにとって，植物は生き物であり，それは食物を取り入れて成長し，感情を持って増殖し，周囲の環境からの影響を受け……傷を受けたり病気になれば苦しむ，そういう存在であった。かくして19世紀末には，生理学，病理学，生態学，植物地理学が，エキサイティングな新領域として開拓されるに到り，植物学はその探求領域を拡大し，研究者たちの知性がこの新領域に挑むことになったのである[23]。

4 標本から生き物へ

　趣味として博物学に熱を上げる大衆には，リンネの植物学が大もてする裏で，専門の植物学研究は，それまでの博物学としての静的な植物研究から，新たに解剖学，生理学，病理学，生態学，地質学，地理学，気象学，発生学などの新分野を加え，生物学の一角を占めるダイナミックな新植物学に向け，大きな変革の時を迎えつつあった。

　今日，「生物学」という言葉は，高校の教科にも表れるほど誰にも馴染みになっている。だがこれは，どこでも自然のうちに博物学の延長として表れたものではなく，19 世紀初めのヨーロッパにおいて，ヨーロッパだけに，博物学とは袂を分かつ形で現れた，画期的なものであったという[24]。

> 　動物・植物を，陳列室内の死んで干からびた標本についてではなく，生の過程において――すなわち，生きている状態で，もしくはあるがままに――観察し，実験し，そして解析して生命の秘密に迫ろうとするこの研究路線は，その後［19 世紀に入り］いっそう加速されることとなった。1838-39 年に，シュライデンによってまず植物で，ついでシュヴァンによって動物において樹立された細胞説は，そうした新しい生物学研究の達成したもっとも輝かしい成果のひとつだった。動物も植物もともに細胞という形態学的ならびに生理学的な単位から構成されているという，この学説の樹立こそ，西ヨーロッパの博物学-生物学を確固たる近代科学として定礎した，記念すべき業績といってよいだろう[25]。

　博物学が対象としてきたものは，同じ生き物たる動植物ではあっても，それらを決して生けるものとして扱ってはいない。たとえそれが見事な極彩色の図版に生き生きと描かれていても，それはあくまで剝製であったり死せる標本の類としてであって，生きているものや生命活動そのものとしてではない。したがって，それに相応しい装いを与えるとすれば，それは博物館の陳列棚に居並ぶ剝製や標本となる[26]。ここから近代生物学に向け一歩を踏み出す上で，重要な切っ掛けを与えたものが，およそ生き物は動物であれ植物であれ，それらが細胞という単位から成る生命活動を営んでいることに着眼したことにある。ここには，動植物を機械論を背景として見る視点から，生気論に立ってそれらを見直す転換が絡んでいる。

　新植物学では，個々の植物そのものより植物群を研究対象とし，それがい

第8章　ロスコー・パウンドのプラグマティズム法学　217

かなる土壌や気候の下で生育しているのかを究明しようとする。このため，そこには物理学をモデルとする機械論ではなく，生命活動に特有な原理を据えた生気論をベースとする生態学的な視点が入り込んでくる。植物は，アプリオリに想定された無風の人為空間で開花するものではなく，あくまで特定の状況下で生育し，開花し，繁殖するものである。周囲時の状況が変化すれば，それが植物の生育や繁殖にも影響を及ぼす。

この生態学的視点を新植物学研究にもたらしたものは，周囲の環境に適応できるものだけが進化を通じて生き残ることを示唆した，ダーウィンの生物進化論である。生物種が，周囲の環境変化に適応しようと努力し続けることが，新種の誕生につながる重大要因であるとすれば，生物種の研究は，それを取り巻く環境との関係が重要な研究対象となってくる。植物に関して言えば，植物群の観察に加え，それが生育している土壌や気候が，その植物の生育に重大な関係を持つ。このため，植物の収集・分類に加え，その生育地の土壌などの地質学的要因，さらに生理学，病理学，気象学などをもその重要な研究対象に含めるようになる。

ベッシーは，この斬新な視点を導入して研究に取り組んでいた。それは，センチメンタルな影響を安易に受けた素人的ナチュラリストの野外観察のごときものとは一線を画し，その後の植物学研究の方向性を先取りする，専門的な新植物学研究である[27]。ベッシーは，リンネの高度に人為的な性体系が18世紀末から批判されていったプロセスを描き，なおそれが19世紀後半にまで根強く残り，新植物研究の展開を阻んでいた状況に直面しつつ，その原因の一つとして，保守的な考え方の根強さを批判している[28]。

科学者を自認していたベッシーが，1881年に出版した『ハイスクールとカレッジの学生のための植物学』の序には，新植物学の狙いが次のように述べられている。

> 本書は植物研究の入門書として役立てられることを願って書いたものである。本書だけで，植物界を完全に説明できるわけではないが，その概略を示す目的には十分役立ってくれるだろう。……本書では，学校の内外で自由研究 a liberal culture の一分野として，植物界の上位部門や下位部門に植物を分類することばかりでなく，植物の組織に関する知識一般を習得したいと願う数多くの人々がいることにも留意した。こうした学生たちや一般読者は誰でも，本書

で述べたことを通じ，植物組織に関する限りではあっても，現在の多くの生物学上の文献をより良く理解できるようになるだろう。本書は，この研究をさらに進めたいと思う者が……自ら観察者・探求者となって，植物の解剖学と生理学の知識を自力で直接習得できることを目指している。……本書は，概略的なスケッチを補う教科書として，実験室に常備するのが相応しいものになったが，学生諸君はそれぞれ，メスと複合顕微鏡を活用し，これを補ってほしい[29]。

　本書のタイトルが示すように，これは新しい世代の若者を対象に，新植物学の手ほどきを目指したものである。博物館で迫力に満ちた動物の剝製を見る際には，メスも顕微鏡も必要ない。だが，旧来の博物学で育くまれ分類に熱中した世代にとっては，生き物の内部にある細胞に着目してメスを用い，プレパラートを顕微鏡でつぶさに観察するという新植物学の手法との距離は極めて大きかったに違いない。

　ベッシーは，彼の奨励する新たな科学教育が，唯物論的な功利主義の考えとは異なることを強調し，次のように述べている。

　　　ここ半世紀の教育界の歴史を振り返れば……学校教育において，偉大な諸科学の占める領域が以前よりいっそう拡大し，科学は人間の物質的利益の単なるサーバントになり下がってしまった感さえある。……このため，「新たな教育」という言葉が，かつて商業学校に対して持っていた意味と，ほとんど変わらぬものになってしまった。……科学の地位に関する，こうした功利主義的な見方に対し……強い批判が投げられ続けているというのに，これに対し，それを気に留める者もほとんどいないという有様である[30]。

　機械論と唯物論の臭気を強く漂わせるベンサム流の快楽計算は，生気論や生態学に足を置くベッシーの新植物学とは相性が良くない。科学としての研究を推進しながらも，彼は，それが物質中心のものとは一線を画すべく，功利主義とは異なる視点から科学教育の重要性を説いている。科学は，人間の物質的進歩への貢献において，単に低次元の意味での有用性を意味するだけのものであってはならないし，科学は，産業上の利益を促進するためだけの有用性を奨励するものでもない。植物学の研究が，自由な科学研究としてその価値を失ってしまえば，実験工場の植物学者になるとか，チーズ工場やビール工場の細菌学者になるのでない限り，植物学研究は学生にとって無意味な

ものに堕してしまう。ベッシーは，科学が単に物質的有用性のサーバントに成り下がることを大いに懸念した。

　19世紀末には，生物学の一角に植物学として誕生・発展する一方で，大衆の博物学熱があまりに一般化し，面白みがなくなったのに伴い，以前にはあれほど高揚していた博物学熱は，ブームの常というべきか急速にしぼんで行き，型どおりの博物学書は度し難いまでに色褪せたものになった[31]。

　19世紀末から20世紀初めのほとんどの社会と教育の改革運動の底には，機械論哲学と対峙する生気論哲学の影響があった[32]。新植物学研究を推進したベッシーと，その弟子であったパウンドの植物学研究には，この動きが絡んでいる。若きロスコー・パウンドがベッシーから新植物学研究を通じて学んだことは，後の法学研究にも生かされ，社会学的法学にはその視点が活かされている。

II　植物学者パウンド：ネブラスカ大学PhD第1号

1　英才教育

　ロスコー・パウンドの名がもっぱら法学者として知られている今日，彼の学生時代における植物学研究に目が向けられることは，ほとんどないように見える。下手をすれば，彼の植物研究は法学研究に到るまでのエチュードか，幼い頃からの植物採集趣味が高じた余興のごときものとみなされかねない。実際，ロスコー・パウンド研究に関する文献は膨大な量に上るものの，彼の植物学研究を取り上げたものはほとんどお目にかからないし，彼の法律関連書なら数多くの書を所蔵している図書館でも，彼の『ネブラスカの植物地理学』を所蔵しているところは，国内ではほんの数館に留まっている[33]。

　ロスコー・パウンドの父親スティーブン・ボスワース・パウンド (Stephen B. Pound) は，1833年，ニューヨーク生まれの法律家で，シェネクタディーのユニオン・カレッジを卒業後に法律の勉強をはじめ，1863年に法律界に入る。ローラとの結婚後，ネブラスカ州に移り住み，生涯を法律実務家として活動的な人生を送り，晩年には裁判官も務めた経歴を持つ。スティーブンは，自宅に多くの蔵書を持ち，息子のロスコーが多方面の知的関心を示す上で，こ

れが知的財源にもなった[34]。

　母親は旧姓ローラ・ビドルカム（Laura Biddlecome）。1841 年，ニューヨーク州フェルプス生まれで，小柄ながら活発な女性であったとされ，ニューイングランドの由緒ある家庭の生まれである。彼女は，1851 年イリノイ州ゴールズバークに創設されたロンバード・カレッジに入り，そこで，ジョン・スタンディッシュという師と出合い，植物学への関心を持つに到ったという[35]。

　スティーブンとローラは，結婚後もしばらくの間ニューヨークに住んでおり，ネブラスカに移り住んだのは 1869 年のことである。同年，後にロスコーが入学するネブラスカ州立大学が開校している。ロスコーが長男として州都のリンカーンで生まれたのは，1870 年 10 月 27 日。ネブラスカ準州が連邦に加盟し，合衆国の一州となってまだ 3 年目のことであった。72 年には妹のルイーズ，74 年には末子のオリビアが生まれている。

　ネブラスカに移り住んだローラは，当地の初等教育に疑問を抱いたらしく，3 人の子どもたちをいずれも地元の小学校には通わせず，その教育は自らが手掛けた。ローラは，かなりの教育熱心であったらしく，ロスコーに対しては，早くも 3 歳から教育を始め，6 歳のときにはドイツ語も学ばせるほど熱の入れようであった。彼が 10 歳の時，ドイツ人のメイドが雇われ，それが彼のドイツ語教育にも役立てられた。ロスコーは，早くからドイツ人のメソディスト教会にも通ったとされ，彼がドイツ語を習得する上ではこれも大いに役立った。パウンドの法律関係の論文や書物には，ドイツ語，フランス語はもとより，ギリシャ，ラテン語に加え，イタリア語，スペイン語に到るまで，殊のほか多数の外国語文献が表れるのも，幼少時からのこうした経験がその背後にあったろう[36]。

　母親の英才教育[37]の成果もあってか，ロスコーは 1884 年，弱冠 14 歳でネブラスカ大学に入学している。ここで，彼は植物学を専攻し，同年にアイオワ大学から移籍してきた師のチャールズ・ベッシーから貴重な知的財産を得ることになった。学内のさまざまなクラブ活動にも積極的に参加し，植物学以外にも人文学の方面の見聞も広め，4 年後の 1888 年，パウンドは 17 歳で同大学を卒業した。

　だが，パウンドの植物学研究は，ここで終わったわけではない。卒業後ほどなく，裁判官職を辞し弁護士活動を再開した父のスティーブンは，息子と

第 8 章　ロスコー・パウンドのプラグマティズム法学　221

法律書の輪読を行っている。学生であった間にも，ロスコーは，ホランドやトマス・クーリーなどの法律書に目を通していた。スティーブンは，ロスコーが植物学に熱中することを横目で見ながら，一方で息子の将来を案じ，それに不安と戸惑いを感じたため，しきりに法律の勉強に転じるよう仕向けていたと見える。知人の法律家が，数人の若者の求めに応じて一室で開いた「法学校」にも通わせ，ブラックストーンの『コンメンタリー』なども読ませている。だが，当時はベッシーが手掛ける新植物学の魅力の虜になっていたロスコーにとって，法律の勉強は甚だ無味乾燥なものにしか感じられず，法律からはさしたる刺激を得られなかったばかりか，逆に苦痛の種にさえなっていた。この段階で，彼はとても法律家になる決心がつかず，父親のスティーブンを大いに落胆させたらしい[38]。

　翌 89 年，ロスコーは，ネブラスカ大学で植物学を研究テーマに修士号 M.A. を取得している。ベッシーがネブラスカ大学の副学長になり，雑務に追われがちになったこともあって，その研究計画の一部は，彼が目をかけた卒業生と分担するようになった。これがロスコーには幸いし，彼は数々のプロジェクトに参加するチャンスを獲得している[39]。

　その後，父親スティーブンの希望により，ロスコーは一年間の予定でハーバード・ロー・スクールに通うことになった[40]。父親にすれば，早くから大きな才能を示しながら，なぜか植物学に熱中してしまった息子を，いかにして「まとも」な道に引き戻すかに腐心した結果であろう。二年の在籍が学位の条件であることを知りながら，一年だけ通わせることにしたのは，双方の間にかなりの葛藤があったことも窺わせる。学位 LL. B. は在籍期間の関係で取得できなかったが，ロスコーは 1890 年，法曹資格試験に合格した[41]。

　ボストンのハーバード・ロー・スクール滞在中の一年間に，パウンドは，ジェイムズ・バー・エイムズやジョン・チップマン・グレイ，ジェイムズ・ブラッドリー・セイヤーなど，アメリカの著名法学者の講義を受講している。また彼は，当時 HLS の学長であり，ケース・メソッドという法学教育の手法で名高い，クリストファー・コロンブス・ラングデルの講義にも出席している[42]。理由がどうであれ，パウンドの法学者としての方向性に先鞭をつけたのは，概ね，このハーバードにおける短期間の法の勉強であったろう。

　だが，パウンドの植物学研究は，ここでも終わらなかった。一年のボスト

ン滞在を終えてネブラスカに戻ると，以前からの植物学研究仲間とのつながりが再び強まった。ネブラスカ大学は，パウンドを最優秀90名卒業生の一人として迎え，彼は卒業生クラブの会長も努めている。このため，彼にとっては植物学が再び最大の関心事になったと見える。

パウンドはこの時期，一方で法実務の仕事をこなしながら，それと並行する形で以前からの植物研究を続け，1890年から「ネブラスカ州ボタニカル・セミナー（NBS）」の研究員としてフィールドワークも行っている。さらに，ベッシーが植物学としてはアメリカで初めて大学に設置した植物学ラボで，ベッシーのアシスタントも務めている[43]。この間，パウンドは希少キノコ類の発見にも寄与し，それにパウンドの名を冠しRoscopoundiaなる命名もなされた。1892年には，ベッシーの『ネブラスカの植物概観』に，パウンドはその共著者の一人として名を連ねている[44]。こうした経緯を見れば，パウンドの植物学研究に対する熱の入れようは，ただならぬものであったことが窺われる。

そして1897年，パウンドはネブラスカ大学に植物学研究で博士論文を提出し，翌98年，27歳のときに植物学でPhDを取得している[45]。この学位請求論文は，法律実務で多忙を極める中，同じNBSの植物研究仲間であったフレデリック・クレメンツを説得し，学部卒業後には使用が許されなかった大学の植物標本室に，仕事が終わった夜間にこっそり潜り込み，2年に亙るたゆまぬ努力の成果として完成したものであったという[46]。

このように，パウンドの植物学研究は，大学入学時から博士号を取得するまで15年もの長きに及んでおり，彼が最も多感な若い時代を，ベッシーの指導の下，植物学研究とともに生きていたことを裏づけている。

こうした状況を視野に入れてみれば，パウンドが10代半ばからの学部時代に経験した植物学研究を，法学研究に到る前段階での余興のごときものと見ることは到底できない。それどころか，彼の熱の入れようから見て，むしろ後に植物学とは全く分野の違う法学研究に転じたことが不思議にさえ思えてくる。ベッシーの指導の下で，パウンドは，当時の最新の科学研究を習得できた。したがって，後にパウンドが提唱した社会学的法学は，この新植物学研究の視点から，そこで得た科学研究の手法を法学に応用したものと見ることが可能であろう。

第8章　ロスコー・パウンドのプラグマティズム法学　223

2　書評：オスカー・ドルード著『ドイツの植物地理学』

　パウンドは，1896年，ドイツのドレスデン大学教授で植物生態学の研究で知られたオスカー・ドルード (1852-1933) の『ドイツ植物地理学』の書評を「アメリカン・ナチュラリスト」に発表している。この中で，パウンドは，自らがベッシーの下で手がけている新植物学がいかに斬新な研究分野であるか，それが旧来の植物学とはどのように違っているのかを手短に述べている[47]。

　　　今日理解されている地理学的植物学は，比較的最近になって発展してきたものである。コレクターや目録作成者は，長年に亙り，単なる事実の収集に時を費やしてきた。地理学的植物学も，こうした事実収集を続けなければならないし，植物分布に関する事実をこれまで多少なりとも確認してきた。だが，これらの事実を系統的に突き合わせて分類し，それらに生物学的・生理学的諸事実を適用することは，ここ数年のうちになされるようになった新しい研究であり，現在進行中のものである。まず初めに，それがどの地域の産物かを列挙し，コレクターはこれに新しく珍しい種を加えようとする。次いで，科 families と類 genera の統計学的比較，とりわけそれを標高と移植媒体との関係で行うことになる。さらに，種の分布限界を，とりわけ植生を特徴づけ支配する限界との関係で見極める。こうした作業を通じ，地理学的植物学の基礎が出来上がった[48]。

　パウンドの新植物学研究には，この時点ですでに10年近い年季が入っているが，彼自身，この新植物学の展開を体現してきた一人である。この書評は，その成果を同僚のクレメンツと研究論文にまとめ上げているさ中に，それと並行して書かれており，翌97年，その論文をPhD請求論文としてネブラスカ大学に提出している。したがって，この書評に書かれていることは，植物学者パウンドが，当時実際に行いつつあったことの解説でもある。

　それによれば，植物地理学なる新研究は，植物種を枚挙し分類することに留まるのではなく，生態学との結びつきにより，植物群の分布を動態的に把握する生物学である。その際に，植物種のすべてを枚挙するのではなく，地域を支配する種に注目し，なぜそれがそこでの支配種になりえたのかを，生物学的，生態学的に探求する。その際の有力な手法となるのが，統計学的手法である。

様々なやり方で研究されてきた，植物の種族分布に関する統計値 the statistics は，それだけで重要な結果を引き出せることを約束するものではない。こうした統計的研究が重要になるのは，生物学的グループが比較を目的に作られ，これらの植物グループに統計値が適用されて，初めて重要なものになる。ある地域に生育している諸種植物の自然なグループ種の数を調べてみても，それが最も一般的なやり方であるということ以外に，その地域の植生に関してはほとんど何も語ってはくれない。比較的少ない種による一グループの代表は，その地を占める限りで支配的なものとみなしうる。一地域の植生を理解するには，その地域の物理学的，形態学的，地質学的特徴のみならず，いかなる種類の植物が，その地域の水，草地，平原，森林を支配しているのかも見極めねばならない。この後者の目的に向ければ，統計学は全く違った意味を持つ。そうした研究が，この新たな地理学的植物学の狙いである。……［この研究の方が］「長々しい気象学的データのリストより，その地域の特性につき，より多くのことを語ってくれる。それはまた，当該種がいかにして現れたのか以上のことも語ってくれる[49]。

　リンネの博物学では，植物は個体として取り上げられ，しかもその具体的生育地とは切り離して眺められたサンプルとして扱われる。したがって，それがどこで採取されようとも，サンプルはもっぱらその形態の類似や相違により分類され，それがなぜある地域にのみ生育するのかなどの点については，考察の対象外からは外される。

　これに対し，新たな植物学では，育成する植物を，森林，草原，草木などの土壌との関係で捉え，ある地域の主要な植物群がなぜそうした分布になっているのかを問い，その原因を生物学的に見極めようとする。その際に観察対象となるものは，そこに育成している個々の草木ではなく，その地を支配する植物群としてコミュニティーを形成するものである[50]。

　この分野の科学［新植物学］に対してなされた，ひとつの顕著な貢献が，ドルード博士の新著『ドイツ植物地理学』である。第一部は，この１月に出たばかりである。そのサブタイトルから，本書の狙いをつかむ糸口が得られる。そこには「ドイツにおける植物の地理学的特徴図 Charakterbild」とある。近年，限定的な地域でも広域でも，その植物種の特徴について，多くの研究がなされてきた。だが，ドルード博士は，ドイツのような広大な国の植物について完全なマップを示し，植物地理学の研究における一時代を画した。本書を一瞥すれ

ば，読者はそれだけで，植物地理学のシステムが見事に達成され，今後，研究者たちは……この手法を他の地域に適用するだけで済むことが分かる[51]。

パウンドは，ドルードのこの成果を手本とし，自らの新植物学研究でネブラスカ州の植物マップを作り上げることを目指した。この書評を書いた翌年に提出された彼の博士論文の序文には，師のベッシーへの謝辞とともに，オスカー・ドルードの研究への賛辞が記されている[52]。パウンドによる書評は，次のように結ばれている。

> 本書は……地理学的植物学のサマリーである。……われわれは，ドルード博士の書により，ドイツから非常に隔たった地域で，この種の植物学研究に非常に大きなはずみがつくと容易に予見できる。それは，本書がその強みを生かす実際の概略を示してくれたからである。わがアメリカでは，この研究に極めて多くの機会が与えられ，それを生かして，様々な生物学的，植物学的探査がなされつつある。ある大きな国でなされたこのような大規模な地理学的−生物学的研究例が，大きなインスピレーションを与えてくれる。ドルード博士の書物は，非常に興味をそそる書物で，今ようやく成長し始めた重要な分野における最近の結果の概要としても，その直接の目的においても，最も価値あるものである[53]。

この時点で，パウンドはまだ法学者ではない。だが，ここに示されている植物研究のやり方は，後に彼が行う社会学的法学研究において採られる視点との間に，多くの点で類似性が見られる[54]。

パウンドの植物研究は，草木の一本一本を丁寧に観察し，それをどこに分類するかを見極めるやり方とは対照的に，群生する植物に注目し，その土壌や気候，高度などの条件との関係を見極めながら，その地を支配する植物群の分布を調べることにあった。その後，法学研究に転じてから，パウンドは，普遍の法や自然権の絶対的な擁護を試みる自然法論や，法とは主権者の命令であるといった分析法学に示される，極度に個人主義的で演繹主義的なやり方の不毛さを批判している。この点に植物学研究における視点との共通性が見られるのは，法学においても，社会の中にいる人間を単体の個人として捉えるのではなく，あくまで人間をグループや集合体として把握し，それらが時代の変化する中で相互に影響を及ぼし合うことに注目するからである。自

然の中の植物が群れをなして生育し，環境との相互関係で支配種が定まるように，人間も社会というフィールドの中で，時代の変化や周囲との関係で，相互にさまざまな影響を及ぼしながら生息している。したがって，社会の中の人間も，各個人を単体として捉えるのではなく，それを群や集団として捉え，法をその中で実際に作用を及ぼす一つの要素として捉えようとする。パウンドの眼には，法はあくまで社会というフィールドの中で，個人ではなく人間集団を見る社会学の視点で捉えられるべきものであって，自然法論や分析法学に見られるような，強度の個人主義による抽象的個人の想定に基づく法の見方が，具体性を欠いたアプリオリなもので，甚だ不毛な結果に到ると映じている[55]。

3 PhD論文『ネブラスカの植物地理学』

学部時代から植物学研究に没頭していたパウンドが，15年に及ぶ研究成果として提出したものが，博士論文の『ネブラスカの植物地理学』である[56]。これは，法律家としての実務や法学研究の仕事も重なり，多忙を極める中で，彼と同じ「ネブラスカ・ボタニカル・セミナー（NBS）」のメンバーであったフレデリック・クレメンツを説得して書き上げ発表されたもので，トータル330ページにも及ぶ研究書である。

研究内容に目を向ければ，これは当時まだ支配的であったリンネ流の植物分類学とは異なり，ダーウィン以後の進化思想の進展を基礎に据え，生物学的視点からいかなる植物群がいかなる理由でネブラスカの各地に分布・生育するに到ったかを，生態学的な側面を含めて研究したもので，ベッシーの新植物学研究の姿勢を受け継いだ形になっている。これは「英語で書かれたこの種の研究として初の書物に仕上がったもので」，ダーウィンの影響を受けて発展しつつあった，「生態学 ecology 分野の包括的研究書であり，アメリカにおける植物学研究の画期的労作」と評されるほどの出来栄えであった[57]。パウンドは，これをネブラスカ大学にPhDの学位請求論文として提出し，学位は，ネブラスカ大学認定の第一号博士という名誉も伴って，1897年5月12日に授与されている[58]。

この『ネブラスカの植物地理学』について，当時の植物学者エリザベス・ブリットンは，次のような評を著している[59]。

第8章　ロスコー・パウンドのプラグマティズム法学　227

　本書の序から，ネブラスカ州植物研究所に所属する「ボタニカル・セミナー」のメンバーたちが，同州に生育する植物群を5年近くの歳月をかけ熱心に研究した成果であることが分かる。ネブラスカの植物に関する組織的な研究は，1884年にベッシー博士によって始まったもので，その後，博士と彼の研究者たちが精力的に続けてきたものである。……

　この植物学研究所が創られたのは1892年，その作業は一連の報告書を作成するために標本収集と観察とに向けられてきた。報告書は，同州に生育する植物群が植物地理学の観点から扱われ，ネブラスカの一連の植物群の研究論文になっている。手始めに出版されたのが，同州の植物群研究の三部作であり，本書はその第一集第一部に該当する。著者［パウンドとクレメンツ］は，同州の植物地理学を完成させるには，多方向に及び長年に互ってなされるべき調査・研究が山積していることを十分理解している。……本書は，ネブラスカの植物地理学に関する一般的事実を適切なやりかたで提示し，重要な多くのテーマを詳細に扱う上で，十分なものに仕上がっている。

　本書にインスピレーションを与えた源泉は，ドイツの植物地理学者の著作，とりわけオスカー・ドルード博士の『ドイツの植物地理学』であった。だが，このテーマが植物学の知識に関して独立部門になったのはつい最近のことである。ミネソタ大学のマクミラン教授が行った諸々の観察を除外すれば，この手法によりいずれかの州が行った植物調査としては，これがアメリカ初の試みである。したがって，本書には，通り一遍以上の注意を向けるべき特別な価値が認められる[60]。

　書評からも，植物地理学という研究がベッシーの指導の下で始められた最新の植物学研究であり，本研究書がネブラスカ州「ボタニカル・セミナー」のメンバーによる努力の結晶であって，アメリカにおけるこの種の初の研究書であることが分かる。このように，パウンドが本格的な法学研究に転じる前に行っていた植物学研究は，単なる趣味の延長などではなく，ベッシーの下で彼が渾身の力を込めて行っていた研究であり，その成果は，アメリカ初の業績といわれるほどのものにまで仕上がっていた。したがって，今ではアメリカの著名な法学者として知られるロスコー・パウンドが，植物学者として名を馳せるチャンスは十分にあったろうし，そうなっていても何ら不思議はなかったのである。

　ブリットンは，書評を次のように結んでいる[61]。

このように，本書が示すことは，近年において生物学研究がいかに進歩したかということ，しかもそれは，単なる植物分類リストと目録を提示することとは，かなりの距離を隔てたものだということである。同時に，それは，十分に組織的にして形態学的な研究がいかに重要であるかを強調し，こうした作業の信頼性を高めるために，広範囲に及ぶ正しい訓練が不可欠なことを裏づけている。これらの作業が，きわめて有能な形でなされたことは，著者たちの信頼性の高さを反映するだけでなく，そのガイドに従いこの作業を達成した研究組織の力量の高さも示している。

　ブリットンは，専門家の眼で新植物学を生物学研究の中に位置づけており，パウンドの植物学研究が，旧来の博物学研究の延長線上にあるものではないことを裏づけている。だが，植物学研究の門外漢にはこの違いが不明であるため，植物学研究を安直に当時における大衆の博物学熱と同類のものとして捉えがちで，法学者のロスコー・パウンドが，若い時代に植物学研究を行っていたと耳にすれば，往々にして，彼の心には分類学への執着が宿り，その結果，法理論家として，度の過ぎた分類癖・分析癖が見られるといった批評が横行しがちである。

　　法学研究者は，しばしば，パウンドが若き日に植物学の研究を行っていたことで，彼の心に分類学への転機がもたらされた結果，法理論家として，彼には度の過ぎた分類癖・分析癖があり，人為的カテゴリーに執着する癖もあると言われる。彼の法学研究に，しばしば過剰なカテゴリー化が見られることは確かであるが，これは法思想の複雑さと，個々の思想家が異なった社会状況と価値判断を結び付け，それぞれのシステムを形成してきたことを示そうとする彼の試みであって，植物学の研究を通じ，パウンドが法学のリンネになったわけではなかった[62]。

　ダーウィンの進化思想が浸透する以前には，植物学はリンネの分類学に支配されてきた。そのためか，植物学には未だに分類という印象がつきまといがちである。しかも，対象を分類するという作業は，暗黙のうちに，既存のカテゴリーに対象を嵌め込むことと想定され易い。しかも，分類の枠組みは自然の中に実在するものと考えがちで，人がそうした枠組を自らの理解のために準備したとは考えない。分類にまつわるこのような印象は，進化論が支配的になる以前の時代には，必ずしも見当違いのものではなかった。

第 8 章　ロスコー・パウンドのプラグマティズム法学　229

　だが，パウンドの『ネブラスカの植物地理学』を一瞥すれば，植物学の持つこうした一般的な印象は一変する。そこでは，雄しべと雌しべの数に従い，数多くの植物を見事に分類し切ろうとしたリンネの植物学を克服しようと，19 世紀の進化論を基礎に据えた斬新な植物学の構想が明らかになる。
　『ネブラスカの植物地理学』の序で，パウンドは次のように述べている。

　　植物地理学の生物学に対する関係
　　　植物地理学 phytogeography が，植物学的知識の中で独立の領域になったのは，ほんの数年前のことである。この分野の科学は，わずか数人のヨーロッパ大陸の植物学者の努力から発展した。これまでの多くの植物学者が，主に地理学的・分類学的データを示すことにより，この結果に貢献してきたことは事実である。だが，彼らの仕事は，必ずしも不可欠な性質のものではなく，彼らが示した事実も，甚だ雑多にして未消化のものでしかなかった。当時の地理学的植物学 geographical botany が関心を向けていたものは，もっぱら種の目録作成 the cataloging of species であり，種の分布調査であって，植物とその生育地との間に不可欠な関係があることが十分理解されるようになったのは，ごく最近になってからである。この関係がより十分に理解された結果，植物地理学という科学が，今のような形で確立されることになった。
　　　したがって，植物の分布と生育に留まらず，植物の生物学的機能に関するより深い問題も植物地理学に含めねばならない。植物地理学は，植物の生物学的機能に関する諸問題が，その分布・生育といかなる関係にあるかを研究するものである。この面の研究に力を入れることで，科学の一部門として植物地理学は重要なポジションを占めるものとなり，将来その発展が約束されるようになる。これが，諸科学の中で補助的な分野を示す限り，植物地理学は，自ずからより高次の生物学を樹立することになった。植物地理学が生理学に対して持つ関係は，形態学 morphology が組織学 histology に対して持つものと同じである。両者が結び付けば，植物生物学 phytobiology の全域が示される。
　　　より直接的な面において，植物地理学は一地域に生育する植物を枚挙することにより，それを通じて……地理学と生物学との関係を明らかにする。だが究極的にそれが関心を示すものは，植物の生育とその有機的要素との相互関係にある。植物地理学は，植物の生育場所とこれら有機的要素の役割を見極め，植物生物学の研究活動を支える究極原因を発見しようとするものである。そこで扱われることは，抽象的に言えば，一地域における植物の生育を通じて示される，諸々の原因と力 causes and forces の関係を解明することである[63]。

27歳のパウンドにとって，これは新植物学への変革を目指すかなり野心的なもので，19世紀末の植物学研究において起きつつあった一大転換の流れを裏づけている。それはリンネの植物学のように，植物が既存の分類枠のどこに嵌め込むかの模索ではなく，ネブラスカに生育する植物を，植物の生理的・生物学的機能から解明し，その理由を説明しようとするものである。これは，受け身による観察に基づき，観察対象を既存枠組へと嵌め込む作業，言い換えれば，詳細な分類癖を強く連想させるやり方とは違い，未だ知られざる原因を仮定した上で，観察された現象をその結果として説明しようとする，新たな科学的植物学の遂行を表明したものである。これにより，植物の分布とその生命活動を支える有機的要素との間に，何らかのつながりがあることを想定し，偶然としか見えなかった植物分布の仕方に，一定の規則性があることを解明しようとするものともなる。

これまで植物学者によって集められてきた地理学的・分類学的データは，かなり膨大なものであったろうが，その価値は認めながらも，そのままでは必要不可欠なものとは言えず，「雑多にして未消化なものでしかなかった」とするのは，これらを新植物学の枠組みに乗せ換え，膨大なデータの大幅な読み変えが必要であることを示唆したものである。

Ⅲ　植物学者から法学者へ

1　「機械論的法学」に見る植物学研究の影響

新植物学研究を通じパウンドが若い時代に身に着けたことは，単なる植物研究の技法ではなく，経験科学という研究方法の習得でもあり，しかもそれはダーウィンの影響を受けて展開され始めた，当時における最新の科学研究であった。したがって，そこで彼が得たものは，植物学研究の枠内だけに留まるものではなく，法学研究に転じてからも，その研究方法として基本的な視点が維持されて然るべきものである。この最新の科学研究に長年に亙り専念してきたパウンドが，新たに法学研究へと転じた際に，自然法論と分析法学が支配していた英米の法学研究の伝統の中にあって，彼の眼には法学の研究方法がどのように映じたのであろうか。

それが決して肯定的なものでなかったことは，パウンドが提唱した社会学

第8章 ロスコー・パウンドのプラグマティズム法学

的法学が，自然法論と分析法学のいずれとも違う斬新な視点を示していることから容易に推測できる。パウンドの考えは，契約の自由や財産権を絶対のものとして頑なに擁護するものでもなければ，法を主権者の命令とする考えに固執するものでもなかった。パウンドは，こうした法学研究を，原理からの演繹に固執するアプリオリズムとして拒否し，法学にプラグマティズムの視点を取り入れることを提唱した。歴史法学派に対しても，法と社会の変化を関連づけて捉えた点はプラスとして評価しても，原初の概念や制度の中にその後の発展の一切を見ようとする姿勢に対しては，露骨に批判しそれを拒否している。歴史法学派のやり方は，変化は視野に入れても，基本的に閉じた論理体系を前提とし，一切の法や制度をその中に押し込もうとするものである。その意味で，それは変化すれども自己完結的なもので，それを超えての発展性を想定しないものであった。パウンドはこの考え方も批判し，法をオープン・エンドに向かい成長・発展するものとして描いている。

パウンドが示すこれらの見方は，今日のわれわれにはなじみ深いものになっているが，パウンドが法学研究に転じた20世紀初め，主に自然法論，分析法学，歴史法学が支配していた英米の法学には，こうした見方ははなはだ希薄なものでしかなかった。したがって，パウンドをして新たにプラグマティズム法学へと向かわしめた見方を探る上で，初期の論文が興味深い示唆を与えてくれる。

パウンドが法学者に転じ，「機械論的法学 Mechanical Jurisprudence」と題した研究論文を Columbia Law Review に発表したのは 1908 年，植物学研究で PhD を取得してから 11 年後の 38 歳のときである。これは，パウンドの主だった法学論文の中では初期に属するもので，ここで彼は，物理学をモデルとして法学を機械論的な視点から扱うことへの批判を展開している。そこには，ベッシーの指導の下で長年に亙り研鑽を積み，新植物学研究で培った科学者としての視点が明確に表れている。

それは，エールリッヒが提唱する「生ける法」の研究にも通じる，法の生態学的研究と呼ぶにふさわしい視点で構想されている。これは，その地に生育する植物群を観察するのと同じ視点で，その地に「生育する法」すなわち「生ける法」の研究を行うことに通じる。彼は，法を目的のための手段とし，目的の達成度によりその善し悪しを判断すべきものとした。

パウンドは，論文の冒頭において，現代社会では，十分に平等で厳密な司法が求められるため，今日の法学は，その要請に応えるために，科学的で人為的特徴 scientific and artificial character を逃れることはできない，というポロックの言葉を引用しながら，この文脈において，「科学的」という言葉をどのように理解すべきかを問いかけている。植物学を通じ，長年科学に携わってきたパウンドにとって，法学が科学であるという言い方は，植物学研究の場合と同じようには理解できなかったろう。

この問いに対し，彼はポロックの言葉を手掛かり，三つのポイントを挙げる。それは，紛争の根源にまで到る解決に向けた「十分な司法 justice の実現」，同様の条件下では同様な法の適用を求める意味で「平等な司法の実現」，相応の限界はあるにせよ行動するに際して予測可能な「厳格な司法の実現」の三つである。これらをまとめ，パウンドは法学が科学である印を「理性への合致，一貫性，確実性」とし，科学的な法学とは，司法運営のための道理に適った一連の諸原理 a reasoned body of principles からなるものであり，その対極に位置するものが，「役人の気紛れにより運用される法システム」であるという。それがたといかに正直であろうと，自然法と名づけてみようと，それは科学の対極に位置するものになる。

その上でパウンドは，自然科学とは異なる実用目的の学として，法学の科学性の特徴を次のように述べている。

> だが，この科学としての法が持つ特徴は，法の目的，言い換えれば司法の運営に対する「手段 means」であるということにある。法は，その目的を十分に，等しく，厳密に果たすためには，こうした特徴を持つよう強いられる。したがって，それがこの役目を十分に，等しく，厳密に果たし損ねる限り，法は，その存在目的において失敗し続ける。法が科学であるのは，それが司法運営における個人的な気紛れ the personal equation になりかねないものを排除するためであり，腐敗を除去し，役人の無知が引き起こす危険性を制約するためであって，法学は，決して科学のための科学であるわけではない。科学は，目的に対する手段であり，法の是非に関する判断は，それが成し遂げた結果によってなされるべきであり，法理の精緻さによってなされてはならない。法に価値ありとされるのは，それがどれほど目的に適ったかによってであり，一連の法理の美しさや，法がその基礎に据えたドグマからルールを引き出す厳密さによって

第8章　ロスコー・パウンドのプラグマティズム法学　233

なされてはならない[64]。

　法学は自然物を対象とする認識の学とは異なり，現実の社会の中で，紛争を解決し正義を実現するとともに，役人の気まぐれから身を護る手段の学である。

　物理学という科学においては，自然の中に法則があると想定し，仮説を通じ観察対象の中にその法則を見出そうとする。これに対し，法学は物理学に代表されるような認識の学とは異なる。それは，法が自然現象のごときものではないからである。法の諸々の作用は，観察を通じ事実に合致する理論を見出すことで説明されるようなものではない。法は過去と現在の事実に左右されるだけでなく，法の制定者や運用者の意思にも左右される。しかも，これらの法が定められ運用されるのは，法それ自体のためではなく，社会的な目的を達成するためである。したがって，法がどのように制定され運用されるかを示してみたところで，それだけでは法学においては適切ではない。問題は，法がどのように作られ，その運用がどのようになされるかだけでなく，法をどのように用いれば，その目的を最もよく達成できるかにある[65]。

　法学に求められる科学性は，法を適用する際の指針を与えるため，誰に対しても等しく法が確実に適用される基準を提供することにある。パウンドは，この科学的法学の対極に位置するものとして，どれほど誠実なものであるにせよ，役人の気まぐれにより法が適用されることを据えている。

　現代社会におけるこれらの要請は，いつの時代にも当然のようになされてきたわけではない。そもそも封建社会においては，社会に階層性があり，しかも階層ごとに適用されるべき法にも違いがあった。このため，万人が同一の法に服するという現象は，現代のデモクラシー社会に特徴的なものである。したがって，万人が同一の法に服することを前提に，法の適用におけるえこひいきや気まぐれを排除せよという要請は，歴史的変化の産物によるものであって，時代がデモクラシー社会に向けて本格化してきたことに起因する。

　このことを踏まえ，現代の法学に求められる科学性は，理性との一致 conformity to reason，一貫性 uniformity，確実性 certainty を意味する。それは，自然観察を通じて法則の発見をするためでのものではなく，現代社会の要請により，あくまで気まぐれな法の適用を避けるための適用指針を定める

ためであって，その意味で現代ならではの人為的な性格を帯びたものと考える。

　パウンドは，法学に求められるものは，目的に対する手段として科学たることである。法学において理に適った諸原則 a reasoned body of principles が求められるのは，役人の腐敗や無知により引き起こされる危険性を抑制するためである。それは，どこまで目的を達成したかにより，その善し悪しを判断すべきものであって，目的をそっちのけに，法理の内部での一貫性に照らしてそれを見極めるものであってはならない。

　これに対し，機械論的法学は，まさに法学を厳密な科学のための科学たらしめようとして失敗したとパウンドは考えている[66]。だが，法学は，適用の気まぐれを抑制するために，ある程度の一貫性の維持が求められるものであり，それを超える過度の厳密性を必要とするものではない。

　機械論的法学は，近代物理学が成功したことにあやかり，幾何学を学問のモデルとするため，結果の妥当性より，演繹的推論の正しさを重視し，結果は二の次に回される。法理の精緻さが殊のほか重視されるのも，このためである。だが，パウンドに言わせれば，法学において機械論を前提にする姿勢が，そもそも間違っているのである。

　パウンドによれば，法学に潜む危険性は，法学があまりにも厳密な法理の演繹体系を目指そうとするあまり，法理の体系化が自己目的と化すことの危険性である。幾何学になることを目指す法学は，ひたすら法理の整合性を維持することにばかりのめり込み，リンネ流の博物学が生き物を扱うに際し，標本として分類することにしか目がないのと同じで，およそ社会の中に生きる人間を扱う視点を欠いているというのである。

　確かに，物理学に代表される機械論的科学は，理論的厳密性を重んじ，理論を体系化する傾向がある。だが，彼によれば，法学がモデルとすべきものは，そのような科学ではなく，まさに新植物学の研究方法をモデルとすべきであるというのである。

　法学が植物学と違うとすれば，そこには，理論的問題ではなく，「実用的な practical」問題が中心を占めることにある[67]。したがって，法学は，機械論的視点に則り，リンネの博物学が目指したような厳密な演繹体系を目指すものになれば，学問として不毛なものと化すということである。

第8章　ロスコー・パウンドのプラグマティズム法学　235

　パウンドのこうした主張が，彼がそれまでの植物学研究を通じて身に着けた視点と無縁であるなどとは，到底言えない。公理からの推論の正しさより，多くの人々の納得が得られるか否かを重視し，フィールドワークを通じた実地調査により，生ける法を発見しようとするような法学研究の手法は，まさに植物学研究の手法そのものであって，機械論的法学においては，それは視野にさえ入っていない。この点で，機械論的法学の姿勢は，室内派のリンネ流博物学の姿勢と見事に一致する。こうした法学研究の姿勢こそ，パウンドの目には，博物館に陳列するのが相応しい標本のごとく見えたに違いない。

　進化論が進展してゆく中で，植物学研究における科学研究の転換を，パウンドは自ら体験するチャンスを得ていた。それは，既存のモデルを前提に，その完成に向けてひたすら努力することではない。このチャンスを通じて彼が手に入れたものは，科学という学問形態の何たるかを見据えることであったろう。ダーウィンの進化論の出現に伴い，ニュートン物理学をモデルとしてきた科学研究が変じ，それとは違う生態学的モデルが現れる中で，科学は既存の体系を誇り，あらゆるものをその中に詰め込めばよいわけではないことを，彼は身を以て体験したはずである。

　19世紀末の英米の法学に目を向ければ，一方ではブラックストーンに代表される自然法論と，他方ではベンサム，オースチンに代表される分析法学とがせめぎ合いを続けていた。その間には，法の変化を社会の変化との関係で捉えようとするヘンリー・メインの歴史法学があったとはいえ，そこにもスコットランドの発展段階説という一種の瞑想的な歴史観が控えていた。自然法論と分析法学が，いずれも経験的要素を研究の基礎に据えないことは明らかで，メインの歴史法学がその方向性を示唆していたとしても，それはパウンドには満足できるものではなかったろう。

　パウンドが法学研究に転じた時代に，英米の法学はかような状況にあった。この事情を考えれば，彼が植物学研究を通じて培った視点は，既存のアプリオリズムに染まった法学研究の場では，非常に斬新なものであったに違いない。既存の法理の演繹体系の中に何でも押し込んで，結果の妥当性をろくに見ようともせず，それを科学とする法学のありように対し，彼は植物学研究の視点を法学に持ち込み，機械論的と称してそれらを批判し，新たな法学研究の方向性を模索したのである。

> あらゆる体系は，体系化されたテーマに関して石化しがちである。ある世代の観念を，次の世代へと押し付けがちになるのは，このためである。いかなる科学にとっても，その進歩を阻害するものの一つは，すでに世を去った偉人のゴーストが支配することにある。彼らが考えた方法の健全さは忘れ去られてしまい，不健全な結論ばかりが崇められがちになる。法の科学も，この傾向を免れるものではない。法システムは，科学が退化し技巧に堕してしまう時期がある。そうなると，科学としての法学が，機械論的な法学 mechanical jurisprudence と化してしまう[68]。

彼の師であったベッシーも，新植物学の進展を阻む守旧派の旧態依然たる態度について，それを過去の慣わしへの恭順さがもたらす悪夢として批判している。パウンドのこの下りにも，それが生き写しの形で繰り返されているように思える[69]。

本来は，健全な常識を生かすべきものでありながら，小器用に法理に細工を凝らすうちに，常識はそっち退けにされ，プロにありがちな神秘的技巧への偏愛から，結論より体系を重んじる本末転倒が，法学において演じられるようになる。そこには，単に技術の精緻さへの偏愛だけでなく，解釈における三段論法をことさら強調する形で演繹法を受け容れる，機械論的モデルを法学の手本としていることも含まれる。ロックナー事件に対する最高裁判決は，彼がこの論文を発表する直前に下されたものであるが，彼には，そこに示された「実体的デュープロセス論」のごとき法理の構成が，この典型に思えたにちがいない。革新主義者の一人として，目的と手段をとり違え，石化してしまった法学と批判する姿勢は，彼が『ネブラスカの植物地理学』において，旧来のリンネ流植物学を批判した際の視線と同一線上にある。彼は，この視点を，決して法学研究を通じて獲得したわけではない。

彼は，プラグマティズムの影響も含め，社会学的法学の構想を次のように述べている。

> われわれは，アプリオリな概念からの厳格な演繹の枠組みを示すというだけの理由で，それを科学的なものだとはもはや考えない。今日の哲学では，理論とは「われわれがそれに足を置くための道具であり，謎に対する答えではない。」（ジェイムズ：プラグマティズム）したがって，演繹体系としての科学という観念は，すでに時代遅れのものとなり，他の諸科学で起きた革命が，この点で法

第8章 ロスコー・パウンドのプラグマティズム法学　237

学においても起きねばならないし, 現に起きつつある。

　科学におけるこの革命が起きたのは, 概ね, 19世紀半ばであった。19世紀前半, 学問のあらゆる部門の科学の方法を支配していたのは, ドイツの古典哲学であった。支配的な概念からの弁証法と演繹により, 人々は知識の全内容を解釈した。自然科学の分野においてでさえ, こうした信念がはびこり, 自然と自然現象に関する諸理論を, 長きに亙り規定してきた。例えば, リンネは, 命あるものはすべて命から omne vivum ex ovo という命題を置き, この基本概念から, 動物と植物の器官の間の相同理論 a theory of homologies を演繹した。だが彼は, こうした結論に達するのに, あるいはこの結論を維持するのに不可欠な, 生物や器官そのものについては, 何も研究しなかったと見える。

　だが, 今日, 生物そのものの研究により, 彼のこの根本命題は捨てられた。自然現象の説明として, 最終原因 final causes を効果 efficient に置き換えたことは, 政治思想における革命に匹敵するものであった。われわれは, 諸制度の基礎を, 人間の本性に関し想定された諸原理からの演繹に求めようとはしない。われわれがそれに求めるものは, 実際の効果を示すことであり, その基礎に据えられるものは政策的なものであり, 人々の需要に確かに適合することである。……

　今やわれわれは, 哲学において, また自然科学と政治において達成されたものと同じことを, 法学において達成する必要がある。現代人は……法学におけるプラグマティズム, 社会学的法学 a sociological jurisprudence を達成しなければならない[70]。

　このように述べているパウンドは, 自らが植物学研究において, 博物学から新植物学への変革を体験してきた経験を持っている。したがって, 彼は法学だけを見据えて, やみくもに変革を唱えているわけではない。この変革は, 19世紀後半の, おそらくは研究機関としての大学変革ならびに教育方法の改革までも含めた, 極めて大規模な変革であったろう。そうした変化を植物学研究を通し直に体験してきた彼が, 方向を転じて法学研究の世界に足を踏み入れたとき, そこで目にしたものは, 旧態依然たる演繹的推論万能の世界であった。数年前にロックナー事件判決で最高裁が披露したものも, まさにそのお手本のごとき代物であった。これを変革することは, 政治における革命に匹敵するほどの大事業であるにしても, 今やその変革が, 法学においても実現されねばならないとパウンドは考えた。それは, 彼の単なる個人的な望

みに留まるものではなく，この半世紀を通じ，諸学の中で実際に起きてきたことである。そして，この変革を経た後に新たな装いで表れる法学こそ，プラグマティズム法学であり，社会学的法学であるという。

リンネに関し，彼は，生物の研究に不可欠な生物や器官そのものについての研究をしていないことを批判している[71]。この批判を法学に置き換えれば，それは法理の演繹体系ばかりを研究する姿勢への批判であり，それを改めた後に現れるものは，法の生態学的研究あるいは生ける法の探究になるだろう。彼が自信に満ちてこのように断言したとすれば，それは，この研究こそ彼が『植物地理学』を通じて追求し，その成果を目の当たりにしてきたからに他ならない。

2　法の生態学

パウンドのアプリオリズム批判の視点は，もちろん当時の法学にだけ向けられていたとは言えない。19世紀末の経済学において，レッセ・フェールの思想として古典主義経済学の支えるものでもあり，ロックナー事件において最高裁が依拠してもいた経済理論は，パウンドの眼には，立派なアプリオリズムに支えられていた。

神学的動機に支えられていた学問は，リンネの博物学だけではない。南北戦争当時のアメリカにおける古典主義経済学にも，それは明確に表れている。例えば，当時の代表的な経済学者であったアーサー・ラサム・ペリーは，「商品交換の諸法則がその基礎としているものは，神の意思という確たるものに他ならない」と述べている[72]。ペリーによれば，これらの諸法則から引き出される最も基本的な権利が財産権であり，財産にはそれに相応しいやり方で活用する権利が伴わなければ，その価値は限られてしまう。この財産を活用する権利が自由に商品交換する権利であり，これは，自らの欲求を満たすため，万人にとって自然にして自明かつ不可侵の権利である[73]。しかも，各人が商品交換する唯一の動機が双方にとっての利益であるとするなら，交換するごとに売手も買手もより豊かになる。かくして，市場を支配する見えざる手の法則に従い，経済は公平かつ滑らかに機能する[74]。そのためには，政府の持つ権限を限定し，市場のこの機能を妨げないことが肝要である[75]。政府の役割を小さく限定し，自由に商品交換ができる状況を達成する闘争は，表現の自

由や思想の自由にも匹敵する，歴史上の一大闘争である[76]。さらにここから，誰もが己の能力を磨き懸命に努力を重ねれば，必ず成功のチャンスが手に入るのであって，社会で失敗した者は，その努力を怠った落後者であるという道徳論が引き出される。

パウンドが，「人間の本性に関して想定した諸原理からの演繹に求めようと」するもので，到底科学とは言えないとして批判するものの一例が，こうした類の古典主義経済学理論である。これを法学において科学と称し，最高裁がアメリカ合衆国憲法上の一大理論としたため，後に革新主義の批判が集中するに到る。もちろん，彼は社会主義者でもなければ，後日のニューディーラーでもなかった。革新主義者であった彼は，あくまで，古典主義経済学を批判しながらも，市場経済を重視していた。だが，それらを支えるものがレッセ・フェールの道徳論に見られるような硬直した思想であれば，新たに出現した産業社会の中で，個人の努力ではどうにもならない問題に対し，相応しい解決策を模索することも期待できない。

学問の世界における大きな変革と，産業社会という新たに出現した状況の中で生じる新たな問題を前に，新たな打開策が求められ，それに応じる新たな視点を，それまでのものを再検討する中から生み出す必要性に駆られていたろう。

若き時代にパウンドが行った植物地理学は，単なる植物のサンプル採集とその分類に尽きるものではない。それは，生育する植物とその土壌との間の関係を，生態学的に究明しようとするものである[77]。この植物学研究の新視点をパウンドは法学研究に持ち込み，プラグマティズムの影響を受けながら社会学的法学の提唱をしたのである。

> 一方における，全能の国家という抽象的で非現実的な理論，他方における，原子論的で作為的な個人の自律という見解，この双方を排し，協同という無数の絆と自然な社会的権威を持つ世界の諸事実を見据えることこそ，社会学的法学者の任務がある。……法学においては，この社会学的な動きは，プラグマティズムを法の哲学とする動きである。言い換えれば，これは原理や法理の適合を考えるのに，第一原理を想定することをやめ，人間の諸条件を正面から見据えることである。つまり，法において人間的諸要素を中心に置き，論理はそのための手段として本来占めるべき地位に据えることである。アプリオリに想定さ

れた諸概念からの演繹法を逃れようとする諸科学の動きの中でも，法学は，その最後尾に位置している[78]。

法社会学の生みの親の一人であるオイゲン・エールリッヒも，法学を「最も遅れた学問」と称したように[79]，それまで支配的であった神学や哲学の中から，諸科学がそれぞれ経験科学として自律し始めた19世紀後半にあって，法学は頑なに「概念法学」という閉じた演繹の世界にこもり続けようとしていた。アメリカにおいては，ブラックストーンとベンサムに代表される，自然法論と分析法学が占めるアプリオリズムの中で，パウンドはその改革を目指した一人である。パウンドの社会学的法学は，彼が若き時代に本格研究した植物地理学と密接な関係が窺われ，この初期の法学論文に，彼の法学についての視点が以上のような形で示されている。

> 合衆国憲法第十四修正を適用した例が，今日における概念法学 a jurisprudence of conceptions の典型的な例を提供してくれる。それは，まずスペンサーの社会静態学 Social Statics をアメリカ合衆国の基本的な法に編入しようと意図し，そこから諸々のルールを演繹したものであり，これが社会の進歩を妨げている。とりわけ，契約の自由という概念を基礎にしてルールや判決が引きだされたが，その現実の結果を検証してみれば，これが自由を打ち毀していることが分かる。……この契約自由の概念が，論理的演繹の基礎とされている。裁判所は，こうした演繹がいかなる結果をもたらすか，いかなる実際の状況下で適用されたかを調べようとはしない。裁判所は，結果的に，この原則がもともと考えられたものと正反対の状況を生んでいることも見ようとはしないのである[80]。

ホームズがロックナー事件判決の反対意見で述べた有名な下りを借用しながら，パウンドは，いわゆる概念法学の弊害がどこにあるのかを平易に示そうとしている。それは，生き物を研究対象にしながら，生物の器官も調べない博物学と同じで，法学においても，不毛の形式主義を維持するだけのものと化しかねない。法理の一貫性は，運用者の気まぐれを抑える意味では重要であるが，その域を超えて技巧が偏愛されれば，大きな弊害となりうるのである。

第8章　ロスコー・パウンドのプラグマティズム法学

[1] リン・バーバー/高山訳『博物学の黄金時代』pp. 17-18（1995，国書刊行会）。「神が創造された完全な財産目録を作るのは人間に課せられた使命ではないか」，というわけで，一般に博物学は収集と分類，そして美しい展示という道楽としてひろまった。長いあいだ動植物の分類基準は定まらなかったが，スウェーデンのカール・フォン・リンネ（1707-78）が考案した属と種の二名表記による人為分類法はたちまち全ヨーロッパに普及して『神が創造し，リンネが分類する』と称えられるほどだった。」吉川惣司・矢島道子『メアリー・アニングの冒険：恐竜学を開いた女化石屋』p. 47（2003，朝日新聞社）

[2] 荒俣博『大博物学時代：進化と超進化の夢』（1982，工作舎）

[3] バーバー/高山訳『博物学の黄金時代』p. 119.「1840年以降の博物学書で挿絵の入っていないものを見つけるのは難しい。最廉価本ともなれば下手糞な木版画二，三葉というようなこともあったが，1850年代にラヴェル・リーヴが刊行した半ギニーのすばらしい『大衆博物誌』叢書だとか，ウィリアム・ジャーダインの叢書『博物学文庫』といった中程度の本では，多色刷りで良い絵が沢山入っていなければもはや話にならなかった。」

[4] Agassiz, Essays on Classification（1857, 1962 ed. Harvard）

[5] 西村三郎『文明のなかの博物学』上 p. 29（1999，紀伊国屋書店）。19世紀における博物学から近代生物学への変身が，西欧世界においてしか起きなかったことも注目される。西村『同』上 p. 234. また，ロイ・ポーターは18世紀の博物学について，次のように述べている。「自然の三つの世界［動物界，植物界，鉱物界］に関し，包括的かつ合理的な分類システムを作ろうと，最も精力的な試みがなされたのは，18世紀であった。とりわけ，スウェーデンの博物学者カール・リンネ（1707-78）の実り豊かな分類法は，種 species は時を超越し変化しないという非進化論的な non-evolutionary 仮定を基礎として，植物の生殖器官を，比較的「自然な」分類システムの基礎に用いた試みである。だが，それにも拘らず，リンネの『自然の体系』は，何らかの分類システムが，究極的に，自然の真の秩序を正確に描きだすと考えるのか，それとも，それは単に人為的なガイド役でしかないとみなすのか，その点が不明確なままである。というのは，リンネが，鉱物界においては，「種」が実在のものではなく，発見を助けるため人為的に構成されたもの（heuristic constructs）にすぎないことを，明確に認めているからである。したがって，おそらくリンネは，植物界と動物界におけるより高次の分類単位（属 classes, 科 orders, 目 genera）についても，これと全く同じことを考えていたと思われる。こうした疑念がもたれる中で，おそらくジョルジュ・ビュフォンに導かれた啓蒙主義の大胆な流れである「博物学 Natural History」が，この分類に向けた野望を，完全にくじいた。ラマルクからエラズマス・ダーウィンに至るまでの進化論の発展が，同じように，分類論を名誉ある地位から引き摺り下ろす一方で，共通する子孫を基礎とした，自然の「真の」秩序を示す新たな諸原理を提供したのである。」Roy Porter, Classification, in The Companion to the Enlightenment, Yolton ed., p. 91

[6] 西村三郎『文明のなかの博物学』pp. 368-69
[7] 西村三郎『文明のなかの博物学』p. 369
[8] 西村三郎『文明のなかの博物学』p. 433
[9] 西村三郎『文明のなかの博物学』p. 417. これに伴い，エリートの間では批判にさらされていたリンネが，平民の気取りのない口で語ったこともあって，民衆の間では再度その人気を取り戻し，ビュフォンの一人息子は，父親が旧体制下の貴族で，しかもリンネの敵対者であったがために処刑される中で，仇敵ビュフォンが君臨していた王立植物園には，リンネの胸像まで建てられるという皮肉な結果も見られたという。同 pp. 420-25
[10] 実証化に向けた専門的研究の動きの中で，とりわけ注目されるものがドイツの大学における改革である。実証的な科学研究は，単なる観念論や空想だけで可能になったものではなく，実際にそれを可能にする制度的整備を必要とした。このドイツでの改革は，南北戦争以後のアメリカにおける大学改革にも大きな影響を及ぼした。例えばパウンドも，彼の師であったチャールズ・ベッシーも，新植物学研究においてはドイツの影響が顕著に見られる。南北戦争後のアメリカは，いわば科学後進国でもあったため，学問の研究方法においてヨーロッパの，とりわけドイツの影響が明確に見られる。レッセ・フェールの経済思想を批判し19世紀末に隆盛した革新主義者においても，19世紀末に「アメリカ経済学会」の設立に到ったタウシッグやセリグマンなど，当時の若手の経済学者は，その多くがドイツ留学組であった。一方，生理学，心理学の研究でもウィリム・ジェイムズがドイツ留学を経験している。Hovenkamp, Enterprise and American Law 1837-1936, Ch. 12. Daniel J. Wilson, Science, Community, and the Transformation of American Philosophy, 1860-1930, p. 78（1990, Chicago）. また，ドイツの大学改革について，次のような指摘がなされている。「研究者としての身分が社会的に保証され，職業人としての意識が自覚されるに伴って，研究の姿勢や方法も変わってくるのは，当然だろう。自分の宗教的信念や個人的な好みを優先させ，学界の動向を無視して気ままに研究をすすめることは，もはや許されない。自分のポスト，あるいは支払われる給料に見合った，しかも時流に沿った研究成果を挙げることが，必要である。確実で信用できる結果をなるべく短い時間のうちに出せるような研究テーマが，選ばれるようになる。こうした風潮のもとでは，全自然を，あるいは自然の全事象を統一的な視座からとらえ，それを一丸として体系化するといったような大理論が出にくくなるのは，当然だろう。科学者たちはスペキュレーションをもてあそぶよりも，個々の具体的な事象の探究に集中する。大理論の構築よりも着実な観察と実験的研究，あるいは個別的な事実の発見，なによりも，確実で実証的な成果を出すことに意義を見出すようになる。」西村三郎『文明のなかの博物学』p. 438. 18-19世紀のドイツにおいて，大学の法学教育から実務教育が消えたことによる法学の根本的転換については，石部雅亮「要件事実論と法学史」，伊藤滋夫編『要件事実論と基礎法学』pp. 231-260（2010, 日本評論社）

第8章　ロスコー・パウンドのプラグマティズム法学

[11] http://www.botany.org/awards_grants/detail/bessey.php
[12] Robert Bruce, The Launching of Modern American Science 1846-1876, p. 98.（1987, Cornell）. R. Overfield, Charles E Bessey：The Impact of the "new" Botany on American Agriculture, 1881-1910, 16 Technology and Culture, pp. 163-64（1975）
[13] David Wigdor, Roscoe Pound：Philosopher of Law, pp. 21-22（1974, Greenwood）
[14] Wigdor, Roscoe Pound, pp. 22-23
「19世紀以降に花ひらいた近代科学としての生物学は……スペキュレーションをもてあそばず，正確な観察と厳密な実験を通して着実に事実を積みあげ，そのなかから法則性を見出していく——これがプロの研究者としての生物学者の姿勢となった。ひと口で"禁欲的"といってよい姿勢である。恣意を排して冷静に見，実験し，考察した結果を，正確に，そして簡潔にまとめて報告する。
　……リンネとビュフォンとをともに否定することによって近代生物学が成立した——これが，18世紀から19世紀にかけての西欧世界における博物学-生物学の展開のおおまかな構図であったと考えられる。……博物学-生物学の分野内における一種のパラダイムの転換と呼ぶことができるかもしれない。
　学問の世界における推移はいずれ一般社会にも影響していくが，その影響波及の速度および規模は必ずしも一様ではない。学界で新しい気候のもと近代生物学への急速な移行が開始された後も，一般社会ではなおもしばらくのあいだリンネの学説，ビュフォンの論述がもてはやされた。だが，それにも徐々にかげりが見えはじめ，やがて人々は彼らの名をたまにしか口に登らせなくなる。それと同時に，博物学に対する人々の関心——かつては社会をあげてあれほど熱く燃えあがった関心——は急速に冷えていった。19世紀の70-80年代以降のことである。……博物学なんぞにうつつを抜かすのはよほどの変人か奇人だとみなされかねない風潮となっていった。博物学黄金時代の終焉である。」西村三郎『文明のなかの博物学』pp. 449-50（1999，紀伊国屋書店）．
[15] ベッシーが1880年に出版した『ハイスクールとカレッジのための植物学』は，近代科学文献の一つの時代を画するものとされる。ベッシーのこの書の序文に，ドイツ人ザックスの研究書に負うところが多いことと並び，師のエーサ・グレイへの謝辞が見られる。Charles Bessey, Botany for High Schools and Colleges, 2d. v.（1881, Henry Holt, 2011, LaVergne ed.）
[16] Wigdor, Roscoe Pound, p. 23
[17] リン・バーバー／高山訳『博物学の黄金時代』pp. 19-21によれば，学校教育でも科学が目の敵にされがちであった時代には，イギリスでも「顕微鏡の夕べ」と称し，この顕微鏡という道具は，科学研究よりも大人の間での一種の娯楽の道具として扱われていたという。
[18] リン・バーバー／高山訳『博物学の黄金時代』pp. 72-73
[19] 博物学を背後から支えてきたものは，はるか古来より延々と受け継がれてきた「存在の連鎖」という観念である。アーサー・ラブジョイ／内藤訳『存在の大いなる連鎖』

（1975，晶文社）。「ビュフォンは，自然の構造・あり方について，当時の多くの知識人たちと同様，〈存在の連鎖〉的な考え，すなわち，この世界に存在する物は最上位のものから最下位のものまですべてが，微妙な差違をもって順次鎖のように連なっているという思想に傾いていたらしい。この考えはもともと〈自然の階梯〉と呼ばれ，古代ギリシアのアリストテレス以来いわれてきたことで，近世に入ってからはそれがさらに拡張されて，この宇宙にはありとあらゆる移行段階を含む万物が存在する，世界はそうした万物によってすき間なく満たされているという，いわゆる〈充満の原理〉に発展するが，ビュフォンもその考えに与していた一人だったようである。」西村三郎『文明のなかの博物学』p. 40.

[20] リン・バーバー／高山訳『博物学の黄金時代』p. 61（1995，国書刊行会）

[21] Charles E. Bessey, Evolution and Classification, Botanical Gazette, p. 329.（1893）. DigitalCommons@University of Nebraska-Lincoln. http://digitalcommons.unl.edu/bioscisystematics/8

[22] Id

[23] R. Overfield, Charles E Bessey：The Impact of the "new" Botany on American Agriculture, 1881-1910, 16 Technology and Culture, 162-181（1975）, pp. 164-65

[24] 「生物学」なる名称を提唱したのは，ドイツのトレヴィラヌスとフランスのラマルクで，ともに 1802 年のことであったという。西村三郎『文明のなかの博物学』p. 448. 生物進化論で有名なかのチャールズ・ダーウィンも，今では生物学者の代表格として受け止められているが，若い時代には自らを博物学者と名乗っている。ダーウィン『ビーグル号探検記』（岩波文庫）

[25] 西村三郎『文明のなかの博物学』pp. 448-49. 植物研究は，日本では昔から「本草学」として知られてきたが，西洋の博物学が 19 世紀に生物学に変化したのに対し，日本の本草学は生物学に転じることはついぞなかった。博物学から近代生物学への変化は，ヨーロッパのキリスト教文化圏でのみ起きた現象であるという。西村三郎『文明のなかの博物学』p 234.「東アジアでは，中国においても日本においても一個の意志的な人格神による世界創造という考え方はもともとなかった。そこでは，万物は混沌からひとりでに"成る"ものだった。……［日本では］神も人間も含めて，万物が自然に"成った"とされる。したがって，そこでは山川草木・鳥獣虫魚のすべてが人間と同類である。人間に霊魂があるように，それらのすべてにも霊魂が宿っている。そして，それらのうちで人間の能力を超えた物，畏怖すべき物が神として崇められた。西欧キリスト教世界では，神と自然と人間とが厳然と区別されるのに対し，ここでは神・自然・人間は連続しており，いわば一体となっている。そのようにして成った世界は，万物が自由に交感し合い，入りまじり合う，高度にアニミスティックで呪術的な世界である。」西村三郎『文明のなかの博物学』pp. 574-76

[26] 西村三郎『文明のなかの博物学』

[27] 「学界においては〈性体系〉に代わるべき新しい植物分類＝自然分類の体系が多くの研究者によって熱心に模索され，18 世紀末から 19 世紀にかけて具体的な案が次つ

第 8 章　ロスコー・パウンドのプラグマティズム法学　　245

ぎと提示されて，近代植物分類学の展開へと連なっていくことになる。だが，一般社会では，〈性体系〉を中心としたリンネ流の博物学が，その創始者の没後も依然として幅をきかせ続けるのだ。大衆の心をつかんで，むしろますます盛んになったといってもよい。このことは，世紀が代わっても，いや 19 世紀を迎えてなおさら，大衆向けのリンネ流博物学・植物学の解説書や注釈書がさまざまに趣向を凝らしながら数多く出版されるようになったという事実からも，知ることができよう。学界ではすでに古くさいものとして否定されているのに，一般社会ではなおもてはやされるというアナクロニズム――近代社会の特徴のひとつといってよい，専門家集団と大衆とのあいだにおけるこの時間的および意識上のずれ――は，当時すでに現われはじめていたのである。」西村三郎『文明のなかの博物学』p. 415.

[28] 「かつて，ジュシューが自然的システムを考案してから 30-40 年経っても，植物学者たちは，一団となって依然リンネの人工的システムに固執していた。今，われわれはそれから 60 年の時を経て，リンドリー，トーレイ，ベック，グレイらが目の当たりにした問題と似たものに直面している。歴史は，まさに繰り返すものである……。ジュシューとド・カンドルの［自然的］システムは，60 年前のリンネがそうであったのと同じく，今や高等植物の植物組織学 the systematic botany にとってお荷物になっている。今も昔も，これは保守主義の精神によるもの，かつて敬意が払われていた慣例への恭順がもたらす悪夢によるものだ。」Charles E. Bessey, Evolution and Classification, Botanical Gazette, p. 331.（1893）. ここでベッシーが挙げているジシュー，ド・カンドールリンドリーらが自然的分類体系の構築に尽力した博物学研究者であることについては，西村三郎『文明のなかの博物学』第 7 章を参照。ジュシュー一族の中で長男がアントワーヌ，その弟ベルナール，その甥に当たる「アントワーヌ・ロランの『植物の属』は，こうして，人為的で，かつ多分に超越的で古い体質をとどめた〈性体系〉を徹底的に粉砕し，それに代わる新しい自然分類の体系を提示した画期的な書物として，学界からは絶賛をもって迎えられた。……本書は，現在私たちが植物学の教科書などでおなじみの分類体系を，もちろん，完全なかたちではないにしても，始めて提示した労作であって，以後の近代的な植物分類学の発展を大きく規定する重要な書物となった。出版がたまたまフランス大革命と同じ年だったこともあって，しばしば〈植物学の革命の書〉とも呼ばれる。」西村三郎『文明のなかの博物学』pp. 409-11

[29] Charles Bessey, Botany for High Schools and Colleges, 2d. iii.（1881, Henry Holt）. この書物を書くに当たり，ベッシーは，ドイツ人ユリウス・ザックスの研究書を参考にしたと述べている。

[30] Charles E. Bessey, Science and Culture, Science, 121.（1896）.
DigitalCommons@University of Nebraska-Lincoln.
http://digitalcommons.unl.edu/biocsisystematics/14

[31] リン・バーバー/高山訳『博物学の黄金時代』p. 419

[32] アレン『ナチュラリストの誕生』p. 320

[33] 電子図書が普及したおかげで，パウンドとクレメンツの『ネブラスカの植物地理学』（第二版）は，今ではインターネットを通じて閲覧が可能になっている。http://www.archive.org/stream/phytogeographyn00poungoog#page/n56/mode/2up

[34] E. Nobleman, Review of Rpocoe Pound, Treatise on Jurisprudence, 10American law Review, 179 (1961), 181

[35] Wigdor, Roscoe Pound, pp. 10-11. 幼少時代のパウンドに関する情報は，ウィグドアーのこの書によった。

[36] Nobleman, Review of Rpocoe Pound, Treatise on Jurisprudence, 10 American law Review, 182. Wigdor, Roscoe Pound, pp. 11-13

[37] ロスコーが学部を出た後，法の勉強を手がけるようになってからは，父のスティーブンがブラックストーン『コンメンタリー』を使い，法律の手ほどきもしている。Wigdor, Roscoe Pound, p. 27

[38] Wigdor, Roscoe Pound, p. 27

[39] Wigdor, Roscoe Pound, p. 29

[40] Wigdor, Roscoe Pound, p. 31

[41] Wigdor, Roscoe Pound, p. 31. Nobleman, Review of Roscoe Pound, Treatise on Jurisprudence, 10 American law Review, 182

[42] Wigdor, Roscoe Pound, pp. 34-47

[43] Wigdor, Roscoe Pound, p. 29

[44] Charles E. Bessey & Roscoe Pound, Botanical Survey of Nebraska (1892, Lincoln) (2011, Kissinger). この書物は，「ネブラスカ大学植物学セミナー」の名で出版されており，その顧問委員の中に植物学教授としてチャールズ・ベッシーの名が記され，セミナーのメンバーが列記されている中の一人に，クレメンツとともに Roscoe Pound, M.A. の記載が見られる。

[45] Pound & Clements The Phytogeography of Nebraska, Part 1：General Survey, Intro, ix. (1897, Lincoln) (2010, Kissinger).

[46] Wigdor, Roscoe Pound, p. 55.

[47] Pound, The Plant-Geography of Germany, 30 The American Naturalist, p. 465 (1896). 地誌学（ちしがく）とは，特定の地域内における地理学的現象を自然科学のみならず，人文学的視点も含めて研究する学である。

[48] Pound, The Plant-Geography of Germany, 30 The American Naturalist, p. 465

[49] Pound, The Plant-Geography of Germany, 30 The American Naturalist, pp. 465-66

[50] Pound, 30 The American Naturalist, p. 466

[51] Pound, 30 The American Naturalist, p. 465

[52] Roscoe Pound & Frederic Clements The Phytogeography of Nebraska, Part 1：General Survey, iv. (1898, Jacob North & Co.) (2010, Kissinger).

[53] Pound, The Plant-Geography of Germany, 30 The American Naturalist, p. 468

第8章　ロスコー・パウンドのプラグマティズム法学　　247

54 Pound, Liberty of Contract, 18 Yale Law Journal, 454, pp. 456-57.（1909）. パウンド
は，17-18世紀における英米の法学が，国家や政府からの自由を基調としたことか
ら，そのベースには極度の個人主義が据えられてきたため，法学における思考形態
も，抽象的な人間の本性に関する定義からの演繹スタイルが採られるに到ったこと
を批判している。パウンドによれば，19世紀末のアメリカで盛んに使われた「契約
自由の原則」の法理は，アダム・スミスの政治経済学に端を発し，ミルの政治経済
に関する見解を経て，スペンサーにより正義の原理から演繹されるに到ったもので
ある。これは，政府の権力を最小限に抑え込もうとした考えによるもので，契約に
よって作られた義務を法により強制することが政府の役目になった。だが，これら
イギリスの個人主義者たちの仕事が，人類の進歩を妨げる一連の古びた諸制度を廃
止することにあったことが思い起こされねばならない。契約の自由は，この目的を
達成するためには最良の手段であったが，彼らは，これを手段として採用しながら，
しまいにはこれを目的と化してしまった。

55 この点で，パウンドが団体の扱いを巡り，ドイツの法学者ギールケの考えを高く評
価していることが注目される。パウンドは，それまでのアメリカでギールケは非常
に誤解されてきたと言い，ギールケの功績をあくまで団体を自然な存在として認め
た点に見出そうとしている。個人主義的な視点に立てば，集団や法人はあくまでそ
れに対応する実体を欠くためにフィクションと見がちであるが，パウンドはこうし
た見方を批判する。法学はそもそも認識の学ではなく，紛争解決の手段を提供する
ものであるから，集団の扱いにおいても，それを権利義務の帰属点として自然な存
在とすることに，何ら不都合はないという。社会学的に考えれば，産業社会におい
ては，会社をはじめ各種の集団を法的な権利義務の帰属点としては「実在」として
扱うのが自然であり，かつ便利であって，それを敢えてフィクションなどと強弁す
る必要はないという。これが，ギールケに対する正当な評価か否かはさておき，パ
ウンドのこの見方は，必ずしも法学研究の範囲内だけで，ドイツ的思考の影響と考
えるより，彼がすでに植物学研究において身に着けた視点の延長線上に，群生する
植物と同じ要領で人間社会を見ようとしたと考えることが可能であろう。Pound,
Jurisprudence, vol. 1, pp. 314-18.（1959, West）

56 Roscoe Pound & Frederic Clements The Phytogeography of Nebraska, Part 1：
General Survey（1898, Jacob North & Co.）（2010, Kissinger.）

57 Wigdor, Roscoe Pound, p. 55

58 Wigdor, Roscoe Pound, p. 55. Pound & Clements The Phytogeography of Nebraska
の表紙の裏には次の記載が見られる。'Presented to the Faculty of The University
of Nebraska as a thesis for the degree of Doctor of Philosophy by Roscoe Pound, A.
B., 1888, A.M., 1889, and Frederic E. Clements, B. Sc, 1894, A.M., 1886. Accepted
May 12, 1897.'. なお，クレメンツへの学位授与は，手続上のもつれから1年遅れた
という。

59 Elizabeth Britton, The Phytogeography of Nebraska, SCIENCE, New Series, Vol. 8,

No. 184.（July 8, 1898), pp. 53-55
http://digitalcommons.unl.edu/cgi/viewcontent.cgi?article=1004 & context=bioscifacpub による

[60] Britton, SCIENCE, New Series, Vol. 8, No. 184.（July 8, 1898), pp. 53-54

[61]『ネブラスカの植物地理学』の構成は，5章からなる。第1章は，同州の植物地理学，地質学，気象学が取り上げられる。第2章では，地域境界 regional limitations を，同州の四つの地域立木森 wooded bluff と牧草地帯，大草原地帯，砂丘地帯，丘地帯に分けて統計学的に示される。第3章では，異なる形態を持つ植物をそれぞれ樹木 woody plants と草木 herbs の項目下に分けた上で，各々が保有と生殖のために持つ諸種の習性・工夫が，その生育地域との関係で考察される。本章の結論部で，保護機能，開花の時期，生殖・増殖を巡るさまざまな生物学的特徴が論じられる。第4章は，植物の自然のグループ間の諸関係を，習性に従い6グループに分けて取り上げ，そのそれぞれの自然の科 family を表にして示し，異なる地域に生育する種の数が提示される。最後の第5章では，植物群系 plant formations が扱われる。こうした群系は，自然地理学的 physiographycal，気象学的現象に結実するような諸力から生じる，生物学的コミュニティーを表しており，この群系が一定地域に広がる植物組織に特徴的な群集により定められる限りで，生育植物群として定義されうる。その境界線は，自然地理学的なものではなく，生物学的なものであって，ほぼ一定の自然的境界により定まる。この章が，おそらく本書で最も読み応えのある部分となっており，これまでなされた観察のすべての結果とその効果が，ここに要約されている。

[62] Wigdor, Roscoe Pound, p. 24

[63] Pound & Clements The Phytogeography of Nebraska, Part 1：General Survey, Intro, ix

[64] Pound, Mechanical Jurisprudence, 8 Columbia Law Review, 605, p. 605（1908）

[65] Pound, The Scope and Purpose of Sociological Jurisprudence, 24 Harv. L. Rev. 591, p. 598.（1911）

[66] Pound, Mechanical Jurisprudence, p. 605

[67] Pound, Liberty of Contract, p. 467

[68] Pound, Mechanical Jurisprudence, pp. 606-07

[69]「歴史は，まさに繰り返すものである……。ジュシューとド・カンドルの［自然的］システムは，60年前のリンネがそうであったのと同じく，今や高等植物の植物組織学 the systematic botany にとってお荷物になっている。今も昔も，これは保守主義の精神によるもの，かつて敬意が払われていた慣例への恭順がもたらす悪夢によるものだ。」Charles E. Bessey, Evolution and Classification, Botanical Gazette, p. 331.（1893）

[70] Pound, Mechanical Jurisprudence, pp 608-09

[71] 西村三郎『文明のなかの博物学』p. 403.「〈性体系〉を構築したさいのリンネの基本

第8章　ロスコー・パウンドのプラグマティズム法学　　249

的な姿勢は……本質主義と規定できるだろう。つまり，ある物を認識するには，その物の持つ属性によるわけだが，そもそも属性には本質的属性と非本質的属性とがある，物を正しく見分けるには，非本質的属性ではなく，本質的属性によらなければならぬとするのが，この主義の立場だ。リンネは生殖器官をもって植物の本質と見，それにもとづいて〈性体系〉を構築したのだが，生殖器官を本質とみなす考えには，なにも経験上あるいは科学上の厳密な裏づけがあったわけではない。……[それは]あくまでリンネが頭のなかでアプリオリにまとめあげ，つくりあげたアイデアにほかならなかった。その意味で彼の体系は先験的な本質主義にもとづくもの，しかもその根拠として宗教上の真理を持ち出している点で，超越的でもあったということができる。先験的にしてかつ超越的な本質主義これがリンネの〈性体系〉，つまり植物の高次レベルの分類体系を貫く基本的なスタンスだった。そのようにして構築された体系が人為的であるのは当然だろう。彼の植物分類学はそうした人為的な枠組みのなかに植物の属と種とをいわば無理に押し込んだものにほかならなかった。」

[72] A. L. Perry, Elements of Political Economy, p. 129. (1866, New York)
[73] Ibid., p. 134；Sidney Fine, Laissez Faire and the General-Welfare State (Ann Arbor：University of Michigan Press, 1964). p. 53.
[74] Francis Wayland, Elements of Political Economy, pp. 155-157. (1837, New York). Perry, Elements of Political Economy, pp. 129-32.
[75] Perry, Elements of Political Economy, pp. 199-200.
[76] Ibid., p. 143.
[77] Morgan Cloud, Law in Theory, Law in Practice：Roscoe Pound's PRACTICAL PROGRAM OF PROCEDURAL REFORM, GREEN BAG・AUTUM 1997, p. 74.
[78] Pound, Mechanical Jurisprudence, pp 609-10. パウンドの社会学的法学は，彼が法学研究に転じた20世紀になって唱えられたものであるが，その先駆的業績を残し，「法社会学」なるものの生みの親として名高い人物は，19世紀末オーストリアの法学者であった，オイゲン・エールリッヒである。後に，彼の大著 Eugen Ehrlich, Grundlegung der Soziologie des Rechts (1913, München und Leibzig)『法社会学の基礎理論』が英訳された際に，パウンドはそれに序文を寄せている。Eugen Ehrlich, Fundamental Principles of the Sociology of Law, (1936, Harvard), Introduction by Roscoe Pound. エールリッヒは，いわゆる19世紀ドイツにおける自由法運動の一人として，ローマ法を用いたドイツにおける統一法への動きに強力に反対した人物であった。動機は複雑で様々あったにせよ，その一つが，異国の法を用いてドイツ統一を試みることへの批判である。そこで，彼の持ち出した概念が「生ける法 living law」である。
[79] エールリッヒ/フーブリヒト・河上訳『法社会学の基礎理論』第1章（1984，みすず書房）
[80] Pound, Mechanical Jurisprudence, pp 615-16

索 引

<ア行>

アインシュタイン……………………………92
アガシ, ルイ………………………167, 207
アダムス, ジョン………………12, 15, 54
アダムス, ジョン, クィンジー………43
アプリオリズム………………120, 204, 231, 235, 238, 240, 249
アメリカ科学振興協会…………………212
アメリカ経済学会………………………242
アメリカ植物学会…………………211-212
アリストテレス……4, 15, 39, 72-73, 213, 244
アルマナック［農事歴］…64, 136-137, 139
生ける法…………88, 185, 231, 235, 238, 249
意識の流れ………………………………186
意思理論……………18-22, 26-27, 29, 36, 40
ヴェブレン, ソースタイン……………88-89
ウッド, ゴードン…………………………2
エイムズ, ジェイムズ・バー…………221
エールリッヒ, オイゲン………87-88, 110, 185, 231, 240, 249
エリオット, チャールズ……………167-168
演繹………90, 106, 225, 231, 234-240, 247
オースティン, ジョン………120, 131, 235

<カ行>

カーネギー, アンドリュー……………165
海運業………………………………………45
改革立法……………………………108, 184
買占め……………………………31-32, 36
概念法学…………………………………240
科学革命…………72-73, 75, 84, 89, 105, 110
学習………………………………………173
革新主義……36, 38, 44, 75, 78-84, 92-93, 98-99, 101, 105-107, 162-163, 166-168, 171, 183-186, 197-198, 204, 236, 239, 242
合衆国憲法第十四修正…58, 75, 81, 106, 240
可塑性……………173, 178-180, 182, 184-186
株式会社……………………23, 55, 61, 64, 66

神の時間……………………………138, 140, 154
慣習………………………3, 20-23, 26, 30-31, 39, 43, 86, 88, 100, 102, 116, 121, 125-128, 132-133, 135, 138, 143, 150-151, 153-155, 158, 160
ギールケ, オットー……………………247
機械論……204, 216-219, 230-231, 234-236
幾何学……………………………86, 192, 234
起業家…………………………………50, 61-62
期待利益………………………………24-25, 28
既得権………………19, 47-50, 54, 56, 65, 69-70
ギボン, エドワード…………………………7
ギャラティン, アルバート……………34, 42
キュヴィエ, ジョルジュ………110, 124
教育………93, 100, 165-166, 168, 173, 178, 183, 211, 218-221, 237, 242-243
恐竜…………91, 110, 124-125, 130, 132, 241
ギルド……………………………26, 30-31, 41-42
金・銀・財宝……………………………51, 67
近代企業［鉄道会社］……147, 149, 152-153
金ぴか時代…………………79, 164-165, 199
偶然論……………………………………190
クーリー, トマス………………………221
クーン, トマス…………………1, 12, 105
クラス立法……………………………96-101, 165
グリニッジ……………………………157, 160-161
グレイ, エーサ……………211-214, 243, 245
グレイ, ジョン…………………………221
クレイ, ヘンリー……………………68, 83
クレメンツ, フレデリック…222-223, 226-227, 246-247
契約自由………………22, 30, 36, 74-75, 100, 106, 162, 205, 231, 240, 247
契約条項……………………48, 55-56, 58, 66, 69-70
契約法理………………19, 21-29, 32-33, 36-38, 43
激変説…………………………………118-121
決定論…………166, 169-171, 174-175, 182, 184, 190-191, 193, 195-197
個人主義………2, 4, 17, 21, 30, 36, 40-41, 83, 101, 110, 138, 154-155, 171, 194-

索引 251

195, 198, 200-201, 225-226, 247
古典主義［政治経済学］… 31, 33, 36, 38, 44,
　　　　　47, 50, 60-64, 71, 73-
　　　　　74, 78-82, 84-85, 88-
　　　　　90, 92-98, 103, 108-
　　　　　109, 112, 164, 238-239
公益……………………… 4, 6-7, 55, 58, 60-62, 66
公共時間……………………………… 136, 150-151
工場……………………… 69, 100, 138, 140, 143-
　　　　　149, 153, 158-159, 198, 218
公正価格………………… 18-19, 21-22, 24, 27,
　　　　　29-31, 33, 36-37, 41
功利主義…………………… 36, 68, 71, 81, 110,
　　　　　120, 155, 167, 218
合理的経済人………………………………… 85, 90
コクシー、ジェイコブ……………………… 164
古代法…… 114-115, 120-121, 124-128, 130
古典力学………………………… 90, 111, 190-192
ゴドキン、エドウィン……………………… 171
コモン・ロー…… 3, 18, 31, 39-40, 42, 54, 55,
　　　　　68, 70, 121, 131, 135, 155, 185
古来からの慣習…………………………………… 3
混合政体………………………………………… 2-4, 13

　　　　　　　＜サ行＞

財産権………… 2, 12, 18-19, 22, 27, 37, 47, 50,
　　　　　55-60, 63, 68-70, 82, 94, 231, 238
財産法………………………… 19, 22, 29, 33, 38, 40
最適者生存…………………………………………… 103
サヴィニー、フリードリッヒ………… 114, 131
サムナー、ウィリアム………………… 98-99,
　　　　　153-154, 199
三段論法……………………………… 109, 192, 236
実体的デュープロセス……… 61, 71-72, 74,
　　　　　106, 112, 205, 236
ジェイムズ、ウィリアム…… 162, 167-198,
　　　　　200-204, 242
私益………………………… 4, 6-7, 62, 66, 80, 90, 94
ジェファーソン、トマス…… 7, 9, 15, 34, 42,
　　　　　46, 54, 61, 71, 76, 79
時間意識………… 136-137, 142-143, 145, 159
時間厳守………………………………………… 159
自給自足…………………………………………… 26
試行錯誤………………………………………… 170

仕事時間………………………………… 143-145
シジウィック、セオドア……………… 78-79, 85
市場経済……………… 8, 10, 33, 51, 59, 62, 83, 239
市場システム………………………………… 23-26, 81
自然権………………………… 56-57, 70, 81, 225
自然史…………………………… 114, 121, 128, 133
自然状態………………………………… 57, 59-60, 86
自然神学…………………………………………… 84, 103
自然選択……………………………………………… 165
自然の秩序………………… 82, 85, 88-89, 95-96
自然法思想・自然法論… 36, 81, 86-87, 111,
　　　　　225, 230-231, 235, 240
実証主義………………………… 185, 200, 210-211
質素………………………………………… 4, 5, 7, 11
自動調節機能［市場］……………………… 83, 109
シドニー、アルジャーノン………………………… 4
時報［ビジネス］……………………… 149-150
司法審査…………………………………………… 57
司法積極主義………………………………… 72, 81
資本主義…………………… 10-12, 15, 17, 23-27,
　　　　　36, 39, 43, 46, 57, 69-71,
　　　　　74, 97, 107, 109, 163-164
社会改革…………………… 81, 108, 162, 166-
　　　　　168, 171, 184-185, 198
社会学的法学…………… 205, 219, 222, 225,
　　　　　230-31, 236-240, 249
社会ダーウィン主義………… 166, 171, 200
ジャクソン、アンドリュー… 38, 43, 46, 48,
　　　　　60-61, 76, 83,
　　　　　93, 95-96, 163
自由意思…… 153-155, 173, 175, 193-194, 196
習慣……………………………… 86, 122, 133, 145,
　　　　　177-185, 193, 198
自由時間［余暇時間］……………… 143-145
重商主義…… 34, 36, 47, 50-56, 59-63, 73, 82
重農主義…………………………… 82-83, 85, 110
自由法運動……………………………………… 249
自由労働……………………………………… 75, 164
シュリーマン、ハインリッヒ………… 114-115
循環史観…………………… 2, 6-7, 10, 15, 156
順応………………… 10, 169-170, 182, 193-194, 214
商業革命……………………………………………… 39
常備軍……………………………………… 8-9, 14, 16
消費者……………………… 31, 52-53, 101, 162

ジョージ，ヘンリー……………………164
ショーペンハウエル，アルトゥル………175
職住分離…………………………………138,144
植物学……………204-205,207,211-216,
218-220,222-225,230-
231,235-237,239,242
植物地理学……………223-224,227,229,
236,238-240,244
シラー，F・C・S………………………202
進化………91,104,115,121,127,165-167,
169-170,181-182,191,193-195,204-
205,207,212-215,217,226,228-229,235
人口………………………………20,45-49,77
人民党……………………………………164
真理…………………73,99-100,169,176,184,
186-190,192,196,202,204,249
衰退史観……………………………………52
ストーリー，ウィリアム………………20,36
ストーリー，ジョゼフ…………………20,49
ストライキ………………………………164
スペンサー，ハーバート……103-104,165-
166,168-171,175,
182,191,193-195,
199-200,203,240,247
スマイルズ，サミュエル………………165
スミス，アダム………7,12,26,36,44,47,
51-53,60,62,66-68,
71,73-74,81-83,106,
108-109,131,158,247
スミス，ウィリアム………91,111,124,132
斉一説……………………………119-121,123
生気論………………………………216-219
聖書史観……………………………………91,117
製造業……………28,44-46,52-53,64,67
生存闘争…………………104,165,204,214
生態学…………………204,214-218,223,
226,231,235,238-239
聖トマス……………………………170,213
生物学……………103,205,207,209-210,214-
216,218-219,223-226,228-230
セイヤー，ジェイムズ・ブラッドリー
……………………………………………221
セリグマン，エドウィン………………242
専制主義…………………………5,8-9,83-84

選択の自由……………………………29-31
創造的破壊………………………………50
存在の連鎖……………………213,243-244
村落共同体……………………116,137,155

＜タ行＞

ダーウィン，エラズマス………………241
ダーウィン，チャールズ………115,117,
127,129,133,167,
200,203-205,207,
211-214,217,226,
228,230,235,244
大規模市場……………………27-30,33-34
ダイシー，アルバート………………100,113
代替可能物………………………………28,33
大量生産……………………………………44
タウシッグ……………………………………242
多元的宇宙…………………………………171
探検航海……………………………………206
地域標準時…………………………………150
地質学………91,112,117-124,126-128,130-
133,156,207,215-217,224,248
チャールズ橋事件…………45,47,50,60,94
デカルト……………………………170,201
適者生存………………………………103,165
鉄道…18,34-35,43,47,55,69,99,134,136,
139-141,148-154,157,159-160,163
テミス（テミステス）………………126,133
デューイ，ジョン…………72,105,110,
171,198,201
テリー，イーライ………………………142
電信……………………………35,149-150,163
天地創造説………………91,118-119,129,207
テンニエス，フェルディナンド……131,155
道具［主義］…………171,188,191,197,236
統計学………………………112,223-224,248
トーニー，ロジャー……………………48,60
徳………………2,5-7,11,14,24,67,165,199
独占………………………41-42,47-49,51-52,
54-55,59-63,65-66,151
特定物……………………………28-29,32-33
ドグマ……………………………………232
独立革命…………………………1-2,9,12-13,56
時計仕掛け……………………92,108-109,156

索 引 253

特許状‥‥‥‥‥‥‥‥42,47-49,55,59-
　　　　　　　　　60,62-63,66,93-94
特権‥‥‥‥42,46-47,50-51,60-63,67,83,93-
　　　　　　　95,97,155,173,176-177,210
徒弟‥‥‥‥‥‥‥‥‥‥25-26,30,41,52,
　　　　　　　　　　88,144,146-147,158
富の再配分‥‥‥‥‥‥‥‥75-76,80,83,98
ドルード，オスカー‥‥‥‥205,223-225,227

<ナ行>

仲買人‥‥‥‥‥‥‥‥‥‥‥‥‥31-32,36
南北戦争‥‥‥‥‥19,58,74-76,134,139-140,
　　　　　　　　　　148-149,163-164,166-167,
　　　　　　　　　　191,197,204,211-212,238,242
ニューサンス‥‥‥‥‥‥‥‥‥‥‥‥37,48
ニューディール‥‥36,38,72,75,93,98,239
ニュートン‥‥‥‥‥‥‥‥84-86,88-90,92,
　　　　　　　　　　106,109,190,210,235
認識の学‥‥‥‥‥‥‥‥‥‥‥87,233,247
ネブラスカ‥‥‥‥205,211-212,219-223,225-
　　　　　　　　　227,229-230,236,246,248
農業段階‥‥‥‥‥‥‥‥‥‥‥‥‥‥‥9

<ハ行>

バーク，エドマンド‥‥‥‥‥‥‥‥12,58
パース，チャールズ‥‥‥‥‥168,200-201
ハーツ，ルイス‥‥‥‥‥‥‥‥‥‥‥12
パートナーシップ‥‥‥‥‥‥‥‥147,152
ハイエク，フリードリッヒ‥‥13,38,40-41
パウンド，スティーヴン‥‥‥‥219-221,246
パウンド，ローラ‥‥‥‥‥‥219-220,246
パウンド，ロスコー‥‥204-205,211-212,
　　　　　　　　　　219-223,225-240,
　　　　　　　　　　242,246-247,249
博物学‥‥‥‥‥91,110,133,205-212,214-
　　　　　　　　　219,224,228,234-235,
　　　　　　　　　237-238,240-245,248
破産‥‥‥‥‥‥‥‥‥‥‥‥‥‥‥57,70
バックランド，ウィリアム‥‥‥‥‥‥124
発展史観‥‥‥‥‥‥‥‥‥‥2,6-7,15,156
発展段階説‥‥‥‥‥‥‥‥52,67,132,235
ハットン，ジェイムズ‥‥‥‥‥‥125,132
ハミルトン，アレグザンダー‥‥53-54,67
ハリントン，ジェイムズ‥‥‥‥‥‥‥4

反射‥‥‥‥‥‥‥‥‥‥‥‥‥‥171-173
パンデクテン法学‥‥‥‥‥‥‥‥‥88,109
ヒューム，デビッド‥‥‥‥‥‥‥‥‥‥7
ビュフォン‥‥‥‥‥‥‥‥‥‥210,241-244
標準時‥‥‥‥‥‥‥‥‥‥134,136,149,151,
　　　　　　　　　153-155,157,159-160
父権主義［パターナリズム］‥‥‥‥23,29-
　　　　　　　　　32,36,41,138-
　　　　　　　　　139,153-154,198
フィールド，スティーヴン‥‥20,37,96,112
フィールドワーク［野外研究］‥‥213-214,
　　　　　　　　　　　　　　　222,235
フィスク，ジョン‥‥‥‥‥‥‥‥167,191
『フェデラリスト』‥‥‥‥‥‥‥‥‥6,14
ブーアスティン，ダニエル‥‥‥‥130,134-
　　　　　　　　　　　　　　　135,155
フェデラリスト［連邦派］‥‥53-56,68,93
フォスター，スティーヴン‥‥‥‥‥‥136
不確実性‥‥‥‥‥‥‥‥‥‥‥‥‥‥190
福祉国家‥‥‥‥‥‥‥‥75,101-102,171,197
普通選挙‥‥‥‥‥‥‥‥‥‥‥‥‥2,5-6,57
腐敗‥‥‥‥‥‥‥‥‥‥‥3-6,8-9,11,234
プラグマティズム‥‥‥‥‥‥162,167-168,
　　　　　　　　　　171,186,189-191,201-
　　　　　　　　　　202,204,231,236-239
ブラックストーン，ウィリアム‥‥‥18,29,
　　　　　　　　　37,40,155,221,
　　　　　　　　　235,240,246
フランス革命‥‥42,57-58,120,131,210-211
ブランダイス，ルイス‥‥‥‥‥80,162,198
プレヒストリー［先史］‥‥‥‥91,118,130
ブローカ，ポール‥‥‥‥‥‥‥‥‥‥200
文化的時間［円環的］‥‥‥‥‥138-139,149
分析法学‥‥‥‥‥‥225-226,230-231,235,240
ブント，ウィルヘルム‥‥‥‥‥‥‥‥171
文明的時間［直線的］‥‥‥‥‥‥‥139,152
分類学‥‥‥‥‥‥‥‥‥‥204,207,212-213,
　　　　　　　　　226,228-230,245,249
ベイリン，バーナード‥‥‥‥‥‥1-3,9,13
ベーコン，フランシス‥‥‥‥‥‥‥67,72-73
ベッシー，チャールズ‥‥‥‥205,211-215,
　　　　　　　　　217-222,225-227,
　　　　　　　　　231,236,242-243,245
ベラミー，エドワード‥‥‥‥‥‥113,164

ペリー，アーサー……………………238
ベンサム，ジェレミー………36,68,81,100,
　　　　　　　　　　111,120,131,155,
　　　　　　　　　　167,218,235,240
封建社会………………25,39,41,75,233
奉公［奉仕］………………………26,32
法実証主義…………………………185
法人……………45,49-50,56,59,61-64,66,
　　　　　　　70-71,93-94,112,147,247
法と経済……………………………78-79
法理の一貫性…………………232-234,240
ポーコック，J・G・A……………2,12,14
ホームズ・Jr，オリバー・ウェンデル
　　　　　　　……107,109,185,190,240
保護貿易主義………………………53,60,68
ホメーロス…………………114,126,129
ホランド，トマス……………………221
ポリス・パワー……………………58,70,106
ポロック，フレデリック…………128,132-
　　　　　　　　　　　　　　133,232
本質［論］…………………175-177,179
ボンド，ウィリアム…………………150

<マ行>

マーシャル，ジョン……1-2,10,12,17,48,
　　　　　　　　　55-59,61,65,69-70
マキャヴェリ，ニッコロ……………4,14
マクレナン，ジョン………………132-133
マグワンプ派…………………………171
マディソン，ジェイムズ…………6,14,42
マナット，アーヴィング……………211
マンデヴィル，バーナード…………7,15
マンテル，ギデオン………………110,124
見えざる手………………………79,104,238
ミドル・テンプル…………………115,129
身分………………11,16,30,32,67,122,
　　　　　　　　154-155,175,182,242
身分から契約へ…………………122-123,155
ミル，ジョン・スチュアート………90,100-
　　　　　　　　　　　　　　101,247
ミル・ガールズ…………………145,147
民主主義（デモクラシー）……45-46,50,57,
　　　　　　　　　　60,62,66,70,
　　　　　　　　　　73-74,82,94,
　　　　　　　　　　98-99,101,233
民兵………………………………2,9,14,42
無意識………………173,175,177,202
メイン，ヘンリー…114-117,119-129,131-
　　　　　　　　133,155,185,201-202,235
メタフィジカル・クラブ………………190
目的論…………………167,169-170,175-
　　　　　　　　　176,190,193-194
模写説………………………186-187,192,202
モンテスキュー……………7,14-15,85-87,109

<ヤ行>

唯物論…………………181,196-197,218
有用………………………183,186,188-190,
　　　　　　　192,196,204,218-219
輸送革命……………28-29,33-35,140,148

<ラ行>

ライエル，チャールズ……117,119-124,126
ライト，チョンシー…………………168
ラプラス，ピエール…………………191
ラマルク，ジャン………………241,244
ラングデル，クリストファー・C……221
リスク………………25,29,55,69,180,
　　　　　　　　　188,190,193,197
立身出世………………………………175
立法改革・改革立法………80-81,94-95,
　　　　　　　　　　　105,108,184
利得………………18,20,23-25,31-33,39
リバタリアニズム…………72,78,93,96-97
リパブリカニズム………1-6,8,10-12,15-
　　　　　　　　　17,39,46,57,65,139
リパブリカン［共和派］……………53-54
リベラリズム……………………1-2,4,6,10-
　　　　　　　　　　　12,16-17,72,75
流通性［証券の］………………………27,40
リンネ，カール……133,207-210,212,214-
　　　　　　　　217,224,226,228-230,234-
　　　　　　　　238,241-243,245,248-249
ルーズベルト，セオドア………………82
ルーズベルト，フランクリン………36,71
ルソー，ジャンジャック……………120
歴史法学……114,120-121,126-128,185,231
レッセ・フェール……20,22,36,38,68,72-

索　引　255

　　　　　　　　84,89,92-107,154,162-
　　　　　　　　166,168,171,184,194-
　　　　　　　　195,197,199,238-239,242
労使［紛争］……………………… 163-164
労働騎士団………………………………164
労働時間規制………… 72,99,106,162,198
労働力………………… 23,25-26,44,51,
　　　　　　　　67,143,145-146,164
ロック，ジョン………… 1,3,12-13,56,176

ロックナー事件…… 72,74-75,81,98,102,
　　　　　　　　105-107,162-163,184,
　　　　　　　　198,205,236-238,240
ロックフェラー，ジョン……………… 165

<ワ行>

ワーク，ヘンリー・クレイ……………136

著者紹介

岡嵜　修（おかざき　おさむ）

　1949年東京都中野区に生まれる。1974年明治大学法学部卒。1976年明治大学大学院法学研究科入学（専攻：法哲学・法思想史）。1979年同大学大学院法学研究科博士前期課程修了（法学修士）。1979年同大学大学院法学研究科博士後期課程入学。1985年同後期課程中退（単位取得）。明治大学，駒澤大学非常勤講師を経て，2008年朝日大学法学部専任講師。2010年から朝日大学法学部准教授。

主要著書・訳書

三原憲三編著『教養基本法学』（共著，1990年，成文堂）

三原憲三編著『市民のための法学入門〔第2版〕』（共著，初版2002年，成文堂）

ピーター・スタイン/今野・岡嵜・長谷川訳『法進化のメタヒストリー』（共訳，1989年，文眞堂）

ピーター・ボウラー/岡嵜修訳『進歩の発明』（1995年，平凡社）

レッセ・フェールとプラグマティズム法学
―19世紀アメリカにおける法と社会―

2013年3月20日　初　版第1刷発行

著　者　岡　嵜　　　修

発行者　阿　部　耕　一

〒162-0041　東京都新宿区早稲田鶴巻町514番地

発行所　株式会社　成文堂

電話 03(3203)9201(代)　Fax 03(3203)9206
http://www.seibundoh.co.jp

製版・印刷　三報社印刷　　　　　　　　佐抜製本
☆乱丁・落丁本はおとりかえいたします☆
©2013 岡嵜修　　Printed in Japan
ISBN 978-4-7923-0551-2　C3032　　検印省略

定価（本体5300円＋税）